Fondateur
**André ROBINET**

Directeur
**Gilbert HOTTOIS**

Entre modernité et post-modernité, cette collection d'essais a pour vocation première d'encourager des réflexions originales sur l'avenir d'une civilisation caractérisée par l'affrontement entre traditions et technoscience.

# ACTIVITÉ PHYSIQUE
# ET EXERCICES SPIRITUELS

## DANS LA MÊME COLLECTION

*Activité physique et exercices spirituels. Essais sur la philosophie du sport*, D. MOREAU et P. TARANTO (éd.), 2010.

COURTINE-DENAMY S., *Le souci du monde. Dialogue entre Hannah Arendt et quelques-uns de ses contemporains*, 1999.

DALED P. F., *Le matérialisme occulté et la genèse du sensualisme : Écrire l'histoire de la philosophie en France*, 2005.

FISETTE D. et POIRIER P., *Philosophie de l'esprit. État des lieux*, 2002.

GATEAU V., *Pour une philosophie du don d'organes*, 2009.

GOFFETTE J., *Naissance de l'anthropotechnie : De la médecine au modelage de l'humain*, 2006.

GOFFI J.-Y., *Regards sur les technosciences*, 2007.

HOTTOIS G., *Essais de philosophie bioéthique et biopolitique*, 1999.

– *Pour une métaphilosophie du langage*, 1981.

– *La science entre valeurs modernes et postmodernité*. Conférence au Collège de France, 2005.

– *Species technica*. Suivi d'un *Dialogue philosophique autour de* Species technica *vingt ans plus tard*, 2002.

– *Dignité et diversité des hommes*, 2009.

KAPP E., *Principes d'une philosophie de la technique*, traduit de l'allemand et présenté par G. CHAMAYOU, 2007.

*Les philosophes et la technique*, P. CHABOT et G. HOTTOIS (dir.), 2003.

*Narration et identité. De la philosophie à la bioéthique*, M.-P. PINSART (éd.), 2008.

MORIZOT B., *Pour une théorie de la rencontre. Hasard et individuation chez G. Simondon*, 2016.

PERBAL L., *Gènes et comportements à l'ère post-génomique*, 2011.

PINSART M.-G., *Hans Jonas et la liberté : Dimensions théologiques, ontologiques, éthiques et politiques*, 2002.

QUELQUEJEU B., *Sur les chemins de la non-violence. Études de philosophie morale et politique*, 2010.

*Regards critiques sur le principe de précaution. Le cas des OGM*, A. MARCIANO et B. TOURRES (éd.), 2011.

ROBINET A., *La justice et la terreur : Leibniz et le principe de raison*, 2001.

– *Le sera : Existiturientia* (G.W. Leibniz), 2004.

– *Les signes et l'insignifiant*, 2005.

– *L'il a été : Destin et liberté*, 2006.

*Socrate pour tous : Enseigner la philosophie aux non-philosophes*, J. FERRARI, P. KEMP, D. EVANS (dir.), 2003.

*Techniques et philosophies des risques*, C. KERMISCH, G. HOTTOIS (éd), 2007.

VAN-SEVENANT A., *Philosophie de la sollicitude*, 2001.

*Pour Demain*

# ACTIVITÉ PHYSIQUE ET EXERCICES SPIRITUELS

## ESSAIS DE PHILOSOPHIE DU SPORT

*édité par*

Denis MOREAU et Pascal TARANTO

PARIS
LIBRAIRIE PHILOSOPHIQUE J. VRIN
6, Place de la Sorbonne Ve

2016

ISSN 0180-4847
ISBN 978-2-7116-2158-3

*www.vrin.fr*

## INTRODUCTION

# « LE CORPS S'EXERCE, TOUT VA BIEN »[1]

Nul professeur assis ne m'apprit le travail productif, le seul qui vaille, alors que mes maîtres de gymnastique, mes entraîneurs et, plus tard, mes guides en ont inscrit les conditions dans mes muscles et mes os. Ils enseignent ce que peut le corps. Voulez-vous écrire, chercher, entrer dans une vie d'œuvre? Suivez leurs conseils et leur exemple. Que voici : que rien ne résiste à l'entraînement, dont l'ascèse répète des gestes peu naturels (drop, service au tennis, fosbury flop, yoga…) et rend aisées les vertus nécessaires de concentration (basket-ball, saut en hauteur), de courage (rugby), de patience, de maîtrise de l'angoisse, en montagne, par exemple; qu'il n'y a pas d'œuvre sans règle, quasi monastique, de l'emploi du temps, dont le sportif de haut niveau tient compte : vie assujettie aux rythmes du corps, hygiène stricte du sommeil, alimentation sans drogue; que le chercheur qui triche ou ment ne trouve ni n'invente, de même que le sauteur en hauteur ne triche ni ne ment avec la pesanteur. Cette règle de fer tourne le dos à tous les usages des collectifs professionnel, politique, médiatique (…) qui couronnent les gangsters et placent les médiocres au pouvoir. Respecter la chose même qui, seule, commande et non l'opinion, cela enseigne, au-dessus de tout, la vie d'œuvre. Quelque activité à laquelle on se livre, le corps demeure le support de l'intuition, de la mémoire, du savoir, du travail et surtout de l'invention. Une procédure machinale peut remplacer n'importe quelle opération de l'entendement, jamais les actes du corps. Dans un

1. Titre du § 34 de E. Bloch, *Le Principe Espérance*, II, *Les Épures d'un monde meilleur*, trad. fr., Paris, Gallimard, 1982, p. 12-15.

métier pourtant intellectuel, nul ne m'a aidé comme l'ont fait mes professeurs de gymnastique. À eux tout mon respect reconnaissant [1].

On pourrait définir l'homme : « un animal sportif » [2].

Le présent ouvrage a pour origine un séminaire de « philosophie du sport » organisé à l'Université de Nantes en 2005 et 2006. Il témoigne d'un intérêt commun pour le sport, et aussi de la conviction qu'il n'y a pas d'objet indigne de la philosophie, ou trop vulgaire pour elle. Au contraire, le caractère populaire, largement partagé, d'une pratique (celle-là comme d'autres) la constitue à nos yeux de façon évidente en objet d'interrogation pour la philosophie. De ce point de vue, il nous paraît d'une certaine manière aller de soi que le sport, en tant que nous sommes nombreux à le pratiquer et à nous y intéresser, et en tant que c'est un phénomène incontestablement marquant du monde contemporain, appelle une réflexion philosophique.

Que cette réflexion n'ait pour l'heure pas vraiment eu lieu, au moins en Europe continentale; ou bien encore qu'un certain nombre d'obstacles institutionnels, voire de remarques condescendantes, surgissent dans la communauté universitaire quand on évoque un tel projet de recherche, nous semble emblématique des problèmes contemporains de la philosophie, en France tout au moins.

Lorsqu'on cherche en effet à repérer ce qui existe en matière de réflexions sur le sport et dans quelles catégories ces recherches sont rangées par ceux qui les ont conduites, on s'aperçoit que le discours sur le sport a été préempté de façon majoritaire par de nombreuses sciences humaines : la sociologie notamment, mais aussi la psychologie, l'anthropologie, les sciences de l'éducation, et, moins fréquemment, la littérature et l'histoire. La philosophie quant à elle est largement à la traîne.

Qui essaie alors de comprendre pourquoi les philosophes, en France, se sont si peu intéressés aux sports, rencontre, de façon exemplaire, une série de problèmes et de difficultés qui déterminent la situation contemporaine de la philosophie universitaire.

Une première explication est obtenue en adoptant ce qu'on pourrait appeler, du point de vue du philosophe, le discours du regret ou de la résignation – discours de faible ou discours réactif, dirait Nietzsche : la philosophie est en train de mourir à l'Université parce qu'elle a perdu la

1. M. Serres, *Variations sur le corps*, Paris, Le Pommier, 1999, p. 27-28.

2. H. Bergson, *Le Parallélisme psycho-physique*, p. 486 dans *Mélanges*, Paris, P.U.F., 1972.

bataille contre des disciplines dont l'apparition et la constitution sont somme toute récentes à l'échelle de l'histoire de la pensée humaine. Dans les cent dernières années, ces disciplines lui ont pris sa place, se sont emparées des champs de recherche et des objets dont elle s'occupait traditionnellement, jusqu'à l'en déposséder. La philosophie disparaît et s'éteint doucement, vaincue par plus fort, plus scientifique, plus intéressant qu'elle, et s'il n'y a pas de philosophie du sport, c'est parce que la sociologie, la psychologie, les sciences de l'éducation, etc. engendrent sur ce sujet des réflexions plus pertinentes que celles dont la philosophie est capable.

C'est une façon de voir les choses. Ce n'est pas la nôtre. De notre point de vue, et sans nier en aucune façon l'intérêt des travaux produits par les disciplines dont il vient d'être question, s'il n'y a pas eu de développements philosophiques sur le sport, la faute en incombe en grande partie aux philosophes eux-mêmes et à la façon dont ils conçoivent leur discipline.

De là une deuxième explication, non plus externe et fondée sur les conflits que la philosophie pourrait entretenir avec les autres sciences humaines, mais interne : il y aurait, philosophiquement parlant, beaucoup de choses intéressantes à dire sur le sport. Si elles n'ont pas encore été dites, c'est parce que les philosophes n'ont pas su ou pas voulu s'appliquer à cet objet.

Pour expliquer cette démission, on peut d'abord signaler rapidement, pour ne plus y revenir, qu'on rencontre ici le problème de la détermination de l'objet propre de la philosophie, laquelle n'est pas une discipline désignée sur le modèle « substantif + suffixe "logie" » (bio-logie, géo-logie, théo-logie) : il n'y a ainsi pas d'évidence absolue, immédiate, de ce à propos de quoi la philosophie engendre du *logos,* de ce dont elle parle ou devrait parler. Classique, la difficulté ici soulevée vaut pour le sport aussi bien que pour beaucoup d'autres objets et domaines. Et on peut la résoudre ou du moins la contourner en estimant que la philosophie ne se définit pas prioritairement par les objets ou les domaines auxquels elle s'applique, mais par la nature des procédures de réflexion qu'elle met en œuvre (respect de la non-contradiction, logique de l'argumentation, clarté et distinction des propos, refus des préjugés et des arguments d'autorité, usage exclusif des instruments de réflexion dont les hommes sont naturellement dotés, etc.), si bien que tout ce qui est réel est potentiellement objet de réflexion philosophique.

La deuxième cause du désintérêt des philosophes pour cet objet potentiel de réflexion qu'est l'activité sportive est plus profonde. Elle tient à la dérive, ou si l'on veut être moins critique, à l'évolution, hyper-théoriciste, ou positiviste, d'une partie de la philosophie contemporaine.

Dans ce mouvement qui a des racines européennes viennoises et qui se développe surtout actuellement dans une partie du courant de pensée dit « analytique », sont *grosso modo* tenues pour légitimes les réflexions de logique, d'épistémologie, ou encore une certaine forme de métaphysique portant sur des notions très abstraites (cause, substance, esprit). Mais dès que l'objet proposé à la réflexion entretient un rapport étroit avec la pratique, la vie concrète, la morale ou l'éthique au sens large, bon nombre de ces philosophes deviennent timides, précautionneux à l'excès, pusillanimes, comme paralysés au motif que ces domaines font partie de ceux dont on ne peut parler rigoureusement. On prétend alors que toutes les réflexions qui concernent la pratique, la vie concrète, la morale ou l'éthique au sens large relèvent de la « psychologie », ou de la « métaphysique », voire de la « théologie », en lestant ces termes d'une nuance péjorative qui les renvoie aux ténèbres de la mauvaise philosophie.

Malebranche déjà signalait ce genre de difficulté[1] :

> Quand j'ai donc comparé les sciences entre elles selon mes lumières, les divers avantages ou de leur évidence ou de leur utilité, je me suis trouvé dans un embarras étrange. Tantôt la crainte de tomber dans l'erreur donnait la préférence aux sciences exactes, telles que sont l'arithmétique et la géométrie, dont les démonstrations contentent admirablement notre vaine curiosité. Et tantôt le désir de connaître, non les rapports des idées entre elles, mais les rapports qu'ont entre eux et avec nous les ouvrages de Dieu parmi lesquels nous vivons [c'est-à-dire le monde réel, celui des corps, des objets] m'engageait dans la physique, la morale et les autres sciences qui dépendent souvent d'expériences et de phénomènes assez incertains. Chose étrange (...) que les sciences les plus utiles soient remplies d'obscurités impénétrables ; et que l'on trouve un chemin sûr, et assez facile et uni, dans celles qui ne sont point si nécessaires !

Dès que la matière, le corps, l'empirie, la pratique, la morale sont engagés, comme c'est incontestablement le cas, à des degrés divers, dans l'activité sportive, la réflexion devient philosophiquement compliquée, discutable, mal assurée, plus complexe et moins assurée sans doute que lorsqu'on aborde en logicien des abstractions ou des idéalités mathématiques. C'est incontestable. Toute la question est alors de savoir s'il s'agit d'une raison suffisante pour que la philosophie renonce à réfléchir sur tout ce qui concerne le corps, l'empirie, la pratique, etc.

1. Prologue du sixième des *Entretiens sur la métaphysique et sur la religion,* p. 131 du t. 12 des *Œuvres complètes de Malebranche,* Paris, Vrin, 1984.

Pour notre part, nous ne le pensons pas, et nous trouvons même inquiétant le silence des philosophes sur le sport, si du moins ce silence signifie un refus assumé, délibéré, de se saisir philosophiquement d'un tel objet et de telles pratiques. Nous ne sommes pas loin d'y voir un manquement à l'idée classique de philosophie comme amour de la sagesse unissant indissociablement théorie et pratique. En ce sens nous souhaitons que nos recherches sur le sport s'inscrivent dans l'optique de Pierre Hadot, qui insiste sur la dimension de l'exercice spirituel dans la démarche philosophique : « J'appelle exercice spirituel toute pratique destinée à transformer, soit en soi-même, soit chez les autres, la manière de vivre et de voir les choses (exemples : la méditation, l'examen de conscience). En fait, il s'agit le plus souvent d'un discours – intérieur ou extérieur – qui peut prendre des formes développées ou condensées »[1]. « Manière de vivre » et « philosophie » sont de ce point de vue plus que corrélatives. Elles sont presque synonymes : « Le mot *philo-sophia*, amour de la sagesse, suffisait aux yeux des Anciens pour exprimer cette conception de la philosophie (…) La philosophie apparaissait ainsi comme un exercice de la pensée, de la volonté, de tout l'être, pour essayer de parvenir à un état, la sagesse, qui était d'ailleurs presque inaccessible à l'homme. La philosophie était une méthode de progrès spirituel qui exigeait une conversion radicale de la manière d'être. Manière de vivre, la philosophie l'était dans son effort, dans son exercice, pour atteindre la sagesse, mais elle l'était aussi dans son but, la sagesse elle-même. Car la sagesse ne fait pas seulement connaître, elle fait "être" différemment »[2].

À la suite de cette façon de concevoir la philosophie que nous rappelle Pierre Hadot et qui fut, historiquement parlant, celle de la grande tradition philosophique classique, nous nous proposons donc d'aborder le sport dans sa dimension d'exercice spirituel. Et cela nous paraît constituer, sans exclusive d'ailleurs, une façon proprement philosophique d'aborder la question du sport.

1. Entretien donné au journal *Libération* (8 avril 2004, p. 2 du supplément « Livres »). Voir également « Exercices spirituels », dans *Exercices spirituels et philosophie antique*, Paris, Études augustiniennes, 1987-2, p. 13-58 et « Une Éthique de la vie ordinaire et de la transformation de soi », dans *Actes de savoirs*, 2007-3, p. 207-222, par ex. p. 209 : « des pratiques destinées à transformer le moi et à le faire atteindre un niveau supérieur et une perspective universelle, notamment (…) grâce à la conscience du rapport au monde ou grâce à la conscience du rapport avec l'humanité dans son ensemble ».

2. Voir « La Philosophie comme manière de vivre » dans *Exercices spirituels et philosophie antique*, p. 217-227, par ex. p. 218.

*

L'abandon par la philosophie des réflexions sur la pratique est donc en partie la cause de leur reprise par d'autres disciplines, qui ont trouvé pour se déployer un champ libre parce que déserté. À la philosophie la rigueur logiciste, aux sciences humaines l'opacité et la complexité du réel. La sociologie notamment s'est emparée de l'étude des aspects collectifs, politiques, sociaux, des phénomènes. De fait, le sport est une activité sociale, qui a des enjeux financiers et politiques, il se montre avant tout comme un spectacle (quelque chose qui se regarde collectivement). Et de fait, les études les plus intéressantes sur le sport ainsi envisagé ont été réalisées dans le domaine des recherches sociologiques. Mais il nous semble qu'on n'a pas tout dit du sport quand on en a dit cela, de même qu'on n'a pas tout dit de l'amour quand on a écrit une sociologie, fût-elle excellente, des comportements amoureux. Le discours socio-politique sur le sport est parfaitement légitime en son ordre, notamment dans son aspect critique, mais à nos yeux il demeure partiel : *son* ordre, justement, n'épuise pas le phénomène. En tant que philosophe, on peut ainsi contester ce réductionnisme qui consiste à affirmer que tout est dit sur le sport une fois qu'on a :

a) dégagé sa fonction politique, à la façon d'Yves Vargas[1] ;

b) analysé les mécanismes financiers qui expliquent et commandent le spectacle sportif, comme l'a fait l'école de la sociologie critique du sport, avec Jean-Marie Brohm[2] ;

1. « … j'avais avancé l'idée que le sport doit son succès historique à la rencontre de la performance – le record – et de l'idée de progrès. Cette idée d'un progrès de l'humanité, avancée au XVIIIe siècle par la philosophie des lumières (Diderot, Voltaire, Kant) est la valeur fondamentale de la bourgeoisie révolutionnaire du XVIIIe siècle (progrès politique), et de la bourgeoisie industrielle du XIXe (progrès technique), mais cette idée est compliquée, et faute d'exemple simple, elle a eu du mal à devenir populaire. Et pour cause ! On voit bien que le progrès révolutionnaire vers la liberté s'est accompagné de la Terreur, que le progrès de la productivité a engendré le chômage et le colonialisme, et que derrière chaque Einstein se profile déjà le terrible champignon d'Hiroshima. Seul le spectacle sportif a offert un exemple simple et populaire de cette idée de progrès. Savoir que tout record sera un jour dépassé a inscrit dans les mentalités collectives un concept qu'aucun philosophe n'était parvenu à illustrer de façon *convaincante.* Le sport a battu la philosophie sur le terrain philosophique en réalisant la popularisation d'une idée à vocation populaire qui n'avait jamais réussi auparavant à s'établir comme vérité première », Y. Vargas, *Sport et Philosophie*, s.l., Le temps des cerises, 1997, p. 81.

2. Voir par exemple *Les Meutes sportives, critique de la domination*, Paris, L'Harmattan, 2001, p. 233, *Sport et mode de production capitaliste*.

c) montré, ainsi qu'a pu le faire Pierre Bourdieu, que la pratique sportive de tel ou tel individu est corrélée à son *habitus* social, qu'il existe un rapport entre l'appartenance à telle classe et la pratique de tel sport, etc.[1].

Une fois qu'on a expliqué tout cela, nous croyons qu'il reste pour nous, philosophes, un certain nombre de choses à dire.

Envisageons, par exemple, le problème des valeurs du sport, de son éthique, incontestablement un des plus discutés en raison du rôle éducatif que l'on entend faire jouer à la pratique et à la représentation sociale du sport. Phénomène quasi-universel, institutionnel, surmédiatisé, le sport est investi de valeurs multiples au point que Norbert Elias a pu dire qu'il était « une clé » pour la compréhension de la société[2]. Notamment, le sport serait

1. « En fait, *en dehors même de toute recherche de la distinction,* c'est le rapport au corps propre, comme dimension privilégiée de l'habitus, qui distingue les classes populaires des classes privilégiées comme, à l'intérieur de celles-ci, il distingue des fractions séparées par tout l'univers d'un style de vie. Ainsi, le rapport instrumental au corps propre que les classes populaires expriment dans toutes les pratiques ayant le corps pour objet ou enjeu, régime alimentaire ou soins de beauté, rapport à la maladie ou soins de santé, se manifeste aussi dans le choix de sports demandant un grand investissement d'efforts, parfois de peine et de souffrance (comme la boxe), et exigeant en certains cas une mise en jeu du corps lui-même, comme la moto, le parachutisme, toutes les formes d'acrobatie et, dans une certaine mesure, tous les sports de combat, dans lesquels on peut englober le rugby. À l'opposé, l'inclination des classes privilégiées à la "stylisation de la vie" se retrouve et se reconnaît dans la tendance à traiter le corps comme une fin, avec des variantes selon que l'on met l'accent sur le fonctionnement même du corps comme organisme, ce qui incline au culte hygiéniste de la "forme", ou sur l'apparence même du corps comme configuration perceptible, le "physique", c'est-à-dire le corps-pour-autrui. Tout semble indiquer que le souci de la culture du corps apparaît, dans sa forme la plus élémentaire, c'est-à-dire en tant que culte hygiéniste de la santé, impliquant, souvent, une exaltation ascétique de la sobriété et de la rigueur diététique, dans les classes moyennes qui s'adonnent de manière particulièrement intensive à la gymnastique, le sport ascétique par excellence, puisqu'il se réduit à une sorte d'entraînement pour l'entraînement. La gymnastique et les sports strictement hygiéniques comme la marche ou le footing sont des activités hautement rationnelles et rationalisées : d'abord parce qu'ils supposent une foi résolue dans la raison et dans les profits différés et souvent impalpables qu'elle permet (comme la protection contre le vieillissement ou les accidents corrélatifs, profit abstrait et négatif qui n'existe que par rapport à un référent parfaitement théorique) ; ensuite parce qu'ils ne prennent sens, le plus souvent, qu'en fonction d'une connaissance abstraite des effets d'un exercice qui est lui-même souvent réduit, comme dans la gymnastique, à une série de mouvements abstraits, décomposés et organisés par référence à une fin spécifique et savante (par exemple "les abdominaux") et qui est aux mouvements totaux et orientés vers des fins pratiques des situations quotidiennes ce que la marche décomposée en gestes élémentaires du "manuel du gradé" est à la marche ordinaire », P. Bourdieu, *Questions de sociologie,* Paris, Minuit, 1980, p. 192-193.

2. « Nous avions conscience que la connaissance du sport était la clé de la connaissance de la société », dans N. Elias et E. Dunning, *Sport et civilisation, la violence maîtrisée*, Paris, Fayard, 1994, p. 25.

une école des valeurs, qui permettrait à celui qui le pratique de se forger un *ethos*, un caractère ou des mœurs tenues pour bonnes, moralement et socialement, d'une façon même bien supérieure à d'autres pratiques telles que le jeu, ou d'autres institutions telles que l'école proprement dite, qui, selon certains, informe et « forme » désormais plus qu'elle n'éduque. On est, dans cette optique, conduit à envisager une thèse assez forte : le sport ne serait pas simplement une « vitrine » des valeurs, mais une *pratique* de ces valeurs, dans laquelle l'apprentissage de certaines vertus serait parallèle à un certain conditionnement du corps, et conditionné à lui. Il faut alors se demander quelles sont ces valeurs « sportives », mais aussi quelle est la conception du corps sous-tendue par cette thèse.

Le problème de la détermination des ces valeurs rejoint ici celui de la détermination de « l'essence » du sport : si vraiment le sport est en lui-même porteur de valeurs, au point que sa pratique les incorpore à l'individu, il importe de savoir ce qui le distingue de toute autre pratique ou « technique du corps »[1], et il importe alors de distinguer ce qui est « sport » et ce qui ne l'est pas. C'est ce qu'on sous-entend lorsqu'on critique, par exemple, le sport-spectacle, ou le sport professionnel, ou la compétition, ou encore le dopage, en arguant qu'il ne sont pas représentatifs de l'esprit véritable du sport, ou qu'ils « pourrissent » la jeunesse avec de fausses valeurs, comme s'il allait de soi que cet « esprit véritable » soit autre chose qu'une convention, ou même une simple idéologie, et qu'il désigne une essence, une manière d'être fondée sur des invariants humains. C'est aussi ce que l'on sous-entend lorsqu'on distingue au moins confusément le « sport » des autres activités physiques, du jeu et du loisir.

Or le passage de la question morale à la détermination de l'essence du sport ne va pas de soi. À peine la question morale est-elle posée à propos du sport que prolifèrent en effet des éléments et des dimensions qui obscurcissent et semblent condamner cette détermination, ou la rendre inutile, sans intérêt : si le sport possède une fonction sociale immédiate, éducative, il devient *ipso facto* un enjeu pour le politique ; en s'institutionnalisant, il devient un fait social objectif, etc. Qu'importe alors de savoir quelles sont les valeurs qui pourraient être attachées à l'essence du sport, si seuls comptent le fait social qu'il représente et son analyse. La sociologie court-

1. L'expression « technique du corps » renvoie à un article de M. Mauss originalement publié dans le *Journal de Psychologie*, XXXII du 15 mars-15 avril 1936, d'après une communication présentée à la Société de Psychologie le 17 mai 1934. Par technique du corps, il faut entendre selon Mauss « les façons dont les hommes, société par société, d'une façon traditionnelle, savent se servir de leur corps ». Les sports seraient classés dans les « techniques de l'activité et du mouvement ».

circuite ici la philosophie, et s'impose comme outil d'analyse d'une réalité devenue trop complexe et multiforme pour se laisser réduire à un concept simple, discriminant, du « sport ». C'est pourquoi il est difficile de faire l'impasse, surtout en France, sur la dimension sociologique du sport et, partant, sur les critiques qui lui sont associées. Pour ce qui concerne notamment la question des rapports du sport à l'éthique, on ne peut faire l'économie du regard apporté par la sociologie critique de Jean-Marie Brohm, Frédéric Baillette, Michel Caillat[1], Robert Redeker *et alii*, tant que l'on a pas légitimé un autre regard, proprement philosophique, sur le sport, c'est-à-dire tant que l'on a pas osé poser, naïvement, la question de son essence.

Ainsi, quand il s'agit de préciser les valeurs du sport en lui-même – et avant même de s'intéresser aux valeurs propres à certains sports, comme les sports de glisse, de combat, d'équipe, etc. – on se trouve placé face à deux types de discours contradictoires.

Le premier discours, qu'on pourrait appeler idéaliste, est celui des « vraies valeurs de l'esprit sportif »[2]. Dans cette optique, le sport certes

1. M. Caillat, sociologue, est l'auteur de l'ouvrage *Le Sport*, « Idées reçues », Paris, Éditions Cavalier Bleu, 2002. Il est membre du « Mouvement Critique du Sport ».

2. En voici un exemple : « D'abord il apparaît que le sport ne peut être que porteur de hautes valeurs morales qui en font un moyen d'éducation exceptionnel et un facteur irremplaçable d'épanouissement de la personne, d'intégration sociale et de promotion humaine. Il fait donc appel à une philosophie humaniste qui doit participer à la défense de la dignité de l'homme par la réalisation d'une harmonie du corps, du cœur et de l'esprit ; à l'épanouissement de l'individu et au respect de sa santé. L'esprit du sport ne peut être qu'une disposition d'esprit fondée sur des principes éthiques. Cette éthique est née de l'esprit de jeu et de la fête. Le sport n'est donc qu'un jeu, un plaisir de jouer et une disposition d'esprit fondée sur des principes éthiques, qui vise d'abord à promouvoir le respect de l'adversaire considéré comme un partenaire de jeu. Avoir l'esprit sportif c'est non seulement essayer d'être un bon joueur, mais aussi un beau joueur respectueux de la règle, de l'adversaire, des arbitres, modeste dans la victoire et sans rancœur dans la défaite, *fair play* en tous lieux et en toutes circonstances. Le sport doit avant tout être une fête. Il sert au développement de la sociabilité en particulier d'un esprit d'équipe, fait de solidarité sur et hors des terrains. Le sport est un ensemble de disciplines physiques qui a son exigence dans l'acquisition d'une culture d'efforts, de compétition ; mais cette compétition ne doit être comprise qu'alliée à la connaissance et la maîtrise de soi, de ses forces et de ses limites. Il doit toujours être un engagement dans l'équité. Le sport est aussi une école de citoyenneté, de prise de responsabilité, de solidarité par l'acquisition de la capacité d'une participation active au développement d'une société démocratique dans et autour du sport. Son principe de base repose sur l'acquisition d'un esprit de générosité, d'amitié sur lequel se créeront des rapports de courtoisie et de convivialité. (…) Pour bien comprendre l'esprit du sport et son éthique, *a contrario*, doivent être combattues, comme contraires aux véritables valeurs du sport : toutes les formes de violences, physiques ou psychologiques ; le chauvinisme, l'intolérance, la haine ; la tricherie (tous les contournements de la règle et de l'esprit du jeu) et la corruption ; le racisme ; le non-respect : des joueurs, des

n'est qu'un jeu, mais un jeu porteur de hautes valeurs individuelles (maîtrise de soi, respect, justice) et collectives (sociabilité, amitié, générosité) qui en font un moyen « irremplaçable et exceptionnel » d'éducation, de promotion de soi et d'intégration sociale. Ces « vraies valeurs » définissent ce que le sport devrait être. Elles semblent toutefois saisies essentiellement par contraste avec une série d'attitudes jugées incompatibles avec l'idéal sportif. Se constituant par le rejet de manifestations déclarées anti-sportives, telles que le racisme, le chauvinisme, le nationalisme, la violence, la corruption, la tricherie, etc. le sport semble ainsi d'abord défini négativement par ce qu'il n'est pas ou ne devrait pas être. La raison en est sans doute la volonté de rendre compte de ces mauvaises attitudes, si répandues dans les stades, comme d'une pollution de l'esprit véritable du bon sport par la source empoisonnée du sport mercenaire (« professionnel » ou « marron »). Si ces pratiques et attitudes déplorables sont si répandues (les pessimistes ajouteraient : plus répandues que les pratiques et attitudes « positives » auxquelles elles se seraient substituées), c'est donc, pense-t-on, parce que le sport *amateur*, que le texte ici commenté est destiné à régler éthiquement, subit l'attraction du sport professionnel, dans lequel les valeurs positives – à part celles des tests anti-dopage – sont si peu pertinentes qu'on pourrait parfois sans exagérer en inverser le signe. Le cycliste qui triche serait plutôt un réaliste sensé et celui qui ne le fait pas un benêt. Le texte de Jean-Pierre Vosgin est donc représentatif d'une sorte de réaction contre ce qu'il est convenu d'appeler « les dérives du sport moderne », ses excès, éminemment repérables dans le sport professionnel, qui saliraient l'esprit du vrai sport.

Dans ces conditions, on peut néanmoins se demander comment il se fait que de telles « dérives », si contraires à l'esprit du sport, soient simplement *possibles* dans le sport amateur, au point qu'il faille régulièrement en rappeler les pratiquants à l'ordre ? Comme moyen d'éducation exceptionnel, le sport manquerait cruellement d'efficacité si la pratique de sa forme la plus « pure » ne nous garantissait pas de la fascination exercée par son côté obscur. On rencontre alors le second type de discours : le discours hargneux. S'il faut rappeler sans cesse aux amateurs les vraies valeurs du

éducateurs (bénévoles ou non), des officiels (dont les arbitres), des organisateurs ; l'attitude agressive des publics « aboyeurs des bords de touche » ; le dopage ; la surexposition médiatique d'images et d'écrits d'activités qui imposent une vision de "la gagne" à tout prix dans certains sports de "haut niveau" ; l'amateurisme "marron" (rétributions financières) et l'existence d'un "marché" dans toutes les compétitions amateurs de niveau régional », J.-P. Vosgin, « Texte synthétique de philosophie sportive » (se consulte sur http://www.iut.u-bordeaux3.fr/bibliotheque/coop/bec/utopie/sport/ethique.htm).

sport, et si elles ont si peu de prise sur eux, c'est que ces « vraies valeurs » lui sont complètement étrangères. Le sport ne part pas à la « dérive » et ses excès n'ont rien d'accidentel. Il produit nécessairement ce genre d'effet parce que ses valeurs réelles sont celles de la liste noire. Les prétendues « vraies valeurs du sport », imaginaires ou illusoires, ne sont qu'un sous-produit idéologique de la fausse, ou bonne, conscience du système sportif capitaliste.

Ce type de discours est celui de la sociologie critique du sport, par exemple celle de Jean-Marie Brohm ou Frédéric Baillette[1]. Pour le dire vite, le sport y est présenté comme l'expression du système capitaliste et de ses valeurs de domination, de compétition, de sélection, de rendement et de performance. Il est en outre par la seule puissance de son spectacle un instrument privilégié de l'abrutissement des masses, l'opium moderne du peuple, au service du capitalisme marchand, etc. Assurément, les présupposés de ces analyses annoncent clairement leur couleur (rouge vif), et

1. En voici un exemple, parmi bien d'autres : « Aussi, tous les partis politiques (excepté l'extrême gauche et certaines organisations libertaires) s'accordent pour célébrer les bienfaits du sport et récitent régulièrement tous les poncifs du catéchisme sportif : égalité des chances, loyauté de la lutte olympique, exemplarité de la valeur éducative (école de vertu, de solidarité, de "droiture morale", etc.), universalité de la "culture" sportive, "message d'espoir pour tous les opprimés", rassemblement fraternel, pacifique (œcuménisme sportif, mythe de la trêve olympique), etc. (…) Or, ce qu'il faut affirmer, c'est que cette représentation du sport comme sphère autonome et apolitique est un mythe tenace qui permet d'occulter la réalité peu reluisante du spectacle sportif contemporain (notamment le dopage et les violences endémiques), ses nombreuses collaborations (ou collusions) avec des régimes politiques totalitaires et son parti pris idéologique réactionnaire. (…) Dans son apparition et tout au long de son processus d'institutionnalisation, le sport (tout comme l'olympisme) est "consubstantiellement intégré au mode de production capitaliste et à l'appareil d'État bourgeois" (Jean-Marie Brohm). L'institution sportive est organiquement incorporée au système de production capitaliste dans lequel elle s'épanouit. La diffusion et l'emprise planétaire du sport, l'olympisation du monde vont accompagner l'expansion impérialiste du système capitaliste (et du capitalisme bureaucratique d'État). C'est dans cette paternité que réside la singularité du sport (un sport improprement qualifié de "moderne", par ceux qui voudraient faire croire à une continuité, à une unité avec des sports dits antiques, médiévaux, traditionnels ou encore exotiques). Aussi, il y a homologie de structure et identité de point de vue entre l'organisation sportive et l'organisation capitaliste. Rien d'étonnant que les principes constituants du sport (compétition, rendement, performance, record) reflètent les catégories dominantes du capitalisme industriel. (…) Le sport est porteur de toutes les "valeurs" capitalistes qu'il contribue à plébisciter en les présentant comme "naturelles", comme allant de soi et nécessaires : lutte de tous contre tous (*struggle for life*), sélection des "meilleurs" et éviction des "moins bons", transformation du corps en une force essentiellement productive, recherche du rendement maximum, de son exploitation optimale (la performance), etc. », F. Baillette, « Les Arrière-pensées réactionnaires du sport », *Quasimodo* n°1, « Sport et nationalisme », octobre 1996, Montpellier, p. 19-25.

leurs détracteurs pourront s'étonner d'une certaine partialité dans l'interprétation du phénomène sportif. Mais s'il est vrai que toute sociologie de ce type se construit sur des paradigmes présupposés et discutables[1], la sociologie critique du sport est néanmoins incontournable pour la réflexion éthique parce qu'elle pointe des faits si nombreux et si indéniables qu'il faut bien, avant d'en refuser une lecture marxiste sous prétexte que ce paradigme est passé de mode, essayer au moins d'en rendre raison en partant d'un autre point de vue. Que le sport « moderne » soit générateur de violence, qu'il ait été instrumentalisé par tous les totalitarismes depuis les débuts de l'olympisme moderne, qu'il mette en danger la santé et la vie des athlètes, qu'il soit devenu une marchandise, etc. ce sont là des faits, et qui obligent à une prise de position, sinon politique comme le voudraient ces sociologues critiques, du moins éthique.

Quoi qu'on en pense par ailleurs, les deux types de discours qui viennent d'être évoqués sont à nos yeux grevés d'une semblable lacune : ils ne rendent absolument pas compte de ce que le « sportif » ressent ou expérimente concrètement quand il pratique son activité. Le premier type de discours affadit le sport, en efface les côtés sombres par une sorte d'angélisme : il le réduit à un jeu, une fête, où tout doit être beau et gentil. Sans doute est-ce parce que sa perspective est explicitement pédagogique, et ainsi les valeurs éthiques mises en avant définissent-elles en définitive moins le sport en lui-même que le résultat attendu d'une certaine instrumentalisation éducative du sport. Quant à la sociologie critique, la réalité dont elle parle n'a que peu de rapport avec celle que vit la majorité silencieuse des pratiquants du sport, dont elle présuppose l'aliénation, non d'ailleurs sans un certain mépris[2]. Dans les deux cas on manque sans aucun

1. Sur ce point, voir J. Corneloup, *Les Théories sociologiques de la pratique sportive*, Paris, P.U.F., 2002. p. 10. Corneloup analyse chacun des paradigmes sociologiques utilisés pour analyser le phénomène sportif, ce qui en montre à la fois l'intérêt et la relativité : « sans aller jusqu'à dire que la sociologie est un combat, il faut bien avouer que les luttes sont nombreuses. (…) Par théories interposées les sociologues se jugent, se détestent ou s'apprécient selon les proximités existantes, selon leurs approches du social. L'inscription dans un paradigme (…) positionne le chercheur dans un cadre de référence qui le marque et l'identifie ».

2. À l'occasion de la tenue de la coupe du monde de football en France, en 1998, l'hebdomadaire *Charlie Hebdo* avait publié un hors-série très documenté (*L'Horreur footballistique*, titre en forme de référence à un livre alors apprécié de V. Forrester, *L'Horreur économique*) qui dénonçait avec beaucoup de verve des problèmes réels. Mais même parmi les lecteurs de *Charlie Hebdo* c'est-à-dire parmi les gens qui politiquement, idéologiquement, considéraient d'un œil plutôt favorable ce type de publication et son humour particulier, nous fûmes plusieurs à nous demander : mais qu'en est-il du plaisir que nous prenons à jouer au football entre amis, à regarder un match ? Qu'en est-il de la joie, de l'intérêt qu'il peut y

doute une dimension essentielle du phénomène sportif et de la façon dont le sport est *réellement* pratiqué.

C'est pourquoi nous revendiquons le droit à une certaine forme de naïveté. Naïveté politique et sociologique d'abord : nous proposons de mettre pour un temps entre parenthèses les soupçons, indéniablement justifiés sous certains aspects, portés sur la signification de la pratique d'un sport et sur la valeur du témoignage de la conscience sportive. Naïveté méthodologique ensuite : notre démarche suppose aussi de ne pas se laisser engluer dans de laborieux préliminaires méthodologiques et disciplinaires, d'accepter de ne pas trop se demander de quoi et comment il faut parler pour être parfaitement certain que c'est bien de la philosophie que l'on fait. Hegel nous a appris que ce qu'on peut désigner comme le « syndrome de la chouette de Minerve » – cette façon que la philosophie a de se prendre elle-même pour objet, ainsi que les conditions de possibilité de son propre discours – peut devenir paralysant, et qu'il n'est pas un symptôme de bonne santé philosophique. Bref, pour savoir si nous, philosophes, avons (encore) quelque chose d'intéressant à dire, et à dire sur le sport en particulier, le plus simple est encore d'essayer de le dire.

*

L'ambiguïté du phénomène sportif telle qu'elle vient d'être soulignée nous semble naturellement désigner à la philosophie plusieurs approches, hypothèses ou méthodes, pour déterminer les valeurs et le sens d'un tel phénomène. Nous voudrions ici suggérer, et éventuellement illustrer, cinq d'entre elles.

1) Une première approche, la plus évidente, serait de se demander si la philosophie, dans son histoire, a déjà traité, sinon du sport tel que nous le connaissons, du moins d'activités qui s'en approchent, que ce soit en les prenant directement pour objet ou par la médiation de thèmes qui en éclairent la signification. Ce type de traitement ressortit à l'histoire de la philosophie. Robert Muller et Blaise Benoît proposent ainsi dans ce recueil l'analyse de la gymnastique et de l'exercice physique chez Platon et Nietzsche.

avoir à pratiquer cette activité qui, pour les petits garçons de notre génération, fut quelque chose d'important ? Cela, l'approche « macro-footballistique » de ce numéro de *Charlie Hebdo* (qui demeurait *grosso modo* dans l'optique marxiste qui était celle des travaux de J.-M. Brohm), le laissait passer. Cela au moins, le philosophe peut s'en emparer et en faire un objet de réflexion.

2) L'histoire de la philosophie n'est en aucun cas comprise ici comme une promenade au musée. Rien n'interdit, sinon un scrupule mortifère, que l'on emprunte à des philosophes leurs concepts et procédures pour en faire un usage vivant dans un contexte inédit. Appliquant cette démarche à un champ littéraire contemporain, Dominique Doucet propose ainsi une analyse du sport dans le domaine de la littérature de science-fiction, où s'illustre la question du devenir du corps. Plus largement, notre deuxième hypothèse consistera à nous demander si des concepts et questions philosophiques classiques peuvent être pertinents pour éclairer nos problématiques « sportives » de modernes. La réflexion sur l'activité physique pourrait ainsi s'enrichir du traitement de la question des rapports du corps et de l'esprit, ou encore de ce qu'on désigne désormais comme le *mind-body problem*, chez les penseurs classiques. On peut illustrer ce point en adoptant l'optique de Spinoza lorsqu'il affirme que « l'ordre et la connexion des idées sont les mêmes que l'ordre et la connexion des choses »[1] ou encore que « l'esprit et le corps sont une seule et même chose qui est conçue tantôt sous l'attribut de la pensée, tantôt sous celui de l'étendue. D'où vient que l'ordre et l'enchaînement des choses est le même, que la Nature soit conçue sous tel attribut ou sous tel autre ; et conséquemment que l'ordre des actions et des passions de notre corps concorde par nature avec l'ordre des actions et des passions de l'esprit »[2]. En raison de son ontologie particulière, un « monisme scissionnaire »[3] où l'unique substance s'exprime intégralement dans différents attributs, dont la pensée et l'étendue, et de la conception des rapports entre corps et esprit qui en découle (ce qu'on appelle parfois et peut-être de façon hâtive le « parallélisme »), le spinozisme apparaît ainsi comme une des configurations philosophiques où la question des expressions mentales de la pratique physique, et en particulier sportive, est posée de la façon la plus directe : si l'esprit est « l'idée du corps »[4] et que les connexions mentales répondent aux connexions corporelles, on se trouve, de façon exemplaire, dans une situation où l'exercice physique a nécessairement des retentissements intellectuels. À une optimisation des mécanismes corporels, dans l'attribut étendue et plus particulièrement dans ce mode de l'étendue qu'est mon corps, correspondra alors une amélioration des capacités de la pensée, dans l'attribut pensée, et plus particulièrement dans ce mode de la pensée qu'est

1. *Éthique* II, 7.
2. *Éthique* III, 2 scolie.
3. L'expression est de N. Grimaldi, *Ontologie du temps*, Paris, P.U.F., 1993, p. 178.
4. *Éthique* II, 13.

mon esprit[1]. Spinoza le précise par différentes analyses de cas particuliers. Dans ce texte par exemple il retrouve, par d'autres voies, la critique théorique de l'état d'enfance faite avant lui par Descartes[2] :

> Et réellement qui, comme un enfant ou un jeune garçon, a un corps possédant un très petit nombre d'aptitudes et dépendant au plus haut point des causes extérieures, a un esprit qui, considéré en lui seul n'a presque aucune conscience de lui-même ni de Dieu ni des choses. (…) Dans cette vie donc, nous faisons effort avant tout pour que le corps de l'enfance se change, autant que sa nature le souffre et qu'il lui convient, en un autre ayant un très grand nombre d'aptitudes et se rapportant à un esprit conscient au plus haut point de lui-même, de Dieu et des choses[3].

Et, surtout, dans cet autre, il aborde de façon discrète mais frontale, comme finalement peu de philosophes l'ont fait avant lui, la question des répercussions mentales, intellectuelles, de la pratique des « jeux qui exercent le corps » :

> Il est d'un homme sage de faire servir à sa réfection et à la réparation de ses forces des aliments et des boissons agréables pris en quantité modérée comme aussi les parfums, l'agrément des plantes vertes, la parure, la musique, les jeux qui exercent le corps, les spectacles et autres choses de même sorte dont chacun peut user sans dommage pour autrui. Le corps humain en effet est composé d'un très grand nombre de parties de nature différente qui ont continuellement besoin d'une alimentation nouvelle et variée pour que le corps entier soit également apte à tout ce qui peut suivre de sa nature et que l'esprit soit également apte à comprendre à la fois plusieurs choses[4].

L'effort de l'esprit pour comprendre ce qui renforce sa puissance d'agir est donc rigoureusement corrélé, ou parallèle, à celui du corps pour produire les mouvements qui renforcent son équilibre, et de là la puissance d'agir de l'âme. « Bien se nourrir, dormir, bouger, être en bonne santé[5] sont les conditions de la pensée droite et la diététique (au sens large) relève à ce titre de l'éthique. (…) Ce principe d'équivalence entre esprit et corps montre que la question du corps chez Spinoza ne peut pas être une simple

1. Dans tout ce développement, nous suivons de près J. Lagrée, « La Santé et le salut ; la pensée du corps dans l'*Éthique* de Spinoza », dans *Le Corps*, J.-C. Goddard (éd.), Paris, Vrin, 1992, p. 123-138, notamment p. 134-136 sur « la gestion de la bonne forme ».

2. Par exemple *Principes de la philosophie*, I, art. 1

3. *Éthique* V, 39, scolie.

4. *Éthique* IV, 45, scolie, voir aussi IV, chap. 27.

5. Bref, faire du sport et se donner les moyens d'en faire.

question de physique ou de médecine. Elle est tout à la fois une question de physique (comprendre les lois des mouvements internes aux corps et externes entre les corps) et une question de médecine (comment conserver le rapport de mouvement et de repos entre parties qui constitue la forme du corps tout en accroissant ses aptitudes, c'est-à-dire sa complexité), une question de mode de vie et d'apprentissage technique susceptible d'accroître encore des aptitudes corporelles, [c'est] une question enfin d'éthique puisqu'en s'efforçant de conserver et d'accroître le dynamisme du corps on favorise en même temps le développement d'une pensée de plus en plus consciente d'elle-même, de Dieu et des choses, et donc on travaille à progresser dans la voie de la sagesse, de la joie et de la liberté »[1].

Le spinozisme apparaît donc de façon exemplaire comme une philosophie où l'exercice physique, en tant qu'il permet un développement harmonieux du corps[2] et corrélativement une activité optimale de l'esprit, est philosophiquement très recommandable, tout en conduisant, dans le cadre du « parallélisme », à une conception nuancée des rapports de l'esprit et du corps : il ne s'agit pas, bien sûr, d'une survalorisation univoque de l'intellect accompagnée d'une péjoration catégorique du « corps tombeau » à quoi on réduit parfois, de façon caricaturale, la tradition platonicienne. Il ne s'agit pas davantage, et symétriquement, de pousser le renversement du platonisme jusqu'à la thèse nietzschéenne du corps comme « grande raison » : chez Spinoza, la conservation et le développement des aptitudes du corps ne valent pas par soi, mais avant tout parce qu'elles correspondent au développement parallèle d'aptitudes dans l'esprit. Dans ces conditions, le plus surprenant, du moins à nos yeux de modernes, est peut-être que Spinoza ne parle pas davantage des « jeux qui exercent le corps ».

L'ontologie proposée par l'*Éthique* n'est certes pas la seule qui permette d'envisager ainsi, de façon fine, topique et bien fondée, la question des retentissements intellectuels et spirituels de l'activité physique. Mais pour un spinoziste, la question de ces retentissements se pose avec plus d'acuité que dans le cadre d'une ontologie rudement dualiste, comme la caricature qu'on donne parfois de la doctrine cartésienne,

1. J. Lagrée, *op. cit.*, p. 134.

2. L'*Éthique* explique que sont nocifs « les plaisirs excessifs qui agissent exclusivement sur une partie du corps aux dépens de son rapport équilibré aux autres parties. En revanche, les plaisirs variés et modérés, ou bien le rire qui exprime la joie du corps tout entier, sont sains et profitables à l'homme » (J. Lagrée, *op. cit.*, p. 136). On peut à partir de là supposer que Spinoza recommanderait d'éviter les exercices qui développent et hypertrophient une seule partie du corps (le tennis), et conseillerait plutôt ceux qui permettent un développement global et harmonieux (la gymnastique) ou l'entretien d'une bonne condition physique générale.

ou d'un spiritualisme qui affirmerait l'autonomie d'une chose qui pense superbement indifférente au remue-ménage corporel. De ce point de vue, il est clair que la plupart des réflexions proposées dans le présent ouvrage n'auront aucun intérêt si on les aborde dans une optique absolument et catégoriquement dualiste[1]. Plus largement, les réflexions qui viennent d'être esquissées conduisent à deux interrogations programmatiques qui pourraient s'inscrire dans le prolongement des présentes recherches.

Il faudrait tout d'abord se demander : à quelles conditions et dans le cadre de quel type d'ontologie une conception du sport comme activité intellectuellement fructueuse pour celui qui le pratique est-elle possible ; dans quel type de conception des rapports entre corps et esprit la question de l'activité physique comme exercice spirituel est-elle sérieusement envisageable ? « Rester assis, c'est précisément là le *péché* contre l'Esprit Saint. Seules les pensées qui nous viennent en marchant ont de la valeur » : en s'inspirant de ce mot fameux de Nietzsche[2], on aurait ainsi à distinguer des ontologies où il est envisageable de philosopher assis et où se mettre à marcher ne changerait rien *sub specie intellectus* ; et d'autres où philosopher en se mouvant, en se dépensant, modifierait, et le cas échéant bonifierait, le résultat de nos cogitations.

La seconde remarque porte sur la nature de cet éventuel changement. Plus que nous ne l'avons fait dans les lignes qui précèdent, il faudrait, ici comme ailleurs, suivre les conseils de David Hume en différenciant le « est » (*is*) et « doit être » (*ought*), c'est-à-dire la description et le jugement de valeur[3]. Nous voulons dire par là que lorsqu'on réfléchit à l'association entre activité physique et activité mentale, et aux retentissements de la première sur la seconde, il faut se défier des jugements de valeur précipités.

1. Mais il est loin d'être avéré qu'il existe des philosophes (du moins des philosophes sérieux) absolument et catégoriquement dualistes, et que le dualisme tant décrié soit autre chose qu'une création des manuels d'histoire de la philosophie, un repoussoir commode pour matérialiste en mal de polémique, ou au contraire le reposoir d'un certain spiritualisme irréfléchi.

2. *Le Crépuscule des idoles*, Maximes et pointes, 34.

3. *Traité de la nature humaine*, III, 1, 1 : « Je ne peux pas m'empêcher d'ajouter à ces raisonnements une observation que l'on pourra peut-être trouver de quelque importance. Dans tous les systèmes de morale que j'ai jusqu'ici rencontrés, j'ai toujours remarqué que l'auteur procède pendant un certain temps selon la façon habituelle de raisonner, établit l'existence d'un Dieu ou fait des observations sur les affaires humaines ; quand tout à coup, j'ai la surprise de constater qu'au lieu des habituelles copules *est* et *n'est pas*, je ne rencontre pas de proposition qui ne soit liée par un *doit* ou un *ne doit pas*. C'est un changement imperceptible mais il est néanmoins de la première importance. Car, puisque ce *doit* ou *ne doit pas* expriment une certaine relation ou affirmation nouvelle, il est nécessaire qu'elle soit soulignée et expliquée ».

On peut en distinguer deux sortes, symétriques. La première associe sans plus de réflexion la santé physique et la santé mentale, sur le modèle proverbial du *mens sana in corpore sano* : « on pense mieux quand on est en bonne santé ». Cette affirmation d'apparent bon sens est loin d'aller de soi [1], comme peuvent le suggérer au moins deux contre-arguments : l'existence de nombreuses pathologies mentales chez les sportifs accomplis [2]; et, de façon parallèle et concernant plus directement la philosophie, le nombre de grands philosophes dont la santé physique fut toujours chancelante ou même qui furent de grands malades (Descartes à sa façon, Pascal, Malebranche, Nietzsche, etc.). Nous ne ferons que mentionner la seconde sorte de préjugé, plus triviale, pas moins courante, et aussi peu pertinente : « le sport, ça rend stupide », « à gros muscles petit cerveau », etc. Ici comme ailleurs, et toujours en suivant Spinoza, on s'efforcera de décrire et de comprendre avant de moquer ou de déplorer [3].

3) Une troisième hypothèse de travail, philosophiquement « classique » elle aussi, chercherait à savoir s'il est pertinent de s'interroger sur un « concept » du sport, en se demandant si le sport n'est rien qu'un phénomène historique ou si, même en prenant acte de cette historicité, il laisse reconnaître en lui des invariants qui le désigneraient comme « essence ». Matthieu Haumesser et Pascal Taranto proposent plus bas l'analyse d'un tel concept. Nous tenterons ici rapidement d'en préciser l'intérêt pour résoudre notamment la question des valeurs qui s'y rattachent. L'ambiguïté éthique du sport soulignée plus haut paraît être déterminée par l'absence d'un concept univoque, qui renverrait à une essence déterminée. Pour comprendre quelles valeurs peuvent, ou ne peuvent pas, être légitimement associées au sport en général, ne convient-il pas alors de répondre à cette question : qu'appelle-t-on un sport ? Ou mieux encore, pour éviter le conventionnalisme : qu'est-ce qu'un sport ?

1. Au simple plan médical, l'idée que le sport exerce une influence bénéfique sur la santé est moins évidente qu'on pourrait le penser de prime abord. Voir J. Defrance, *Sociologie du sport*, Paris, La Découverte, 2003-2004, p. 71-74, qui rappelle que la question des fonctions sanitaires des pratiques sportives est aussi un problème de sociologie de la culture.

2. L'ouvrage d'I. Queval, *S'accomplir ou se dépasser, Essai sur le sport contemporain*, Paris, Gallimard, 2004, contient à ce sujet un chapitre frappant, intitulé « La santé et la performance ».

3. Spinoza, *Lettre 30* : « Si ce personnage fameux qui riait de tout [Démocrite] vivait dans notre siècle, il mourrait de rire assurément. Pour moi, ces troubles ne m'incitent ni au rire ni aux pleurs; plutôt développent-ils en moi le désir de philosopher et de mieux observer la nature humaine. Je ne crois pas qu'il convienne en effet de tourner la nature en dérision, encore bien moins de me lamenter à son sujet… ».

C'est peut-être une mauvaise habitude philosophique que de poser ce genre de question, et on peut la considérer comme oiseuse, inutile, ou encore « métaphysique ». Pourtant, chercher une essence ne conduit pas de façon inévitable à tourner le regard vers le ciel des idées pour saisir l'immuable, mais plus prosaïquement, après l'analyse d'un certain nombre de phénomènes, à trouver un ou des critères discriminants qui permettent de réserver avec quelques raisons le mot de « sport » à un certain usage, étant entendu que par convention (ou par le changement convenu des critères) on pourra toujours appeler « sport » le jogging du dimanche, le lancer de pantoufles (dont il existe un championnat) ou les mots-croisés. Il se trouve que nous avons affaire, concernant le sport, à une littérature considérable dans laquelle pourtant ne se trouve aucune définition du sport univoque et qui ferait l'unanimité, au point qu'on finit par tomber sur des positions complètement conventionnalistes, où serait « sport » ce que l'on décide d'appeler ainsi et de tenir pour tel [1]. Mais peut-on valablement parler de quelque chose que l'on n'arrive pas exactement à définir ? Cet échec provient-il de la complexité du sport, qui défierait toute tentative de conceptualisation claire et simple, pour ne laisser envisager que la juxtaposition des points de vue ou le conflit des paradigmes ? Peut-être cet échec lui-même est-il significatif pour notre réflexion.

Prenons pour point de départ un exemple de définition du sport, celle de Pierre Parlebas, qui est abondamment citée quant il s'agit de distinguer sports et jeux et d'assigner aux premiers des critères caractéristiques : « ensemble des situations motrices codifiées sous forme de compétitions et institutionnalisées » [2]. Le sport se définit ainsi selon trois caractéristiques qui sont des conditions objectives clairement définissables : une situation motrice, c'est-à-dire du mouvement volontaire, une activité physique volontaire ; une compétition réglée ; une institution.

De ces trois caractères, le plus important est le dernier, l'institutionnalisation. C'est lui qui distingue les sports des jeux traditionnels : « Une partie de barres ou d'épervier ne fait pas partie des sports, bien que chacune d'elles représente une situation motrice codifiée sous forme compétitive : l'institutionnalisation fait défaut » [3]. Il s'ensuit que selon Parlebas, « toute activité physique n'est pas un sport. Parmi l'immense ensemble des

1. C'est par exemple la position de P. Irlinger (« *le sport, c'est ce que font les gens quand ils pensent qu'ils font du sport* »). Voir P. Irlinger, C. Louveau, M. Métoudi, *Les Pratiques sportives des français*, INSEP publications, 1988.

2. P. Parlebas, *Jeux, Sports et Sociétés. Lexique de praxéologie motrice* [1987], INSEP publications, 1999, p. 237.

3. *Ibid.*, p. 243.

pratiques ludocorporelles, certaines sont distinguées par la société, deviennent l'objet d'une attention sourcilleuse, soigneusement réglementées puis mises en valeur, ces activités privilégiées, ce sont les sports »[1]. Il ne suffit donc pas de pratiquer des exercices physiques, fût-ce sous forme de compétition ludique, pour faire du sport. C'est la consécration institutionnelle qui fait du jeu sportif un sport, et c'est donc un critère sociologique qui différencie le sport du non-sport. Les jeux seront dits « traditionnels » par opposition aux sports, qui sont « institutionnels ». Sous-ensemble des pratiques motrices à caractère compétitif, sélectionné par les instances sociales, « le sport représente donc la motricité ludique et compétitive approuvée par l'institution »[2].

Ce critère sociologique de l'institutionnalisation ne va pas de soi. On admettra volontiers que le sport puisse comprendre la compétition et qu'il mette en œuvre des mouvements corporels[3]. Mais si le sport n'est sport que parce qu'il est défini comme tel par une institution, une structure sociale légale ou coutumière, ne risque-t-on pas de tomber dans une lapalissade : le sport, en fin de compte, est ce que l'« on » (telle institution à telle époque) appelle « sport »? Or il se trouve que l'institution crée moins les sports qu'elle n'entérine des situations nées spontanément d'une pratique collective en demande de règlements et d'instances. Si l'histoire montre bien comment le sport s'est transformé en institution, elle insiste aussi sur son apparition spontanée au XIXe siècle. De sorte que le sport semble bien s'imposer à l'institution, et non l'inverse. Lorsque les jeux olympiques modernes ont officialisé certains jeux, ceux-ci se sont-ils transformés pour autant dans leur essence ? On peut aussi penser à tous les sports qui sont nés dans la rue, ou sont nés de pratiques minoritaires[4]. En fin de compte, serait

1. *Ibid.*, p. 379.

2. P. Parlebas, *Éléments de sociologie du sport*, Paris, P.U.F., 1986, p. 26 : « Le sport est avant tout une situation motrice (ce critère éliminant les jeux non moteurs tels les échecs par exemple); cette tâche motrice est assujettie à des règles définissant une compétition (traits rejetant les activités libres et improvisées); enfin, et c'est là que gît une grande part de son identité sociologique, le sport est un fait institutionnel (trait excluant l'immense cohorte des jeux non reconnus par les instances officielles). Le sport représente donc la motricité ludique et compétitive approuvée par l'institution ».

3. Encore que, concernant ce dernier point, on pourrait se demander pourquoi des techniques posturales ou viscérales comme le yoga sont exclues : le privilège accordé au mouvement pourrait être l'image de cette obsession moderne de la performance objectivement mesurable, par un corps conçu comme une machine et non comme un organisme.

4. Les sports dits « fun », ou encore « anti-fédé », comme peuvent l'être les rassemblements spontanés de rollers, etc.

sport ce que la pression collective, ou le lobbying économique, obligeraient l'institution à approuver.

Un fait demeure par dessus tout problématique dans cette définition « opératoire » ou « fonctionnaliste » du sport : elle ne permet pas de faire la différence entre le marathon ou l'haltérophilie d'une part, et d'autre part le lancer de pantoufle, le crachat de pépins de melons ou la pétanque, les billes ou le yo-yo, qui sont aussi des situations motrices et compétitives officialisées par des institutions. Et chacun pressent bien l'insuffisance d'une définition du sport qui ne distingue pas sur le fond la pétanque et l'haltérophilie : en passant de l'une à l'autre activité, on a tout de même le sentiment qu'on ne change pas seulement d'échelle dans le poids des boules, mais aussi de nature dans la pratique.

L'étymologie et l'histoire ne sont pas d'un grand secours pour éclaircir le sujet. On sait que le mot « sport » vient de l'ancien français « desport » (XIII^e^ siècle). Il passe dans la langue anglaise au XIV^e^ siècle (*to sport*), et signifie à l'origine le divertissement et le loisir des aristocrates, le passe-temps régulé par les convenances sociales comme la chasse, les courses, etc. Mais cette étymologie, même si l'on suppose qu'elle est le signe d'un changement social qui correspondrait en l'occurrence à l'introduction en Occident d'une temporalité nouvelle, celle du loisir, n'est pas éclairante parce que la dimension de jeu ou de divertissement qu'elle privilégie ne suffit pas à définir ce que nous appelons le sport. L'insertion sociale de la règle, c'est-à-dire le fait que le divertissement sportif ne soit pas n'importe quelle activité physique non laborieuse, ni une activité déréglée, et la finalité non utilitaire, ne suffisent pas, par exemple, à distinguer sports et jeux. Rapportée à certaines composantes du phénomène sportif moderne, cette étymologie paraît même anachroniquement égarante, à la fois par le caractère aristocratique de l'activité désignée, et par l'accent mis sur le plaisir gratuit du jeu, qui contrastent doublement avec le sport de masse moderne et le sport professionnel.

L'histoire du sport moderne[1], quant à elle, nous raconte ce que précisément nous voudrions mettre d'abord de côté dans l'analyse du sport : la constitution du sport en « fait social total », c'est-à-dire, selon l'acception qu'en donne Marcel Mauss[2], un fait social où s'exprimeraient

1. *Cf.* par exemple, sur ce point, N. Bancel et J.-M. Gayman, *Du guerrier à l'athlète, éléments d'histoire des pratiques corporelles*, Paris, P.U.F., 2002, et R. Thomas, *Histoire du sport*, Paris, P.U.F., 1992.

2. M. Mauss, « Essai sur le Don », dans *Sociologie et Anthropologie*, Paris, P.U.F., 1997 [1923-1924], p. 143-280, p. 147.

« à la fois et d'un coup toutes sortes d'institutions : religieuses, juridiques et morales – et celles-ci politiques et familiales en même temps; économiques, (...) esthétiques». On pourra de ce point de vue souligner des éléments bien documentés : l'entrée du sport à l'école au XIX^e siècle, la façon dont le pasteur Thomas Arnold lui attribua une fonction éducative et éthique (afin de lutter contre l'ambiance délétère des collèges anglais où l'on buvait et se bagarrait beaucoup); l'institution de l'olympisme moderne et ses ambiguïtés politiques, entre nationalisme et universalisme, qui firent du sport un instrument du fascisme aussi bien qu'une vitrine pour la promotion des valeurs de paix et d'amitiés entre les peuples; le poids progressif de l'économie qui s'empara du sport pour en faire une des machines à profits les plus rentables à la fin du XX^e siècle; le rôle trouble de la science qui trouve dans le sport un terrain d'investigation privilégié pour l'amélioration des performances du corps, etc.

De ce point de vue, le «sport moderne» est effectivement sans équivalent dans l'histoire, et la sociologie du sport ne manque pas d'accuser la rupture avec les activités physiques dans l'antiquité ou au Moyen Âge. C'est pourquoi P. Parlebas récuse toute définition qui prétendrait assigner au sport la permanence d'un contenu; selon lui, elle manquerait de pertinence, et seule une définition opératoire serait à même de rendre compte de ce qu'est un sport. La même accusation de naïveté se retrouve chez Jacques Ulmann, pour qui « la comparaison du sport grec et du sport britannique révèle tout ce qui les sépare. Elle permet aussi de constater tout ce qu'ont de simpliste la plupart des théories du sport. Elles veulent que le sport traduise à sa façon des *traits permanents de la nature humaine* »[1]. Le sport apparaît ainsi comme un phénomène historiquement déterminé, donc transitoire, puisqu'il n'y a pas de « traits permanents de la nature humaine » impliqués dans sa définition. En partant d'un tout autre point de vue, telle est aussi la conclusion à laquelle veulent parvenir J.-M. Brohm, F. Baillette et les partisans de la sociologie critique du sport, qui décrivent en des termes freudo-marxistes le phénomène sportif moderne comme un produit de l'organisation capitaliste de la société, et nient qu'il s'agisse d'une essence, puisque leur projet est de combattre ce qu'ils considèrent comme une expression parfaite de l'aliénation et de l'abrutissement des masses. Leur présupposé est donc qu'il n'y a pas d'essence du sport, que l'idée d'un sport de tout temps et de toujours est un

1. J. Ulmann, *De la gymnastique aux sports modernes*, Paris, Vrin, 1965, p. 339, nous soulignons.

« mythe tenace », et que le sport naît au XVIII^e siècle, bâtard de l'esprit capitaliste fécondé par l'idéologie du progrès.

Des courants de la sociologie moderne du sport se sont en partie construits sur le refus d'un certain essentialisme biologique, comme le montrent la remarque d'Ulmann et le texte de Baillette ci-dessous. Penser le sport dans une optique proche de celle de Malinowski[1], comme la réponse culturelle apportée de tout temps à la satisfaction de certains invariants biologiques[2] tels que la nécessité de se dépenser et de rivaliser physiquement avec ses semblables, de sélectionner le plus fort, le plus rapide et le plus résistant, c'est en effet tout à la fois justifier l'existence du sport, ancien et moderne, et mettre ses avatars à l'abri de toute critique radicale.

Cependant, le refus de principe d'interroger toute essence du sport qui le renverrait à une nature humaine (mais pas nécessairement à des invariants biologiques), pour ne voir en lui qu'un phénomène bien circonscrit à telles ou telles conditions d'apparition, transforme ces conditions en causes déterminantes et fait du sport un sous-produit historique de l'économie, de la politique, etc. Si l'on accepte d'emblée la nécessité d'une telle historicisation, il n'est plus guère possible d'échapper à ce genre de critique radicale en s'interrogeant sur l'essence même de l'activité sportive.

Mener une interrogation philosophique spécifique sur le sport réclame donc que l'on prenne volontairement ses distances avec ce type d'analyse, voire que l'on revendique là encore une certaine naïveté dont ne sont d'ailleurs pas exempts ceux-là mêmes qui prétendent nous dessiller les yeux sur la nature du sport moderne : lorsque Redeker, par exemple, dénonce « le sport, entité complexe à la fois idéologique, politique (dépolitisante) et commerciale, liée à la mondialisation technomarchande, (…) analyseur du capitalisme absolu dans lequel nous sommes entrés »[3], il le fait au nom d'un passé glorieux, celui des vraies valeurs du sport, et l'exemple qu'il développe, celui du Tour de France de son enfance, laisse alors perplexe. La démarche militante des sociologues critiques n'a elle-même de sens que par référence à une société jugée meilleure, dont les valeurs seraient curieusement assez proches de celles du *boy-scout* :

1. B. Malinowski, *Une théorie scientifique de la culture*, Paris, François Maspero, 1968.

2. « Le sport dérive de schémas comportementaux innés chez l'être humain. Le sport est un universel culturel qui repose sur des bases biologiques, au même titre que l'alimentation ou la sexualité », J.-P. Betbeze, *CREDOC* n°24, novembre 1987.

3. R. Redeker, *Le Sport contre les peuples*, Paris, Berg International, 2002, introduction.

> Il importe donc de lutter contre l'hégémonie du modèle sportif, de dénoncer les arrière-pensées des discours pro-sportif et de l'idéologie olympique, d'appeler au boycott de toutes les grandes manifestations sportives et de promouvoir parallèlement toutes les activités où dominent la convivialité, l'amitié, l'entraide, la solidarité, l'hospitalité. Cette lutte ne saurait être vaine : tout produit historique est transitoire (Marx), il est en constant devenir et en devenir-autre, c'est-à-dire sujet à altération. Le sport n'est, de ce point de vue, ni éternel, ni impérissable, et, tout comme il est apparu et s'est développé dans une société donnée, il peut se décomposer et disparaître dans un autre type de formation sociale [1].

Le fait d'accuser la rupture entre exercices physiques antiques et sport moderne résulte donc d'un parti-pris anti-essentialiste destiné à fonder une condamnation globale du phénomène sportif en tant qu'il découle d'un certain type d'organisation socio-économique dont il serait un des sous-produits les plus significatifs [2]. Cela ne signifie pas que ce point de vue soit totalement erroné ou qu'il ne se révèle pas riche d'enseignements sur la société où naît un type d'activité si nouveau qu'il réclame des mots nouveaux pour en parler. Il s'agit simplement ici de souligner que la réflexion philosophique, par ce refus *a priori* de penser une continuité ou une permanence dans le phénomène sportif, se trouve désarmée ou embrigadée. Désarmée car elle passe à la traîne de l'histoire, de la sociologie, de l'anthropologie, etc., incapable qu'elle est de réduire ou *comprendre* au sens strict un fait social qui la déborde. Embrigadée parce que la seule orientation de la philosophie du sport semble dans ces conditions être la critique de la société où cette forme particulière d'activité humaine naît et s'épanouit. Considérer le sport comme un « fait social total » produit donc un certain nombre d'effets pervers, où il n'est pas interdit d'identifier des malentendus que pourra dissiper l'analyse philosophique si elle assume son point de vue. Cette analyse oblige à distinguer le sport lui-même des dimensions multiples dans lesquelles le phénomène sportif s'exprime, qui sont l'objet de la sociologie du sport, dont la méthode est légitime, mais qui oriente toujours l'interprétation du phénomène sportif.

4) Une quatrième approche serait d'inspiration « phénoménologique » et opérée du point de vue individuel d'une philosophie qu'on pourrait appeler, après Jean Cavaillès à la fin de *Sur la Logique et la théorie de la*

1. F. Baillette, *op. cit.*, p. 25.

2. En général il faut se garder d'opposer une forme moderne et corrompue du sport à une forme ancienne, à un *pseudo*-âge d'or comme celui de l'olympisme grec : cet âge d'or est un mythe, et le sport grec, en tant qu'institution, n'a pas généré moins de turpitudes que le nôtre (tricheries, intérêts « nationalistes » des cités, etc.).

*science*, une « philosophie de la conscience », décrivant à la première personne du singulier ce qui se passe, et ce que cela apporte, quand « je » fais du sport[1]. L'incontestable retrait contemporain de la philosophie dans l'analyse de la dimension collective des phénomènes sportifs laisse au moins ouvert à nos yeux, et dans une optique individualiste que nous assumerons, un large champ de recherche pour le philosophe en tant qu'il se propose de décrire et d'analyser la pratique sportive qui est la sienne. Dans cet esprit, Michel Malherbe ouvre (sur) la marche, Jean-François Balaudé réfléchit sur son expérience de cycliste, Denis Moreau, s'appuyant sur des textes de saint Paul, sur le sens de sa pratique de la course à pied, et Guillaume Durand sur son style de joueur de tennis. Robert Damien, seul d'entre nous à posséder la double compétence de joueur et d'entraîneur, nous fait partager les « deux ou trois choses » qu'il sait du rugby[2].

Dans le prolongement des remarques proposées au point numéro 2, on peut ainsi faire l'hypothèse que le sport place parfois celui qui s'y adonne dans des postures favorables pour affiner l'analyse de concepts philosophiques classiques. Pour préciser ce point, suggérons par exemple comment la pratique des sports d'endurance est propice à la réflexion sur des notions aussi canoniques et difficiles à saisir que sont celles de volonté, ou de décision, c'est-à-dire amène à repérer et expérimenter des situations et des conduites qui donnent un accès privilégié à ces actes de l'esprit et ces capacités qu'on rattache à la volonté, ou qui les font apparaître de façon plus nette que l'existence quotidienne.

Une telle hypothèse permet déjà, à sa façon, de répondre à un des problèmes affronté de manière récurrente par la réflexion philosophique :

1. Voir J. Cavaillès, *Sur la logique et la théorie de la science* (*Œuvres complètes de philosophie des sciences*, Paris, Hermann, 1994, p. 475-560, ici p. 552-560). Dans les dernières pages de ce texte, Cavaillès oppose les « philosophies de la conscience », celles qui font confiance aux données immédiates de la conscience que nous avons de nous-même et les prennent pour point de départ de la réflexion (par ex. le cartésianisme, la phénoménologie) aux « philosophies du concept » qui prennent quant à elles pour point de départ les exigences de la raison et de ses principes, et critiquent en leur nom les données immédiates de la conscience (par exemple le spinozisme, au moins selon certaines interprétations; les positivismes contemporains).

2. Sans vouloir d'ailleurs lui donner trop de signification, c'est-à-dire sans vouloir faire de la philosophie une discipline farouchement et à tous égards individualiste, un fait frappant mérite d'être signalé. Alors que nous avions, dans le séminaire qui est à l'origine de la présente publication, décidé de donner la parole uniquement à des étudiants ou des enseignants en philosophie, nous avons reçu une quinzaine de propositions : quatorze portaient sur les sports individuels, une seule sur un sport collectif (le rugby). Il serait étonnant que cette sur-représentation des sports individuels dans les centres d'intérêt des philosophes soit l'effet du seul hasard.

par où commencer, quel doit être le point de départ de la réflexion envisagée ? Nous répondons : l'effort. Ici entendu au sens physique, l'effort tel qu'il est fourni dans le cadre des sports d'endurance (course à pied, ski de fond, marche sportive, vélo) et poursuivi jusque dans les zones d'épuisement, amène en effet à des situations dans lesquelles on peut estimer trouver un point de vue sinon inédit du moins remarquable sur ce que c'est que « vouloir », ou sur « la volonté » et sur ses fondements corporels. Le marathonien épuisé qui rencontre le « mur » [1] et à qui il reste une dizaine de kilomètres à courir « veut » toujours arriver, mais il ne le « veut » plus comme il le « voulait » au moment du départ : l'analyse de ce type d'expérience interdit donc, semble-t-il, d'adopter une position complètement dualiste ou de considérer la volonté comme une fonction tout entière et seulement spirituelle. Symétriquement, le marathonien remarque qu'alors même qu'il est physiquement épuisé, il peut encore « vouloir ». Apparaît donc là une relative autonomie de la volonté vis-à-vis de l'ordre somatique, si bien qu'il semble dans cette optique difficile d'être complètement moniste ou de considérer la volonté comme une fonction tout entière et seulement somatique. Dans le même ordre d'idée, qui pratique l'effort d'endurance expérimente également la capacité de la volonté à interférer avec le somatique (quand on est épuisé, et qu'on arrive à vouloir continuer, on se sent parfois un peu moins épuisé), et enfin l'efficace de l'apprentissage, de la répétition sur la mise en œuvre de ce qui a été volontairement visé.

On pourra rétorquer qu'il n'y a là rien de très original, et que bien d'autres pratiques ou mises en situation peuvent constituer des voies d'accès analogues aux différents aspects de la volonté, et aux questions à son sujet qui viennent d'être envisagées. Dans ces conditions, il n'y aurait, philosophiquement parlant, aucun intérêt à pratiquer l'endurance, puisque bien d'autres activités et pratiques moins pénibles permettraient de prendre (quasi) identiquement pour objets de la réflexion ces aspects de la volonté. Nous répondrons qu'en premier lieu, il ne va pas absolument de soi que les aspects de l'activité volontaire qui se découvrent à nous lors de ce type d'effort soient rigoureusement identiques à ceux qu'on rencontre dans la pratique quotidienne; et, surtout, en second lieu, que l'endurance, c'est-à-dire un effort d'intensité moyenne poursuivi sur une durée relativement

1. Il s'agit d'un état d'extrême fatigue et de grand inconfort physique qu'on rencontre souvent entre le trentième et le trente-cinquième kilomètre d'un marathon, et qui peut rendre la fin de course extrêmement pénible. Il correspond à un épuisement du glycogène musculaire et hépatique.

longue, nous installe dans une temporalité particulière, ou plutôt donne une voie d'accès privilégiée à certaines structures de la temporalité, permettant ainsi moins de se retrouver dans des situations différentes de celles de la vie quotidienne, que de faire apparaître les situations ordinaires de la vie de façon plus claire qu'à l'accoutumée.

Imaginons par exemple qu'on s'intéresse à ce qu'est la décision, la tension de l'esprit, l'acte de la volonté qui vise un but, et continue de le viser tout au long du processus qu'on appelle la réalisation, ainsi qu'au laps de temps nécessaire pour atteindre le but fixé et à toutes les médiations qui s'y inscrivent. Dans la vie quotidienne, que se passe-t-il ?

– ou bien l'on prend des décisions dont l'aboutissement est quasi-immédiat et automatique, comme lorsque « je décide de prendre un café » : cela n'est pas très intéressant théoriquement parlant, dans la mesure où cette immédiateté empêche de saisir les modalités d'inscription et de déploiement de la volonté dans le monde.

– ou bien l'on prend des décisions qui s'inscrivent dans une temporalité tellement distendue et parasitée par d'autres événements et activités qu'on y perd un peu de vue la décision elle-même, sa logique, les modalités de son déploiement. Je peux par exemple décider, en septembre, d'obtenir un grade universitaire. Je m'inscris à l'université, je fais des efforts, je travaille, le temps passe, il m'arrive pendant l'année un certain nombre de choses qui font que je change, d'autres projets et soucis viennent interférer. Un jour du mois de juin, un papier sur un mur m'indique que je suis reçu : j'ai atteint mon but, obtenu ce que j'avais décidé d'obtenir. Mais au moment où j'apprends cette bonne nouvelle, les examens sont finis depuis quelques semaines, si bien que cette réussite, je ne la veux plus vraiment comme telle et en tant qu'agent, au sens au moins où il ne dépend plus de moi et de l'efficace propre de mes décisions et actions volontaires de la faire advenir. Ainsi, ni dans la temporalité distendue, multipolaire et tortueuse de la vie quotidienne, ni devant le papier le jour des résultats, je n'ai pu faire vraiment l'expérience de l'efficacité de ma volonté et observer de façon précise les modalités de déploiement et d'inscription dans le monde de ma décision.

Par contraste avec ces deux situations, on comprend dans quel type de configuration il faut idéalement se placer pour bien réfléchir sur la nature de la décision et l'efficace de la volonté. Il faut que la décision s'inscrive et se déploie dans le temps, mais pas dans un laps de temps trop long, de façon à ce qu'on puisse observer, comme condensé, ce qui dans la vie ordinaire est souvent distendu, dispersé. Un intervalle de temps de quelques heures, comme celui d'une épreuve d'endurance, paraît donc convenir. Pour échapper à d'éventuels effets de parasitage, c'est-à-dire éviter que d'autres décisions, des soucis, etc. s'intercalent et brouillent la relation intellectuelle que j'entretiens à mon objet, il faut se placer dans une situation qui instaure une sorte de parenthèse dans le cours de la vie ordinaire, où l'on s'engage tout entier (esprit et corps) vers le but fixé. Il faut également que le but visé ne soit (a) ni complètement futile, car dans ce genre de cas (type « fromage ou dessert ») on ne s'engage pas vraiment, l'activité de la volonté reste en quelque sorte superficielle, (b) ni trop important d'un point de vue existentiel, car si la décision à prendre est essentielle, existentiellement « décisive », et qu'on s'y engage « avec l'âme tout entière »[1], l'urgence et l'importance de l'enjeu empêchent de prendre le recul théorique nécessaire à la réflexion. Que le but visé ne soit ni trop futile ni trop important : c'est par exemple le cas de la réussite dans une compétition sportive, du moins lorsqu'on la pratique en amateur.

Telles pourraient être les grandes lignes d'une « déduction » de l'intérêt philosophique de la pratique d'un sport d'endurance, qui satisfait semble-t-il mieux que bien d'autres activités ou situations aux réquisits définissant les conditions optimales pour une réflexion sur les thèmes de la volonté et de la décision. Plus largement, on pourra en inférer – en laissant à chacun le soin de valider concrètement l'hypothèse – que du fait de ses caractéristiques propres, la pratique sportive permet de mieux réfléchir à un certain nombre de thèmes classiquement tenus pour philosophiquement intéressants et complexes. Et si l'on considère que ce qui vient d'être dit concernant la décision et la volonté pourrait contribuer à apporter des éclaircissement sur notre rapport à la temporalité, on avancera, en guise de conclusion à ce développement, la thèse suivante : l'accès philosophique à la question du temps doit se faire avant tout par le biais d'une analyse de la pratique, en ce sens au moins qu'une réflexion sur le temps qui part de l'analyse des pratiques humaines permet de contourner un certain nombre d'apories inévitables quand on se borne à une approche spéculative et avant tout définitionnelle de cette notion[2].

5) Enfin, dans la mesure où la philosophie est une activité réflexive, qui ne saurait entreprendre aucun effort qu'elle n'en tire un bénéfice pour comprendre sa propre nature, une cinquième piste pourrait supposer que l'activité sportive offre des modèles qui permettent d'éclairer la nature même de la pratique philosophique. Le constat est facile à opérer : les philo-

1. Platon, *République*, VII, 518 c.

2. Nous pensons notamment à toutes les apories rencontrées par Aristote en *Physique*, IV, et par Augustin au livre XI des *Confessions*.

sophes, notamment ceux de l'antiquité qui souvent étaient eux-mêmes des athlètes[1], ont fréquemment recours, pour parler de leur activité intellectuelle, à des images, des comparaisons prises dans le domaine de ces exercices physiques que nous appelons « sport ». Outre la figure générique du « gymnaste » et celle du coureur qui seront étudiées dans les articles de Robert Muller et Denis Moreau, celle du lutteur revient fréquemment, notamment pour suggérer que l'exercice de la dialectique est comparable à la lutte. Dans la *République* (VIII, 544, b), au début du fameux passage sur les quatre formes de gouvernement, Socrate explique ainsi à Glaucon : « fais comme les lutteurs : donne-moi de nouveau la même prise, et puisque je te pose la même question, essaie de dire ce que tu allais répondre alors »[2]. On retrouve également ce thème chez Marc-Aurèle : « Plutôt qu'à la danse, l'art de vivre est comparable à l'art du lutteur, en ce qu'il faut se tenir prêt, sans broncher, à répondre aux coups qui fondent sur nous, même s'ils sont imprévus »[3]. On se souvient peut-être qu'en 2001 un film consacré à Pierre Bourdieu s'intitulait « La sociologie est un sport de combat ». Platon et Marc-Aurèle nous rappellent qu'historiquement parlant, ce fut d'abord la philosophie qui se présenta ainsi.

Un premier travail – qui n'a à notre connaissance pas encore été mené – consisterait alors à repérer de façon exhaustive et raisonnée ces comparaisons entre activité philosophique et activités sportives dans les textes philosophiques et sapientiaux, pour préciser dans quel contexte elles intervien-

1. Socrate « avait le souci de son entraînement physique, et il était en bonne forme » (Diogène Laërce, *Vie des philosophes illustres*, II, 22) ; Platon était lutteur, et participa peut-être aux jeux isthmiques qui se tenaient à Corinthe : *ibid.* III, 4 ; Cléanthe faisait du pugilat : *ibid.*, VII, 168 ; Chrysippe était coureur de fond : *ibid.*, VII, 179 ; Sénèque pratiquait la course à pied : *Lettres à Lucilius*, 83, 3-5.

Voici une série de textes (la plupart nous ont été signalés par R. Muller) de philosophes antiques développant l'analogie entre « gymnastique » et philosophie.

– Sur le but recherché : Cicéron, *Tusculanes*, II, 17, 40 ; Platon, *Lois*, 840 b-c ; Épictète *Entretiens*, III, 22, 51 ; III, 25, 2-5.

– Sur l'entraînement : Cicéron, *loc. cit.* ; Platon *Lois*, 840 b ; Sénèque, *Lettre 78*, 16 ; *De la providence*, II, 3 ; Épictète, *op. cit.*, I, 24, 1-2 ; I, 29, 34 *sq.* ; III, 15, 2 *sq.*

– Sur l'épreuve : Cicéron, *op. cit.*, II, 26, 62 ; Sénèque, *Lettre 80*, 3 ; Épictète, *op. cit.*, I, 18, 20-23 ; I, 29, 35-38 ; III, 15, 4-6 ; IV, 4, 11-12 et 30 ; Marc-Aurèle, *Pensées*, VII, 61.

– Sur la sanction et la défaite : Épictète, *op. cit.*, III, 22, 52 ; III, 25, 2-4.

– Apologie de la gymnastique : Platon, *République*, III, 403d-412a ; *Timée*, 88b *sq.* ; *Lois*, VII, 795d *sq.* ; 813d ; 814 c ; Xénophon, *Mémorables*, III, 12 ; Aristote, *Politique*, VIII 3 et 4 ; Sénèque, *Lettre 15*, 2 et 4 ; *Lettre 83*, 3 ; Isocrate, *Sur l'échange*, 181 *sq.*

– Critiques de la gymnastique : Platon, *République*, III, 404a *sq.* ; 410 b *sq.* ; Aristote, *loc. cit.* ; Sénèque, *Lettre 56*, 1 (sur des championnats de ballon…) ; *Lettre 80*, 2.

2. Voir aussi *Théétète* 169 b-c ; *Phèdre* 236 b ; *Lois* III, 682 e.

3. *Pensées*, VII, 61.

nent, déterminer s'il y a des courants, des écoles, des époques qui privilégient la référence à la pratique sportive alors que d'autres l'ignorent, s'il y a des récurrences, des figures sportives plus sollicitées que d'autres, etc.

Ce repérage effectué, il faudrait se demander quelle autorité et quel sérieux philosophiques attribuer à ces comparaisons, c'est-à-dire déterminer dans quelle mesure il vaut la peine de les décrypter et les interpréter de façon détaillée, en cherchant à établir précisément les correspondances qui existent entre comparant et comparé. Ainsi, lorsque Marc-Aurèle dit que le philosophe est comme un lutteur, l'affirmation est-elle à verser au nombre des rapprochements plaisants, de la *captatio benevolentiae* destinée avant tout à attirer l'attention du lecteur (voire du sportif) sans que ce soit particulièrement signifiant, et sans qu'il faille donc s'y intéresser davantage ? Ou bien, la lutte étant un sport de combat très technique, Marc-Aurèle pense-t-il à des attitudes et des comportements (des prises, des tactiques d'évitement, des postures d'attente) qui sont spécifiquement ceux du lutteur, et qui lui semblent illustrer de façon particulièrement pertinente des attitudes, des comportements, des postures, etc. qui sont spécifiquement ceux du philosophe appliqué à l'art de vivre ? La lecture de ce type de texte peut donc conduire à tenter une version « philosophico-sportive » de ces « paris interprétatifs » qu'on est parfois amené à faire en rencontrant ce genre d'images ou de comparaisons dans des textes à dominante philosophique ou sapientielle : on postule alors que l'image a été soigneusement sélectionnée par un rédacteur qui savait de quoi il parlait, qu'elle a donc été choisie non seulement pour rejoindre le bagage culturel des destinataires du texte ou attirer leur attention de façon quelque peu tapageuse, mais aussi en raison des convictions, voire des pratiques, de son émetteur, et de sa congruence particulière avec l'activité non-sportive à laquelle on l'apparie.

L'article de ce volume consacré à Paul de Tarse proposera une tentative de ce genre pour prendre (herméneutiquement) au sérieux l'image du coureur de fond. Donnons ici, sans prétendre en fournir une interprétation achevée, deux exemples du même ordre, en appliquant cette démarche interprétative à deux « grands classiques » de la philosophie qui ne sont d'ailleurs pas sans rapports.

Le premier est la seconde maxime de la « morale par provision » proposée par Descartes dans la *Troisième partie* du *Discours de la méthode*[1], sur laquelle reviendront les articles de Michel Malherbe et Blaise Benoit.

1. Pour un commentaire de cette III$^{e}$ partie, voir par ex. G. Rodis-Lewis, *La Morale de Descartes*, Paris, P.U.F., 1970-3, chap. 1 ; J.-M. Beyssade, « Sur les "trois ou quatre maximes"

Ma seconde maxime était d'être le plus ferme et le plus résolu en mes actions que je pourrais, et de ne suivre pas moins constamment les opinions les plus douteuses, lorsque je m'y serais une fois déterminé, que si elles eussent été très assurées. Imitant en ceci les voyageurs qui, se trouvant égarés en quelque forêt, ne doivent pas errer en tournoyant tantôt d'un côté tantôt d'un autre, ni encore moins s'arrêter en une place, mais marcher toujours le plus droit qu'ils peuvent vers un même côté, et ne le changer point pour de faibles raisons, encore que ce n'ait peut-être été au commencement que le hasard seul qui les ait déterminés à le choisir: car par ce moyen, s'ils ne vont justement où ils désirent, ils arriveront au moins à la fin quelque part où vraisemblablement ils seront mieux que dans le milieu d'une forêt. Et ainsi, les actions de la vie ne souffrant souvent aucun délai, c'est une vérité très certaine que, lorsqu'il n'est pas en notre pouvoir de discerner les plus vraies opinions, nous devons suivre les plus probables; et même qu'encore que nous ne remarquions point davantage de probabilité aux unes qu'aux autres, nous devons néanmoins nous déterminer à quelques-unes, et les considérer après non plus comme douteuses, en tant qu'elles se rapportent à la pratique, mais comme très vraies et très certaines, à cause que la raison qui nous y a fait déterminer se trouve telle. Et ceci fut capable dès lors de me délivrer de tous les repentirs et les remords qui ont coutume d'agiter les consciences de ces esprits faibles et chancelants qui se laissent aller inconstamment à pratiquer comme bonnes les choses qu'ils jugent après être mauvaises.

Ce texte est classiquement interprété comme une promotion de la constance, de la persévérance en matière de choix existentiels, Descartes expliquant que, dans une situation d'incertitude pratique comme celle où il se trouvait dans ses années de jeunesse, nous pouvons malgré tout être assurés d'au moins deux choses. En premier lieu, il est meilleur de prendre une décision que de ne pas en prendre du tout. En second lieu, une fois la décision prise, et quoi qu'on ne soit en aucun cas assuré qu'elle soit la bonne (tout comme on ne peut pas être certain, quand on est perdu dans la forêt et qu'on a choisi une direction, d'avoir sélectionné celle qui nous

de la morale par provision », dans *Descartes au fil de l'ordre*, Paris, P.U.F., 2001, p. 237-257; V. Carraud, « Morale par provision et probabilité », dans *Descartes et le Moyen Âge,* J. Biard et R. Rashed (éd.), Paris, Vrin, 1997, p. 259-279; R. Spaemann, « La Morale provisoire de Descartes », *Archives de philosophie*, 1972, p. 353-367. Sur la seconde maxime en particulier, voir S. Breton, « *Égarés en quelque forêt...* : le problème du commencement », dans *Libres commentaires*, Paris, Le Cerf, 1990, p. 15-32; M. de Aranjo, *Scepticism, Freedom and Autonomy, A Study of the Moral Foundations of Descartes' Theory of Knowledge*, Berlin-New York, De Gruyter, 2003, p. 186-191 et D. Moreau, « *Quod vitae sectabor iter?* Sur la crise, la marche en forêt et la vie conjugale », dans *La Crise*, Nantes, éditions M-éditer, 2007, p. 147-159, d'où sont reprises certaines des présentes analyses.

mènera le plus rapidement à la sortie), il est meilleur de persévérer dans la voie choisie plutôt que de changer constamment de direction.

Sans la renier, on peut tenter d'affiner cette lecture classique en prenant au sérieux, pour la décrypter, la comparaison entre le chemin de vie du lecteur et le parcours d'un voyageur, cavalier ou marcheur, égaré en forêt qui s'efforce d'aller droit. Cela revient à se demander : que faut-il faire pour aller droit dans la forêt, pour avancer en évitant de tournoyer? Spontanément, c'est-à-dire avant d'être *vraiment* allé chercher la réponse en forêt, on peut croire qu'il suffit de choisir une direction, c'est-à-dire, depuis un point de départ, de viser un arbre devant soi, de se lancer dans la direction ainsi aperçue, et la suivre. Or procéder ainsi ne permet pas d'aller droit. Partant d'un arbre A en visant un arbre B, on peut en effet avancer jusqu'à ce dernier. Mais une fois arrivé à l'arbre B, que se passe-t-il? On voit des arbres partout autour de soi : devant, on ne dispose plus d'un point de repère qui permettrait de conserver la direction initiale; derrière, on ne peut identifier son point de départ, puisque rien ne permet de distinguer l'arbre dont on est parti de ceux qui l'entourent[1]. Dans ce premier cas de figure, après quelque temps, on aura donc perdu sa direction, faute de s'être donné les moyens de la conserver, et, désorienté, on se mettra à tournoyer.

La comparaison de Descartes suggère qu'il en ira de même dans la vie pour celui qui estime qu'il suffit de se décider une fois pour toutes et qu'alors l'essentiel est accompli, parce que cette décision initiale, se déployant tout naturellement dans la durée, conférerait sa forme et son sens à la totalité d'un parcours. L'expérience nous apprend qu'il y a là beaucoup de naïveté et de présomptueuse confiance. Le temps mine la décision, les bonnes résolutions s'étiolent, il apparaît vite que la volonté initiale n'était que velléitaire. Un jour ou l'autre, on se retrouve à tournoyer, travaillé de tous « les repentirs et les remords qui ont coutume d'agiter les esprits faibles et chancelants », car le moment finit toujours par venir où la décision prise jadis ou naguère se dit au passé.

Que faut-il faire alors pour aller droit dans la forêt? Il n'y a, à notre connaissance et si l'on respecte les termes de la comparaison proposée par Descartes[2], qu'une seule façon de procéder. Depuis un point de départ A, on choisit la direction dans laquelle on veut aller en visant trois arbres (ou

1. Même si on le pouvait, en ayant par exemple marqué l'arbre de départ d'un signe distinctif, cela n'aiderait pas à aller droit dans la suite du parcours, mais permettrait tout au plus de savoir d'où l'on vient.

2. C'est-à-dire qu'on s'en tient à la logique de l'image *telle qu'elle est proposée par l'auteur*, sans chercher à la bricoler par adjonction ou retraits d'éléments (ici : clairière, trouée, obstacles en travers du chemin, bandits ou loups qui assaillent le voyageur, etc.).

plus) B, C, D dans le même alignement. Une fois arrivé à B, on doit, avant de continuer à avancer, viser un nouvel arbre E situé dans l'alignement de C et D. Si on ne le fait pas, on pourra certes marcher en conservant sa direction jusqu'à l'arbre D. Mais une fois cet arbre atteint, on se retrouvera exactement dans la situation du voyageur velléitaire envisagée plus haut. En revanche, si une fois arrivé à chacun des arbres qui ponctue le parcours, on réitère l'opération de visée de trois arbres (ou plus) en prenant garde d'ajouter à chaque étape un nouvel arbre situé dans le même alignement, on pourra aller droit et conserver la direction initialement choisie.

La comparaison du voyageur égaré ne figure donc pas une unique « grande » décision prise une fois pour toutes, mais une patiente réitération de choix modestes dont aucun n'est, considéré isolément, plus décisif qu'un autre, mais dont l'accumulation permet d'aller droit, c'est-à-dire d'inscrire la décision dans la durée. Pour tracer vaille que vaille son chemin de vie, cette comparaison invite donc à se défier de la grandiloquence stérile des décisions spectaculaires et convie à parier sur l'efficacité des menus choix, patients, têtus, dont la réitération, l'accumulation permettent à la décision de se dire toujours au présent[1].

Mais encore faut-il, pour le comprendre, être *vraiment* allé en forêt.

Le second exemple assumera de façon délibérée un anachronisme flagrant, puisque chez l'auteur dont il va être question, le concept d'orientation ne pouvait, comme c'est le cas aujourd'hui avec la « course d'orientation », évoquer directement une pratique sportive.

Dans un opuscule dit de « philosophie populaire » de 1786, *Qu'est-ce que s'orienter dans la pensée ?,* Kant propose une analyse de la notion d'*orientation* en quelques lignes dont on a souvent remarqué qu'elles n'étaient pas d'une absolue limpidité[2]. Pour répondre à la question du titre de l'opuscule, Kant part de ce qu'il appelle le concept « géographique » de l'orientation : l'orientation au sens propre, en pleine nature, qu'on réalise à l'aide d'un point fixe « objectif » (par ex. l'étoile polaire) et de notre

1. Cela peut évoquer ce bon usage de la liberté de la volonté que Descartes appellera « générosité » dans ses *Passions de l'âme* (par ex. art. 153-154). Voir en ce sens N. Grimaldi, « La Morale provisoire et la découverte métaphysique de l'homme chez Descartes », dans *Six études sur la volonté et la liberté chez Descartes,* Paris, Vrin, 1988, p. 43-61, notamment p. 56-58.

2. C'est un lieu classique des études kantiennes que de discuter du sens de ce passage difficile : voir notamment Heidegger, *Être et temps*, § 23 ; E. Cassirer, *La Philosophie des formes symboliques*, t. II, trad. fr. Paris, Minuit, 1972, II, § 1 ; A. Philonenko, *Introduction* à son édition de *Qu'est-ce que s'orienter dans la pensée ?,* Paris, Vrin, en particulier chap. 6 ; E. Weil, *Problèmes Kantiens*, Paris, Vrin, 1982, « Sens et fait », p. 90 *sq.*

capacité subjective à différencier la droite et la gauche. Kant en dérive un sens « élargi », un concept « mathématique » de l'orientation dans l'espace en général, qui est semblable au précédent : si je suis dans une pièce que je connais plongée dans l'obscurité, il me suffit, affirme Kant, d'avoir saisi une fois un objet dont j'ai gardé la place en mémoire pour m'orienter dans la pièce grâce à ma capacité à différencier droite et gauche. Enfin, analogiquement, Kant dégage un concept « logique » de l'orientation : il s'agit alors de s'orienter non seulement dans l'espace, c'est-à-dire mathématiquement, mais aussi dans la pensée, c'est-à-dire logiquement :

> on le devine sans peine par analogie, ce sera une tâche de la raison pure que de diriger son propre usage si, partant d'objets connus, à savoir des expériences, elle entreprend de s'étendre par-delà les frontières de l'expérience et ne rencontre, en l'absence totale d'objet de l'intuition, que l'espace destiné à celle-ci : dès lors en effet ce n'est plus du tout en vertu de principes objectifs de la connaissance, mais uniquement selon un principe subjectif de différenciation qu'elle sera à même, dans la détermination de sa propre faculté de juger, de soumettre ses jugements à une maxime déterminée [1].

Dans ce troisième ordre aussi on semble devoir conjuguer pour s'orienter un principe subjectif et une donnée objective (« partant des objets connus »). Mais que sont ces « objets » ? On peut se demander s'il ne s'agit pas du phénomène du *vivant* tel qu'il est abordé à la fin de la *Critique de la faculté de juger* [2]. Même s'il est question d'« objet », et non pas de fait, on peut aussi comprendre que pour s'orienter dans le supra-sensible, il faut partir du fait de la raison qu'est la présence en nous de la loi morale indiquant notre liberté – ce qui fournit une nouvelle justification au rapprochement célèbre entre loi morale et ciel étoilé [3]. Ces deux hypothèses de lecture reposent en quelque sorte sur un même postulat : on doit donner un sens fort, concret, au « partant des objets connus », c'est-à-dire conserver d'un bout à l'autre du texte un concept univoque ou faiblement analogique d'orientation en estimant que, comme pour l'orientation géographique à l'aide de l'étoile polaire, il faut dans le cas de l'orientation mathématique ou logique conjuguer un principe subjectif et une donnée objective

1. Traduction de la « Bibliothèque de la Pléiade » des *Œuvres philosophiques* de Kant, t. 2, p. 532-533.

2. Voir § 85, « Bibliothèque de la Pléiade », t. II, p. 1240 : « même si *un seul* produit organique était donné… ». Et *Progrès de la métaphysique en Allemagne*, « Bibliothèque de la Pléiade », t. III, p. 1226-1247.

3. C'est l'interprétation que semble privilégier E. Weil, *op. cit.*

ou factuelle. Or le texte demeure ambigu sur ce point : comme l'a remarqué Heidegger, Kant semble estimer que la « mémoire » de la place d'un objet dans une pièce obscure est le principal moyen de s'orienter mathématiquement. On peut alors se demander si le texte n'accorde pas une part croissante au pôle subjectif et envisager ainsi des lectures plus « subjectivistes » qui feraient graduellement disparaître l'élément objectif[1] : pour s'orienter géographiquement, il faut l'étoile polaire ; pour s'orienter mathématiquement la conscience de la distinction droite/gauche dans un espace sans contenu suffit; logiquement, la raison (la raison *critique*, bien sûr) pourrait s'orienter seule, par exemple grâce aux idées de la Raison jouant un rôle de régulation.

Revenons alors à notre problématique générale, dont ce texte fournit un exemple, en proposant une comparaison entre une activité physique (s'orienter) et une activité spirituelle (s'orienter dans la pensée). A-t-on ici plus qu'une simple comparaison à portée pédagogique ? L'orientation géographique (et éventuellement mathématique) fonctionne-t-elle comme un modèle rigoureux ou bien comme un référent sans réelle portée ? On pourrait sans doute projeter une certaine clarté sur les débats entre les commentateurs que nous venons de citer en précisant les réponses qu'implicitement au moins, ils donnent à ces interrogations. Mais plus naïvement, ne gagnerait-on pas à faire l'hypothèse que, comme Marc-Aurèle, Kant *sait de quoi il parle*, qu'il a soigneusement choisi cette comparaison à partir d'une expérience effective de l'orientation ? Qui voudrait se donner les moyens de lire correctement ces pages difficiles de l'opuscule de 1786 devrait alors commencer par aller soi-même se placer réellement en situation d'orientation géographique et mathématique, de façon à pouvoir vraiment décrire la situation d'où Kant part, ses particularités, les problèmes spécifiques qu'on y rencontre, et ancrer ainsi son interprétation sur ces données effectives. Peut-être faudrait-il même aller jusqu'à assumer l'anachronisme qui consisterait à demander à quelqu'un qui pratique l'orientation sportive, c'est-à-dire la course d'orientation, de nous expliquer précisément ce que c'est que s'orienter (*was ist das – die Orientierung ?*) pour déterminer ensuite dans quelle mesure un concept à la fois technique et concret d'orientation permet non pas vraiment d'éclairer la lettre du texte de Kant, mais plus largement de modéliser l'activité de recherche en philosophie en restant fidèle au fond de l'image kantienne[2].

1. C'est l'interprétation que semble privilégier E. Cassirer, *op. cit.*, p. 120.

2. Sur ce thème de l'orientation (en forêt), voir aussi Rousseau, *Émile* III (« Bibliothèque de la Pléiade », t. 4 p. 448-450) qu'on lira à la lumière des pages consacrées aux promenades et

Enfin, la difficulté à saisir les rapports entre les trois concepts d'orientation, et plus précisément le problème de ce qu'on a appelé le « pôle objectif » dans le texte de Kant, fait apparaître de façon exemplaire la question induite par toute hypothèse d'une modélisation de l'activité mentale sur l'exercice sportif : le concept d'orientation fonctionne-t-il de façon univoque, ou équivoque, ou analogique, dans les trois domaines géographique, mathématique et logique [1] ? Il semble probable que dans la majorité des cas, c'est à un concept analogique (d'orientation, de lutte, etc.) qu'on a affaire mais il reste alors à déterminer précisément de quel type d'analogie il s'agit, ce qui reconduit, *in fine*, à une question aussi canonique que centrale en philosophie.

Dans tous les cas, avant d'en arriver là, le lecteur aura compris que nous l'invitons à philosopher en se remuant un peu : il est convié à voyager avec Descartes, s'orienter avec Kant, lutter avec Marc-Aurèle, et encore, comme on le découvrira à la lecture du présent volume, courir avec Paul de Tarse, escalader et danser avec Nietzsche, etc.

*Le corps s'exerce : tout va bien.*

Denis MOREAU, Pascal TARANTO

courses d'Émile et Sophie par B. Jeu, *Analyse du sport*, Paris, P.U.F., 1992-2, III, I, § 18. Sur l'orientation comme question philosophique, voir W. Stegmaier, *Philosophie der Orientierung*, Berlin-New York, De Gruyter, 2008.

1. Dans le texte de Kant techniquement envisagé, il s'agit très probablement d'une analogie, au sens où le § 58 des *Prolégomènes à toute métaphysique future*… définit le terme.

REMERCIEMENTS

Nos remerciements vont en premier lieu à Michel Malherbe et Robert Muller, pour leurs encouragements et leur amical soutien tout au long des recherches et travaux dont ce livre est le résultat, ainsi qu'à Gilbert Hottois qui nous fait l'honneur d'une publication dans la collection « Pour demain ».

Que nos collègues et étudiants qui sont intervenus dans le séminaire d'où est issu le présent volume et dont, pour diverses raisons, la contribution n'a pu être ici publiée, trouvent ici l'expression de notre gratitude et sachent la joie que nous avons eue à penser avec eux :

Baptiste Arnaud : « L'exercice physique et les mythes chez les penseurs présocratiques »; Vincent Cardona : « Course à pied et éternel retour »; Julien Dolidon : « Sport et espace »; Benjamin Durand : « Sur le corps chez Schopenhauer »; Maël le Garrec : « L'esthétique du point de vue du spectateur de sport »; Yoann Hervouet : « Agon. Don et contre-don au cœur des pratiques sportives »; Pascaline Lepeltier et Pierre Fasula : « Le surf et le mythe de la surface »; Sophie Pécaud : « "Comme un pilote en son navire" : réflexions sur la voile »; Isabelle Queval : « Autour de *S'accomplir ou se dépasser* (Gallimard, 2004) »; Farid Si Moussa : « Le sport sans la compétition? Étude à travers l'exemple de l'Aïkido »; Claude Touchard : « Équilibre et déséquilibre dans l'effort d'endurance : le cas du vélo »; Jonathan Viennet : « Philosophie et exercice physique chez Hippocrate ».

PREMIÈRE PARTIE

# APPROCHES

# DE QUELLE MATIÈRE LE CONCEPT DE SPORT EST-IL FAIT ?

Parmi les nombreux concepts qui constituent le tissu complexe de la pensée humaine, certains jouent un rôle très particulier, que la philosophie s'est traditionnellement plue à souligner. Il s'agit de ces concepts que nous utilisons très souvent, voire constamment, et que pourtant, nous serions bien en peine de définir. Songeons évidemment au fameux questionnement de Saint-Augustin sur le *temps* : « Qu'est-ce donc que le temps ? Si personne ne me le demande, je le sais ; mais si on me le demande et que je veuille l'expliquer, je ne sais plus » [1]. Nous ne cessons *d'utiliser* la représentation du temps, pour nos jugements et pour nos actions – en ce sens, nous *savons* effectivement ce qu'il est. Mais, à partir du moment où nous réfléchissons sur ce "savoir", nous nous apercevons qu'il reste bien obscur, et qu'il est bien difficile de remonter de cet usage à une définition du temps. Le même problème peut sans doute être posé à propos de notre concept de l'*être* : là aussi, nous devons bien savoir, en un sens, ce que "être" signifie, puisque nous faisons constamment usage de cette représentation dans nos jugements – mais là aussi, ce savoir de l'usage a pour contrepartie notre incapacité manifeste à définir ce concept. Voilà sans doute ce que Heidegger appelle la « précompréhension » de l'être. Il ne serait peut-être pas absurde de dire que la philosophie a pour tâche de s'occuper de tels concepts, d'interroger l'usage que nous en faisons "toujours déjà", pour tenter de remonter aux sources de cet usage. Ce qui voudrait sans doute dire : remonter à leur définition.

Les deux exemples que j'ai donnés sont ceux de deux concepts qui, manifestement, se situent au fondement de toute connaissance humaine. C'est bien pourquoi ils intéressent la philosophie. Et la difficulté qu'ils

1. *Confessions*, XI, 14, trad. fr. J. Trabucco, Paris, GF-Flammarion, 1964, p. 264.

soulèvent n'est sans doute pas étrangère à ce statut fondamental. Cela étant, cette même difficulté peut aussi être soulevée à propos de concepts apparemment plus *anodins*. Tel est peut-être le cas du *sport*. Voilà aussi un concept dont nous faisons usage, et même, dont nous usons avec une relative assurance, mais sans pour autant être forcément capables de bien le définir. Et voilà ce qui, peut-être, peut lui conférer un certain intérêt pour le philosophe. Nous sommes en effet capables d'utiliser ce concept, c'est-à-dire de l'appliquer à des réalités différentes – toutes ces activités que nous nommons des « sports ». Nous le faisons, encore une fois, d'une manière relativement assurée : nous “savons bien” *ce qui est* un sport, et ce qui n'en est pas un. Mais sommes-nous capables pour autant de définir ce concept, pour ainsi dire, en amont de cet usage ? Sommes-nous capables de savoir *ce qu'est* un sport ? Ne faut-il pas plutôt croire que l'usage de ce concept est conditionné d'abord par cette impression confuse qui nous fait dire que telle activité est un sport, alors que telle autre ne l'est pas? Telle est la question que je voudrais soulever ici. Nous verrons, en tentant d'y répondre, que ce concept n'est peut-être pas si anodin qu'il en a l'air, et que derrière cette réalité en apparence relativement innocente qu'est le sport se cachent sans doute des questions authentiquement et profondément philosophiques.

## USAGE ET MATIÈRE D'UN CONCEPT

Que signifie, d'une manière générale, faire usage d'un concept ? Et quel est le rapport, normalement, entre cet usage et la définition de ce concept ? Je voudrais ici prendre pour point de référence la manière dont Kant pose ce problème, d'abord parce que cela permet de clarifier les choses, et ensuite, parce qu'il se sert d'une terminologie dont je verrai par la suite qu'elle est particulièrement suggestive pour notre propos. Selon Kant, le concept est, par opposition à l'intuition, une représentation *générale*. Cela signifie que sa caractéristique première est de valoir pour une diversité de représentations. On dira de ces représentations qu'elles sont comprises « sous » ce concept. Ainsi, pour reprendre un exemple de la *Logique*, les représentations que nous avons des différents arbres que nous rencontrons dans l'expérience (par exemple, un pin, un saule, ou un tilleul) sous comprises « sous » le concept général d'arbre. Et faire usage de ce concept, c'est pour Kant être capable de l'*appliquer* à ces différentes réalités qui sont comprises sous lui.

La question se pose, dès lors, de savoir ce qui rend légitime cet usage, ce qui fait que nous pouvons appliquer le concept à certaines réalités et pas à d'autres. Ici intervient ce que Kant appelle le « contenu », ou encore la « matière » du concept : il s'agit des caractères que nous pensons « dans » le concept, et qui sont les caractères communs à toutes les réalités qui sont comprises « sous » ce concept. Ainsi, « dans » mon concept d'arbre, je pense certains caractères, qui sont communs à tous les arbres : avoir un tronc, des branches, des feuilles, etc. Ces caractères constituent donc la définition de ce concept, et en même temps rendent possible son application aux différentes réalités qui sont comprises « sous » lui. C'est en effet parce que je *reconnais* ces caractères communs dans la représentation singulière d'un saule que je peux lui appliquer, dans un jugement, le concept d'arbre.

Cela étant posé, qu'en est-il du concept de *sport* ? Qu'est-ce qui fait que nous considérons telle ou telle activité comme un sport, et telle autre non ? Qu'est-ce qui guide ici notre jugement ? À suivre la logique de Kant, cela supposerait de mettre au jour des caractères communs à tous les sports, qui constitueraient donc le contenu ou la *matière* de ce concept, et qui justifieraient l'application de ce concept à des réalités particulières. Pourtant, comme nous allons le voir, la mise au jour de tels caractères communs ne va pas du tout de soi dans le cas que nous considérons. Je voudrais donc maintenant passer en revue certains des caractères dont on pense habituellement qu'ils jouent ce rôle, et montrer qu'on ne peut sans doute pas, à partir d'eux, dégager un ensemble de caractères qui soient à la fois nécessaires et suffisants pour constituer la matière du concept que nous recherchons.

## L'ACTIVITÉ PHYSIQUE

Qu'est-ce donc qu'un sport ? Quels pourraient être les caractères communs à *tous* les sports, et qui soient en même temps propres *seulement* aux sports ? Nous n'avons guère d'autre choix que de partir de l'usage que nous faisons habituellement, et le plus souvent, sans y réfléchir, de ce concept ; autrement dit de cette *impression confuse* qui fait que nous appelons "sports" certaines choses, mais aussi que nous refusons cette dénomination à d'autres. Il en va un peu du sport comme du temps ou de l'être : nous "savons bien" ce que c'est, sans pour autant être forcément capables de le définir.

Le premier de ces caractères semble être, incontestablement, *l'activité physique*. Pour qu'il y ait sport, il faut qu'il y ait une activité physique, et même, semble-t-il, une activité physique d'une certaine intensité. Certaines disciplines sportives, apparemment, se réduisent presque exclusivement à cette dimension : l'athlétisme, qu'on considère souvent comme le sport par excellence, semble reposer uniquement sur la perfection et la puissance d'un geste : courir vite, sauter haut, lancer loin, etc. Inversement, il semble beaucoup moins évident, par exemple, de considérer les échecs comme un sport, précisément parce qu'il leur manque ce caractère. Il est vrai que dans certaines parties d'échecs d'une grande intensité, l'effort intellectuel peut se convertir en véritable effort physique ; mais ce dernier n'est pas essentiel aux échecs comme il l'est au football ou à la course de fond. De ce point de vue, les échecs ne sont très certainement pas un sport.

Pourtant, ce caractère d'activité physique, s'il est manifestement nécessaire, n'est pas, comme tel, suffisant. En effet, il y a quantité d'activités physiques, même intenses, qu'il ne nous viendrait pas à l'idée de considérer comme sportives. Par exemple, le travail de l'ouvrier sur une chaîne de production n'est pas un sport. Courir le matin pour attraper son bus, cela non plus n'est pas un sport. Nous pensons donc dans notre concept de sport *quelque chose de plus* que la seule activité physique qui, comme telle, est donc trop générale pour définir le sport ; c'est sans doute pourquoi, à propos du sport tel qu'il est enseigné et pratiqué à l'école, on éprouve le besoin de parler d'"éducation physique *et sportive*"… Manifestement, ce caractère supplémentaire qui spécifie le sport vis-à-vis de l'activité physique en général a trait à la finalité que nous donnons à cette activité. Que peut-on donc dire de cette finalité ?

## PERFORMANCE, COMPÉTITION

Lorsque l'on se demande quelle fin vise le sport, on peut tout d'abord penser à la *performance*. C'est la perfection d'une activité physique, que l'on réalise le mieux possible. Assurément, il est tentant de considérer que le sport, au sens fort, c'est le sport "de haut niveau". Quoi qu'il en soit de l'essence du sport, il peut sembler qu'elle est plus pleinement réalisée par celui qui court le plus vite, qui nage le plus loin, ou qui saute le plus haut. Songeons à la fameuse devise de l'olympisme : « plus haut, plus vite, plus fort ! ». À cela, on pourrait évidemment associer l'idée de *compétition* : gagner un combat, un match, ou une course, battre des adversaires, voilà quelque chose qui semble aussi étroitement lié à l'activité sportive, et qui paraît, dans bien des cas, en constituer la finalité.

Cependant, cette recherche de performance ou de victoire est-elle indispensable ? Est-elle un élément absolument nécessaire pour que l'on puisse parler de sport ? Lorsqu'on sort le matin pour aller courir, sans autre but que de se *dépenser*, n'est-ce pas, là aussi, du sport ? Certes, il s'agit peut-être d'un sport moins parfait, moins accompli ; mais cet exemple suffit néanmoins à mettre en doute que la performance, et avec elle la victoire ou la compétition, soient des caractères *nécessaires* au concept de sport, et donc, véritablement constitutifs de sa *matière*. On peut faire du sport, me semble-t-il, sans rechercher forcément la performance, ni la victoire. Songeons aussi, évidemment, à la fameuse formule : « l'essentiel n'est pas de gagner, mais de participer », adressée par l'évêque de Pennsylvanie, en 1908, aux concurrents des Jeux de Londres, et reprise à son compte par Pierre de Coubertin (et ce, bien que la devise des Jeux olympiques fût « plus haut, plus vite, plus fort ! »). Il y a peu d'activités humaines qui pourraient donner lieu à une telle formule. Imagine-t-on un général dire cela de la guerre ? Imagine-t-on un chef d'entreprise dire cela de la compétition économique ? Dans toutes ces activités, l'essentiel ne peut être simplement de participer, mais bien de gagner. Ainsi, non seulement le sport n'a pas pour caractère absolument nécessaire la compétition et la performance, mais, au fond, peu d'activités humaines peuvent prétendre autant que lui pouvoir être libérées du souci du résultat et du gain. On peut assurément faire du sport sans viser tout cela.

## LE JEU (PREMIÈRE APPROCHE)

De fait, un autre caractère que l'on associe très souvent au sport, et à sa finalité, est la notion de *jeu*. Beaucoup de sports, comme le football ou le tennis, apparaissent clairement comme des jeux, et cette dimension semble leur être tout à fait essentielle. Cette caractérisation est en outre assez séduisante, dans la mesure où elle rend compte de la difficulté qu'on peut avoir à définir la finalité du sport, notamment en ce qui concerne la compétition et la performance : le jeu ne peut-il pas, précisément, être considéré comme une activité dont la finalité n'est pas importante, ou n'est qu'un prétexte pour s'amuser ?

Cependant, là aussi, ce caractère n'est peut-être pas absolument nécessaire au concept de sport – et là aussi, on peut certainement trouver des exemples de sport pour lesquels cette caractérisation ne va pas de soi. Le marathon est-il un “jeu” ? Le 200 mètres quatre nages est-il vraiment un “jeu” ? Peut-être cette dimension n'est-elle pas totalement absente de ces sports, mais ce ne sont assurément pas des jeux au sens où le football et le tennis en sont. Ou encore, au sens où les échecs ou la marelle en sont. Dans la même perspective, on peut aussi reprendre un exemple qui nous a déjà servi : lorsqu'on sort courir le matin, sans autre but que de se *dépenser*, il s'agit manifestement de sport – mais peut-on vraiment parler d'un "jeu"? En outre, lorsque le sport est pratiqué en vue de la performance ou de la victoire – et assurément peut-il *aussi* viser cette finalité – cette dimension de jeu est-elle toujours présente? Lorsqu'un coureur cycliste franchit le sommet d'un col, complètement épuisé et déshydraté, au bord de l'évanouissement, peut-on encore parler de "jeu"?

Pour établir tout cela avec plus de certitude, il faudrait évidemment être capable de déterminer avec plus de précision ce qu'il faut entendre par jeu. Je vais devoir examiner cette question de plus près. Mais pour le moment, dans cette première recherche des caractères qui peuvent constituer la matière du concept de sport, je me fierai simplement à cette impression confuse qui guide – avec, paradoxalement, une relative sûreté – notre utilisation des concepts de sport et de jeu. De fait, nous sentons bien que le marathon n'est pas un jeu, au sens où le football, ou la marelle, en sont. Ce caractère ne me semble donc pas nécessairement constitutif du concept de sport – et s'il l'est, c'est en tout cas de manière assez problématique.

## LA FINALITÉ DU SPORT

Que peut-on donc dire de cette matière du concept de sport que nous recherchons? Avec l'activité physique, nous avons un caractère commun à tous les sports, nécessairement pensé, donc, dans notre concept de sport, mais qui ne suffit pas néanmoins à constituer ce concept. Avec la performance, la compétition, les règles, le jeu, nous avons une série de caractères qui semblent bien associés très étroitement à l'essence de certaines pratiques sportives, mais qui ne semblent pas valoir, cependant, pour toutes les activités auxquelles nous appliquons le concept de sport.

Dans un petit ouvrage[1], M. Raymond Thomas propose, pour rendre compte des difficultés que l'on peut avoir à définir le sport, le schéma suivant, qui me semble extrêmement suggestif pour représenter la manière dont ce concept peut, dans ces conditions, se constituer :

1. *Histoire du sport*, « Que sais-je ? », Paris, P.U.F., 1997, p. 35.

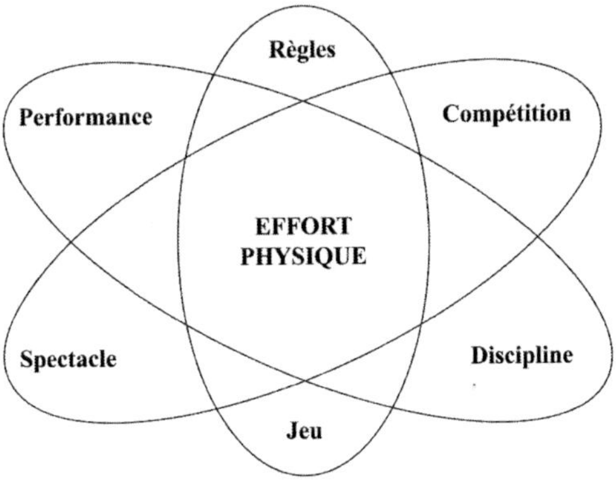


Au centre, constituant en quelque sorte le “noyau” du concept, se trouve l’effort physique. À la périphérie du schéma, “gravitant” en quelque sorte autour de ce noyau, se trouvent différents caractères, et notamment, le jeu, la compétition et la performance, dont nous avons vu qu’ils étaient intimement liés à l’essence du sport, sans pouvoir pour autant véritablement constituer celle-ci, pour les raisons que nous avons examinées. Pour rendre compte du rapport entre le noyau et ces caractères plus périphériques, Raymond Thomas parle de « forces idéologiques ». Ce serait par des déterminations idéologiques que nous choisirions d’interpréter le sens du sport en privilégiant soit les règles, soit la compétition, soit le jeu, etc. Pour ma part, tout en gardant l’esprit général du schéma, je préfère voir plus simplement dans ces différentes caractérisations périphériques autant de manières de concevoir la *finalité* qui peut être donnée à l’activité physique sportive. Cependant, aucune de ces caractérisations ne me semble véritablement suffire à constituer l’essence du sport; aucune ne peut être considérée comme un caractère commun à toutes les activités que nous qualifions de sportives.

Dire que la finalité du sport est indéterminée a pourtant quelque chose de surprenant. De fait, sans doute y a-t-il peu d’activités humaines aussi tendues vers une finalité que le sport. Gravir une montagne, gagner une course, sauter le plus haut ou le plus loin possible : les sportifs peuvent dans certains cas tout sacrifier pour réaliser ces fins. Pourtant, dès lors qu’on cherche à conceptualiser cette finalité, autrement dit, à rechercher ce qu’est la finalité du sport *en général*, ce que toutes ces finalités particulières ont *en commun* – ce qui revient à rechercher dans cette finalité une essence du sport –, apparaît l’indétermination dont je viens de parler.

De ce point de vue, il me semble qu’il faut tout de même, parmi les caractérisations de la finalité du sport que j’ai parcourues, en privilégier une, qui paraît moins périphérique que les autres, précisément en ceci qu'elle traduit bien cette indétermination sur laquelle je viens de réfléchir : le sport peut apparaître avant tout comme un *jeu*, et c'est pour cette raison que sa finalité véritable est difficile à fixer. C'est de cela que je voudrais à présent repartir, en tenant compte de la gêne que j'ai malgré tout éprouvée à propos de cette caractérisation ludique. Dans cette recherche, une référence paraît incontournable : l'étude que Roger Caillois a consacrée aux jeux en général, parmi lesquels il compte, de manière problématique – mais parfaitement réfléchie – tous les sports.

## LE SPORT COMME JEU (ROGER CAILLOIS)

Caillois, dans son ouvrage magistral *Les jeux et les hommes*, considère les sports comme une sorte de jeux. C'est aussi bien dire qu'ils partagent les caractères communs, selon Caillois, à tous les jeux. La première étape de l'ouvrage consiste à dégager ces caractères communs. Ce travail a pour Caillois un double avantage : d'abord, préciser (comme nous tentons présentement de le faire pour le sport) ce qu'est un jeu en général, ou encore, l'essence du jeu ; ensuite, « mettre en relief la diversité [des jeux] et (…) élargir très sensiblement l'univers ordinairement exploré quand on les étudie »[1]. Autrement dit, lorsqu'on recherche ce qui constitue l'essence du jeu, on est conduit du même coup à prendre toute la mesure de la diversité des activités qui tombent sous ce concept, et ainsi à en élargir à l'extrême la sphère. Mais, comme nous allons le voir, la grande force de l'étude de Caillois est que cela ne le conduit pas tant à *appauvrir* ce concept, à en faire un fourre-tout – ce qui est souvent la faiblesse des concepts trop généraux – qu'à *l'enrichir*. Et c'est précisément cet élargissement qui va lui permettre de ranger toutes les pratiques sportives sous ce concept très englobant. Il vaut donc la peine de passer en revue les caractères communs à tous les jeux ainsi dégagés. On peut en effet, selon Caillois,

> définir essentiellement le jeu comme une activité
> 1 – *libre* : à laquelle le joueur ne saurait être obligé sans que le jeu perde aussitôt sa nature de divertissement attirant et joyeux ;
> 2 – *séparée* : circonscrite dans des limites d'espace et de temps précises et fixées à l'avance ;

1. R. Caillois, *Les Jeux et les hommes*, Paris, Gallimard, 1958, rééd. Folio-Essais, 1967, p. 42.

3 – *incertaine* : dont le déroulement ne saurait être déterminé ni le résultat acquis préalablement, une certaine latitude dans la nécessité d'inventer étant obligatoirement laissée à l'initiative du joueur ;
4 – *improductive* : ne créant ni bien, ni richesse (...) ;
5 – *réglée* : soumise à des conventions qui suspendent les lois ordinaires et qui instaurent momentanément une législation nouvelle, qui seule compte ;
6 – *fictive* : accompagnée d'une conscience spécifique de réalité seconde ou de franche irréalité par rapport à la vie courante [1].

Il serait trop long, dans le cadre de cette étude, d'évaluer la pertinence de chacun de ces caractères pour le sport. Je concentrerai donc mes efforts sur celui qui, dans la logique de l'ouvrage, est sans doute le plus important : la *séparation*. Pour Caillois, la fonction des jeux est de libérer des instincts fondamentaux de l'homme, tout en les canalisant dans une activité bien délimitée et, surtout, coupée de la vie réelle : « une activité parallèle, indépendante, qui s'oppose aux gestes et aux décisions de la vie ordinaire par des caractères spécifiques qui lui sont propres » [2]. Ces caractères sont ceux-là mêmes dont je viens de reprendre l'énumération. Ainsi Caillois, malgré la sphère très large qu'il donne au concept de jeu, n'en vient pas à conclure, comme beaucoup, que tout est jeu, que notre vie n'est qu'une sorte de grand jeu. Bien au contraire, le caractère central et universel du jeu est d'instaurer une séparation, notamment spatiale et temporelle, entre son domaine propre et le domaine de la réalité courante.

Cette séparation concerne avant tout la finalité du jeu : « le jeu demeure séparé, clos, en principe sans répercussion importante sur la solidité et la continuité de la vie collective et institutionnelle » [3]. En d'autres termes, tout jeu a pour caractéristique fondamentale de ne pas s'insérer dans le réseau des fins et des moyens qui constitue la réalité : il a sa finalité propre, qui ne doit surtout pas avoir de « répercussion importante » sur le monde réel. Par opposition, Caillois conçoit le réel, justement, comme le domaine des conséquences : c'est le « monde non protégé de l'existence sociale, où les actes ont normalement *leur plein effet* » [4].

Or, il est incontestable que cette analyse rend bien compte de ce qui se passe dans le sport. Caillois fait d'ailleurs une large place aux exemple sportifs pour expliquer la séparation entre le domaine de la réalité et le domaine du jeu :

1. *Ibid.*, p. 42-43.
2. *Ibid.*, p. 134.
3. *Ibid.*, p. 135.
4. *Ibid.*, p. 139. Nous soulignons.

> Il y a un espace de jeu : suivant les cas, la marelle, l'échiquier, le damier, le stade, la piste, la lice, le ring, la scène, l'arène, etc. Rien de ce qui se passe à l'extérieur de la frontière idéale n'entre en ligne de compte. Sortir de l'enceinte par erreur, par accident ou par nécessité, envoyer la balle au-delà du terrain, tantôt disqualifie, tantôt entraîne une pénalité. Il faut reprendre le jeu à la frontière convenue. De même pour le temps : la partie commence et prend fin au signal donné. Souvent sa durée est fixée d'avance (...). Dans tous les cas, le domaine du jeu est ainsi un univers réservé, clos, protégé : un espace pur [1].

Dans bien des sports, la séparation "idéale" entre le jeu et la réalité se trouve ainsi matérialisée par les limites du terrain ou la durée de la partie. Mais c'est surtout au niveau de la *finalité* du sport que l'analyse de Caillois me paraît convaincante. En effet, comment ne pas reconnaître avec lui que *toutes* les activités que nous appelons sportives ont effectivement une finalité qui, au regard des exigences de la réalité courante, est dérisoire ou futile, qui, comme le dit Caillois, n'a sur cette réalité aucune « répercussion importante », et en est donc séparée ?

Pour le comprendre, il faut bien s'entendre sur ce qu'est la finalité d'un sport, en tant qu'elle en caractérise l'essence. Par exemple, quelle est exactement la finalité que poursuivent les vingt-deux joueurs qui évoluent sur un terrain de football ? Plusieurs réponses sont possibles : ils peuvent être là pour gagner de l'argent; ils peuvent aussi rechercher la gloire; ou encore la performance. Mais cela ne saurait caractériser le football *en général* – sauf à penser que des footballeurs amateurs ne sont pas vraiment des footballeurs. Ces derniers jouent simplement pour s'amuser, ou peut-être pour entretenir leur corps. Inversement, ces dernières finalités ne sont sans doute pas celles des footballeurs professionnels. Bref, toutes ces différentes finalités ne sont pas communes à tous les footballeurs, et ne peuvent donc pas constituer l'essence du football (même si elles peuvent lui être associées, en être dérivées). En outre, elles sont d'une certaine manière extérieures au football : si l'objectif recherché est d'entretenir son corps, ou de gagner de l'argent, d'autres activités peuvent aussi bien y conduire, sinon mieux, que le football.

Or, ne faudrait-il pas avant tout considérer la finalité du football (ou des autres sports) de manière plus *interne*, ou *immanente* ? Se demander quelle est la finalité du football, *en tant que football* ? Qu'est-ce qui motive un footballeur, *en tant que footballeur*, fût-il par ailleurs professionnel ou amateur, avide d'argent et de gloire, ou simplement animé par le plaisir du

1. R. Caillois, *Les Jeux et les hommes*, *op. cit.*, p. 37-38.

jeu ? Il me semble que l'on ne peut pas répondre autre chose que : marquer des buts – et empêcher l'équipe adverse d'en marquer. Voilà ce qui est commun au footballeur amateur aussi bien qu'au footballeur professionnel, à celui qui recherche la performance aussi bien qu'à celui qui ne cherche qu'à s'amuser. Voilà ce qui anime la volonté du footballeur, *en tant que footballeur* – même si, par ailleurs, il peut être là pour gagner de l'argent, pour la gloire, pour entretenir son corps, par hasard, etc. En somme, la finalité la plus essentielle de ce sport ne serait donc rien d'autre que, tout simplement… le but ! Cette finalité est extrêmement déterminée, suffisamment, en tout cas, pour que le règlement du football doive prendre soin de la définir au centimètre près :

> Les buts sont placés au centre de chaque ligne de but. Ils consistent en deux montants verticaux s'élevant à égale distance des drapeaux de coin et réunis au sommet par une barre transversale. La distance intérieure séparant les deux montants est de 7,32 m et le bord inférieur de la barre transversale se situe à 2,44 m du sol. Les deux montants et la barre doivent avoir la même largeur et la même épaisseur, lesquelles ne doivent pas excéder 12 cm. La ligne de but a la même largeur que les montants et la barre transversale. Des filets peuvent être attachés aux buts et au sol derrière le but à condition toutefois qu'ils soient convenablement soutenus afin de ne pas gêner le gardien de but. Les deux montants et la barre doivent être de couleur blanche [1].

Il me semble que chaque sport possède une telle finalité *interne*, très déterminée, qui caractérise son essence particulière, et qui, surtout, justifie la possibilité d'une dépense physique intense pour l'atteindre. C'est particulièrement net dans tous les sports où il s'agit de marquer des buts ou des paniers : football, handball, basket-ball, hockey, etc. Mais cela vaut aussi là où il s'agit de remporter des points (tennis, volley), ou de courir le plus vite possible, le plus loin possible, de sauter le plus haut possible, etc. Il nous semble en outre que cette finalité est effectivement *toujours* coupée de la réalité courante, elle ne vise pas plus loin qu'elle-même – et pour cette raison, elle peut toujours apparaître comme *dérisoire* ou *futile*. Or, avec cette finalité interne et futile, il semble bien que l'on touche à quelque chose qui est véritablement commun à tous les sports.

À cet égard, un exemple particulièrement frappant est celui des sports de combat. Ici, nous avons affaire à toute une catégorie d'activités qui, à l'origine, étaient véritablement insérées dans la réalité, dont la finalité était vraiment importante, porteuse d'enjeux déterminants pour la vie même des

1. *Lois du jeu 2007-2008*, Zurich, FIFA, 2007.

individus et pour la société : on se battait pour prendre possession du bien d'autrui, ou bien pour se défendre, ou encore pour une cause. Dans les sports de combat, ces mêmes activités perdurent, mais coupées de toutes ces finalités "réelles" : la boxe n'a d'autre but que de mettre K.O. l'adversaire, ou de marquer des points ; c'est aussi le cas de l'escrime ou du judo. Si bien qu'on pourrait parler ici de finalité *tronquée* : coupée de tout enjeu réel, elle n'est plus recherchée que pour elle-même.

La définition très large mais très puissante que Caillois donne du jeu, comme activité essentiellement séparée du réel, quant à sa finalité, semble donc bien éclairer la nature du sport en général, en tant qu'il met en œuvre une telle finalité dérisoire ou tronquée. En ce sens, on pourrait dire que tout sport est effectivement un jeu : même le marathonien "joue", dans la mesure où sa course ne vise pas, essentiellement, d'autre finalité que, tout simplement, *d'être courue*. Cette compréhension des jeux, et en leur sein, des sports, a en outre l'avantage de tenir compte d'une des difficultés soulevées plus haut, à propos de la caractérisation du sport comme jeu : en quoi le sport est-il encore un jeu lorsqu'y est recherchée la performance ou la victoire, parfois au prix de sacrifices extrêmes ? Pour Caillois, cela ne saurait constituer un argument contre sa thèse. Il n'ignore pas que le sportif vise une finalité très déterminée, et qu'il peut engager pour cela un investissement physique et psychique très important. Mais, loin que cet investissement soit contraire à la nature du jeu, elle n'est au contraire explicable que par lui, par la *liberté* qu'il donne à notre activité, en la libérant de la tyrannie des conséquences propre, selon lui, à la réalité :

> (…) ce prétendu délassement, au moment où l'adulte s'y livre, ne l'absorbe pas moins que son activité professionnelle. Souvent, il l'intéresse davantage. Parfois, il exige de lui une plus grande dépense d'énergie, d'adresse, d'intelligence ou d'attention. Cette liberté, cette intensité, le fait que la conduite qui s'en trouve exaltée se développe dans un monde séparé, idéal, à l'abri de toute conséquence fatale, expliquent, selon moi, la fertilité culturelle des jeux (…) [1].

Ainsi, la débauche d'énergie dont peuvent faire preuve les sportifs, et qui atteint parfois une dimension quasi-sacrificielle, ne peut être libérée précisément que dans un jeu, dans cette visée d'une finalité séparée, isolée du réel, c'est-à-dire (pour Caillois), du règne des conséquences.

Cependant, cela n'explique pas tout : car si l'activité du sportif est ainsi libérée de certaines contraintes du réel, cette libération n'est que négative. Cela ne dit pas encore ce qui motive, *positivement*, sa dépense d'énergie.

1. *Ibid.*, p. 141.

Caillois le dit bien : la finalité dérisoire ou tronquée du jeu n'est en fait qu'un prétexte ou un leurre, destiné à canaliser notre activité. C'est aussi bien reconnaître que cette finalité en masque une autre, plus réelle celle-là, qui est le véritable moteur de l'activité ludique. C'est ce qui apparaît par exemple, dans *Les jeux et les hommes*, à propos du jeu théâtral : si celui-ci suppose, avec la scène, un espace séparé du réel, un espace d'illusion, c'est bien pour faire apparaître, *à l'intérieur de cet espace*, un « réel *plus réel que le réel* »[1]. Le jeu, dans ce cas, ne se sépare de la réalité que pour libérer, en son sein, une réalité plus forte car purifiée par cette séparation même.

Voilà pourquoi Caillois reconnaît que les caractères communs à tous les jeux, dont j'ai repris la liste plus haut, et au premier rang desquels figure l'exigence de séparation, ne sont que des « qualités formelles », qui ne « préjugent pas du contenu des jeux ». De fait, n'importe quelle activité peut se prêter à devenir un jeu, qui réponde à ces diverses qualités : courses de garçons de café, concours du plus gros mangeur de spaghetti. Puisque tout jeu n'est pas un sport, la question se pose donc de savoir quelle est la finalité, *bien réelle*, qui motive et commande plus spécifiquement, plus positivement, et sans doute plus secrètement, la pratique sportive. Or, de ce point de vue, il me semble que l'approche propre à Caillois du phénomène spécifique du sport, à partir du jeu, n'est pas entièrement satisfaisante.

## LA RÉALITÉ DU SPORT

La mise au jour des caractères communs à tous les jeux n'est qu'une première étape dans l'étude de Caillois ; ce n'est pas là que réside pour lui le principal intérêt de ce problème. L'important est bien plutôt pour lui de dégager une classification des jeux qui fasse ressortir les grands « instincts » humains qui s'y trouvent canalisés – et qui les fasse ressortir d'autant mieux qu'ils se trouvent, par la séparation essentielle au jeu, isolés et purifiés (au moins dans une certaine mesure). En outre, ces instincts, qui donnent aux jeux leur contenu et leur véritable motivation, sont radicalement différents et ne sont pas du tout réductibles à un seul principe. L'étude des caractères communs à tous les jeux n'est donc qu'un préalable pour faire apparaître cette diversité – c'est pourquoi Caillois peut les désigner comme des qualités simplement « formelles » :

> Ces diverses qualités sont purement formelles. (…) la nature intime des données qu'elles cherchent à définir implique, exige peut-être que celles-ci

1. *Ibid.*, p. 67.

> fassent à leur tour l'objet d'une répartition qui s'efforce, cette fois, de tenir compte, non pas des caractères qui les opposent dans leur ensemble au reste de la réalité, mais de ceux qui les distribuent en groupes d'une originalité décidément irréductible [1].

Caillois propose alors de classer l'ensemble très vaste et diversifié des jeux selon quatre grands types d'instincts irréductibles, qui s'y manifestent de manière plus ou moins dominante, et qui peuvent aussi se trouver combinés. Ce sont l'*agôn*, c'est-à-dire la compétition ; l'*alea*, c'est-à-dire le hasard ou le destin ; la *mimicry*, qui regroupe tout ce qui relève du déguisement ou du théâtre ; enfin, l'*ilinx*, c'est-à-dire la « poursuite du vertige », l'affolement des sens. C'est dans le premier groupe qu'il range les sports : l'instinct qui se manifesterait en eux, et de manière particulièrement forte, puisqu'isolé et purifié par la séparation idéale propre au jeu, serait donc l'instinct de compétition :

> Agôn. – Tout un groupe de jeux apparaît comme compétition, c'est-à-dire comme un combat où l'égalité des chances est artificiellement créée pour que les antagonistes s'affrontent dans des conditions idéales, susceptibles de donner une valeur précise et incontestable au triomphe du vainqueur. Telle est la règle des épreuves sportives et la raison d'être de leurs multiples subdivisions, qu'elles opposent deux individus ou deux équipes (polo, tennis, football, boxe, escrime, etc.) ou qu'elles soient disputées entre un nombre indéterminé de concurrents (courses de toute espèce, concours de tir, golf, athlétisme, etc.) [2].

Remarquons que Caillois parle ici des « épreuves sportives », et non pas des sports – ce qui sous-entend qu'il ne touche ici qu'un aspect de ce phénomène. Mais nulle part dans son ouvrage, il ne rend compte de cela avec plus de précisions. Or, comme nous l'avons vu plus haut, il y a nombre d'activités que nous nommons sportives, alors qu'elles ne visent ni la victoire, ni la performance.

Certes, il ne fait aucun doute qu'à l'essence du sport est étroitement associé quelque chose de tel que cet « instinct de compétition » dont parle Caillois. En outre, il est incontestable que c'est principalement sous cette forme que se réalise ce que ce dernier appelle la « vocation sociale » de cette sorte de jeux : il est selon Caillois de la nature du joueur de rechercher pour son jeu la compagnie d'autrui – dans le cas du sportif, il est évident qu'autrui est la plupart du temps recherché comme compétiteur [3]. Mais cet

1. *Ibid.*, p. 44.
2. *Ibid.*, p. 50-51.
3. Voir *ibid.* p. 93-94.

instinct ne me semble que *secondairement* associé au sport : le sport peut exister avant de rechercher la compétition. C'est pourquoi la simple course à pied matinale est un sport.

Mais quelle est la finalité véritablement recherchée dans ce dernier exemple, qui est sans doute paradigmatique ? Pourquoi ne pas dire qu'il s'agit purement et simplement de *se dépenser physiquement* – de faire un *effort physique intense* en vue d'une finalité très *déterminée*, mais *futile*, qui n'est elle-même qu'un prétexte pour mettre en œuvre cet effort (comme lorsqu'on se donne x tours de parc à faire, x longueurs à la piscine, etc.). Voilà, avant la compétition, les règles, la discipline, le spectacle, la gloire, l'argent, la véritable finalité du sport. Voilà ce qui est vraiment et positivement commun à toutes les activités que nous nommons sportives. Caillois le dit lui-même : ce que les hommes recherchent dans le jeu, c'est une occasion de « dépense pure »[1], la finalité dérisoire du jeu leur servant simplement de prétexte pour décharger leurs instincts. Mais dans le sport, cette idée de dépense se comprend sans doute au sens le plus propre et le plus simple qui soit : celui du pur effort physique. L'idée de compétition, si importante soit-elle, est seconde par rapport à celle-là.

On pourrait, cela étant, aller plus loin encore, et dire que cette dépense pure d'énergie physique met au second plan, d'une certaine manière, l'idée même de jeu. Comme je l'ai dit plus haut – et pour me fier encore une fois à cette impression confuse qui guide notre usage des concepts, il y a tout de même dans le langage courant une certaine réticence à qualifier les sports de jeux, à mettre sur le même plan l'effort du marathonien et celui du joueur d'échecs ou du plus gros mangeur de spaghetti ; et, lorsqu'on le fait, les sports apparaissent comme une catégorie de jeux tout à fait à part. Caillois a lui-même sacrifié à cette tendance, en dirigeant un volume de l'encyclopédie de la Pléiade significativement appelé : *Jeux et sports*. On peut retrouver la même ambiguïté dans les écrits de Pierre de Coubertin, à propos des Jeux Olympiques : il propose d'y répartir les sports en cinq catégories : athlétisme/gymnastique, combat, sport nautiques, sports équestres, et enfin… les « jeux proprement dits » – mentionnant comme exemples pour cette dernière catégorie le cricket et le base-ball[2]. S'il est ainsi vrai que certains sports, tels que ces derniers, se prêtent particulièrement bien à être appelés jeux, étendre cette caractérisation à toutes les activités sportives ne va pas tout à fait de soi.

1. *Ibid.*, p. 36.
2. *Esprit olympique*, « Contrastes », Le Bouscat, L'Esprit du Temps, 1992, p. 37.

Le caractère principal du jeu, Caillois le montre bien, est d'être séparé, quant à sa finalité, de la réalité. Mais cette séparation est-elle si nette dans le cas du sport? Tout dépend, en fin de compte, de ce que l'on entend par "réalité" : pour Caillois, il s'agit du règne des conséquences, ou, pour reprendre une expression très puissante que j'ai déjà citée, du « monde non protégé de l'existence sociale, où les actes ont normalement *leur plein effet* »[1]. On ne saurait refuser à cette compréhension du réel, par opposition au domaine du jeu, une vraie force. Cependant, la réalité peut-elle toujours, justement, nous apparaître ainsi ? Avons-nous accès, en général, à toutes les conséquences de nos actes, et pouvons-nous saisir dans toute sa cohérence ce gigantesque réseau de fins et de moyens, de causes et d'effets, que serait le réel ? Considéré ainsi, ne reste-t-il pas pour nous une *abstraction* ? À l'inverse, le sport, justement, n'est-il pas un moyen de *rétablir un certain lien avec le réel, contre* cette abstraction ?

Nous vivons dans une civilisation où les contraintes finalisées de la "réalité", et notamment le réseau très complexe de fins et de moyens dans lequel nous inscrit la technique moderne, nous coupent en permanence de notre propre corps : celui-ci n'est plus qu'un moyen marginal de locomotion, ou de communication, il n'est plus qu'un instrument connecté, voire subordonné, à de nombreux autres (train, voiture, téléphone, ordinateur, machines, etc.), et son rôle propre est constamment réduit au minimum. Dans ce contexte, le sport apparaît justement comme l'une des rares activités où nous puissions encore éprouver la réalité de notre être, en ce qu'elle a de *sensible* et de *concret*, en tant qu'elle est d'abord et malgré tout liée à ce corps qui est le nôtre. Certes, cette activité peut paraître artificielle et dérisoire; mais peut-il en être autrement, justement, là où le monde et les fins importantes qui le régissent sont dans une large mesure devenus abstraits, en tout cas hors de notre portée ? Voilà pourquoi le sport, malgré sa finalité dérisoire et tronquée, ou plutôt, *en vertu* de sa finalité dérisoire ou tronquée, n'est pas simplement vécu comme une activité coupée du réel, comme un jeu, donc, mais bien plutôt comme un accès préservé à notre réalité corporelle et sensible.

Mais surtout, et plus fondamentalement peut-être, cette réalité corporelle et sensible n'échappe-t-elle pas, dans une certaine mesure, à la définition que donne Caillois du réel ? Notre corps n'est-il pas précisément le lieu d'une réalité et d'une finalité toujours ouvertes, et non pas asservies à tel ou tel but déterminé, au règne des conséquences dont parle Caillois ? Telle était la compréhension antique, et en particulier aristotélicienne, de la

1. *Ibid.*, p. 139. Nous soulignons.

*matière* : « j'appelle matière ce qui n'est par soi ni une existence déterminée, ni d'une certaine quantité, ni d'aucune autre des catégories qui déterminent l'être »[1]. Pour Aristote, la matière est ce qu'on obtient lorsque l'on enlève à une substance tout ce en quoi elle est déterminée. Comme telle, elle est elle-même tellement peu déterminée que sa nature est, au fond, « de pouvoir être ou n'être pas »[2]. Et lorsqu'elle est, c'est toujours en tant qu'elle « peut être autrement qu'elle n'est » ; elle est le principe d'indétermination de la substance. Mais, précisément par cette indétermination, la matière est aussi le lieu de ce qui est *en puissance*, par opposition à ce qui est en acte, à ce qui est déterminé – bref, à la forme. C'est aussi bien dire que la finalité (ou la forme) que l'on peut donner à une matière, comme telle, n'est jamais fixée : tout dépend toujours, justement, de l'*usage* qui peut en être fait – à partir de la même glaise, un artiste peut façonner aussi bien un vase qu'une statue[3].

En outre, il va de soi que cette indétermination propre à la matière, qui en fait le lieu de nos *pouvoirs*, vaut au premier chef de la matière qui nous constitue intimement, et *sensiblement* : celle de notre propre corps. C'est manifeste dans les réflexions d'Aristote sur la vertu : celle-ci passe nécessairement par l'inscription, dans notre corps, dans notre sensibilité, des règles de l'action, qui ne peuvent pas rester des règles intellectuelles et abstraites. Cela signifie du même coup que ces règles ne sont pas figées, qu'elles restent toujours ouvertes ; dans la mesure même où elles s'appliquent à une matière qui, par principe, peut toujours être autrement qu'elle n'est, la grande force de l'homme vertueux est de pouvoir les *adapter*, et cette faculté d'adaptation est liée au rapport entre la réflexion, la part intellectuelle de la vertu, et la sensibilité qui spécifie et concrétise les règles intellectuelles. C'est pourquoi la vertu est pour Aristote avant tout affaire de « disposition », plutôt que de règles fixes et intangibles. Cette disposition vertueuse repose, on le voit, sur l'indétermination de notre matière, qui rend possible sa capacité d'adaptation[4].

Or, ne peut-on pas retrouver dans le sport, et dans l'usage qui y est fait du corps, une logique analogue ? Ne peut-on pas retrouver dans l'immense

1. *Métaphysique*, Z, 3, 1029 a 20, trad. fr. J. Tricot, Paris, Vrin, 1991, p. 243.

2. *Ibid.*, Z, 15, 1039 b 30, éd. cit. p. 299.

3. *Cf.* sur ce thème la très belle étude de J.-L. Chrétien, « Lucidité de l'usage », *Philosophie*, n°45, Paris, Minuit, 1995, p. 69-91.

4. Sur ce thème de l'intériorisation des règles, telle qu'elle est thématisée par Aristote, notamment, voir mon article, « La seconde nature, entre propre et appropriation », dans *La Propriété : le propre, l'appropriation*, A. Milanese et H. Guineret (dir.), Paris, Ellipses, 2004, p. 93-116.

diversité des finalités visées par les différentes activités sportives cette indétermination fondamentale qui caractérise le rapport que nous entretenons à notre propre matière ? Dans cette perspective, la finalité dérisoire ou tronquée de chaque sport ne serait pas tant la marque d'un jeu, que l'expression même de la réalité concrète, sensible et *indéterminée* de notre corps, de son être toujours *en puissance*. Le sport nous permet d'être "en forme", voire dans une "forme olympique" – par quoi le langage courant, dans une intéressante refonte du vocabulaire aristotélicien, exprime non pas une forme déterminée qui répondrait à une finalité précise ("en forme de quoi ?", dit-on d'ailleurs pour plaisanter), mais bien plutôt la diversité et la richesse des possibilités que nous donne à ressentir – et à actualiser – un corps disponible et exercé.

Voilà pourquoi il me semble malgré tout difficile, en dernière analyse, de réduire le sport à une forme de jeu, en entendant par là, comme Caillois, une activité coupée du réel. En effet, si la finalité du sport est dérisoire, futile ou tronquée, ce n'est que pour mieux nous mettre en rapport avec le fondement même de la réalité qui est sans doute la plus concrète, la plus sensible et la plus vivante : celle de notre corps. En outre, il est de la nature de cette réalité, précisément, de ne pas pouvoir être assignée à une finalité déterminée, mais d'être le support matériel d'une multitude d'*usages possibles*. Mais, du même coup, on peut peut-être mieux comprendre désormais ce qui fonde l'universalité bien particulière du concept de sport.

## L'UNIVERSALITÉ DU SPORT

Ma question initiale était de savoir en quoi consiste la matière du concept de sport, les caractères qui sont pensés en lui et qui sont le fondement de son *universalité*, c'est-à-dire de son application à différentes réalités. Pour constituer cette matière, il n'y a sans doute pas grand chose à rajouter à l'idée d'activité physique, sinon l'idée d'une finalité futile et déterminée à la fois, qui ne soit que le prétexte d'un effort physique intense. Quand on parle de la *matière* du concept de sport, cela peut donc s'entendre en somme *aussi bien au sens propre qu'au sens figuré* : ce sont les différents usages que nous pouvons faire de la matière de notre corps qui façonnent la sphère de ce concept. L'universalité logique cède ici le pas, sans doute, à une universalité qui est plutôt d'ordre esthétique.

J'ai dit au départ que pour certains concepts (comme le temps ou l'être), l'usage que nous en faisons précède leur définition. C'est bien ce qui semble se passer aussi, d'une certaine façon, avec le concept de sport. Celui-ci tire son contenu, ou sa matière, des différents *usages* que nous pouvons faire de notre corps, sans que l'on puisse jamais parvenir, en deça de ces usages, à une définition définitive et achevée de "l'essence" du sport, sans que l'on puisse l'enfermer dans une forme déterminée.

On pourrait trouver une très bonne expression de cette irréductibilité du sport à tout discours prétendant fixer son essence dans les écrits de Pierre de Coubertin. Ainsi ce dernier prétend-il se démarquer des tentatives de définitions « philosophiques » du sport – sans toutefois leur refuser toute pertinence –, pour leur préférer une définition « moins éloquente, et plus technique ». Comment mieux exprimer que par ce dernier terme l'idée que le sport se saisit d'abord dans et par *l'usage*? Coubertin propose donc la définition suivante : le sport est le « culte volontaire et habituel de l'exercice musculaire intensif appuyé sur le désir du progrès et pouvant aller jusqu'au risque »[1]. Si cette définition est plus « technique » et moins « éloquente », c'est qu'elle ne prétend guère enfermer le sport dans une finalité déterminée, fût-elle celle du jeu ou de la compétition. Si finalité il y a, elle consiste simplement dans ce « désir du progrès », qui est tout à la fois très vague, et, dans cette indétermination même, fondamental pour Coubertin. Selon lui, en effet, une des conséquences qu'il faut tirer de cette définition est que « le caractère sportif est susceptible de se superposer à tout exercice musculaire comme aussi de lui faire défaut » ; ainsi, « on peut faire du sport avec un cerceau et faire de l'aviron de manière non sportive »[2]. C'est ici l'universalité du sport qui est affirmée, puisque « tout exercice musculaire » peut devenir sportif – et en même temps le refus d'associer cette universalité à une finalité déterminée : l'important est simplement ce « désir du progrès ». Dès lors, pour Coubertin, l'universalité du sport ne peut être ramenée à aucune véritable définition, qui permettrait de délimiter la sphère du concept : « il n'y a pas lieu de distinguer entre certains exercices qualifiés comme sports et d'autres auxquels ce qualificatif serait refusé » ; ce qui compte, c'est la « *technique sportive* »[3]. Autrement dit, une activité est un sport non pas par sa finalité déterminée, mais plutôt par un *usage* sans autre finalité véritable que ce « désir du progrès » qui est laissé volontairement dans l'indétermination.

Mais plutôt que de conclure à partir de là au caractère simplement ludique du sport, Coubertin voit manifestement dans cette indétermination

1. *Pédagogie sportive*, Paris, Vrin, 1972, p. 7.
2. *Ibid.*
3. *Ibid.*

quelque chose de plus profond[1]. De fait, ne peut-on pas reconnaître dans ce « désir de progrès », surtout chez ce grand connaisseur de la civilisation grecque, quelque chose comme une reprise moderne du thème aristotélicien du mouvement, compris comme passage de la puissance à l'acte ? On pourrait dire que si le sport n'a pas de finalité déterminée, c'est sans doute parce qu'il est, en deça de toute finalité, en deça de l'acte, l'exercice concret et sensible du *passage même de la puissance à l'acte*. Comme chez Aristote, ce passage pourrait être compris comme *mouvement* – et cela s'entendrait, en l'occurrence, au sens *propre*.

Le souci premier de Coubertin a été la *pédagogie*. Plus précisément, il a défendu à la fin du XIX^e^ siècle certains aspects du système éducatif anglais, prétendant qu'il serait avantageux de les transposer en France. C'est dans ce cadre qu'il a été amené à prendre conscience du caractère central du sport, très présent dans les collèges anglais, et à développer l'idée d'une « pédagogie sportive ». Apparaît bien ici, dans ce lien avec la pédagogie, l'idée que le sport ne se situe pas tant du côté de l'acte – des finalités déterminées que l'homme donne à sa vie – que dans l'exercice même du passage de la puissance à l'acte : pour Coubertin, une éducation réussie ne vise pas de finalité déterminée, surtout au départ, mais vise à *développer les capacités* de l'enfant ou de l'adolescent, et à les développer *en les exerçant*.

C'est là une idée qui était déjà très présente dans les grands traités d'éducation du XVIII^e^ siècle, notamment chez Locke et Rousseau : ainsi, pour Rousseau, avant de songer à faire de l'enfant un avocat ou un médecin, il faut d'abord en faire « un homme »[2] ; autrement dit, développer sa *nature*, ses *facultés*, ouvrir les possibles, dans toute leur indétermination, et non pas les refermer en leur donnant prématurément une finalité déterminée. Développer la nature, c'est développer la capacité d'adaptation de l'enfant : « la fortune aura beau le faire changer de place, il sera toujours à la sienne »[3]. Dans ce cadre, l'éducation du corps, par l'exercice physique, jouait déjà, chez Locke comme chez Rousseau, un rôle central. C'est que cet exercice ouvert des facultés, pour ces philosophes, devait toujours partir de la sensibilité, et plus précisément des désirs sensibles. Coubertin reprend cette idée à son compte et la développe : « il faut de l'enthousiasme aux

1. Voir par exemple *L'Éducation anglaise en France*, Paris, Hachette, 1889, p. 18 : « Quelque importance que j'attache au sport en lui-même et pour lui-même, j'avoue qu'ici je le considère surtout comme un moyen ».

2. *Émile*, « Bibliothèque de la Pléiade », Paris, Gallimard, 1969, p. 252.

3. *Ibid.* Au demeurant, on retrouve évidemment chez Rousseau l'idée de séparation vis-à-vis de la réalité sociale, qui justement, le conduirait trop vite à la finalité, en faisant nécessairement un monstre. Mais ce n'est pas un jeu : c'est la préparation à la réalité.

jeunes ; or ce n'est pas la connaissance qui les motive ainsi, mais le sport, parce qu'il est plus vivant, et plus réel »[1]. Le sport a donc cette vertu de pouvoir motiver, sensiblement et concrètement, les jeunes, alors même que les finalités qu'ils veulent donner à leur vie ne sont pas encore fixées. Il ne s'agit pas seulement de les occuper, mais de développer, par cette motivation, leurs facultés, de la manière la plus ouverte possible. Coubertin insiste ainsi beaucoup sur le fait que le sport développe aussi bien l'esprit que le corps, aussi bien la psychologie que la physiologie, et qu'en outre, il apprend à agir en harmonie.

Parce que le sport lui semble être la manière la plus ouverte de développer l'être humain, dans toutes ses dimensions, Coubertin va même jusqu'à comparer cet idéal de la pédagogie sportive à un idéal *religieux*. Il s'inspire en ceci du lien très étroit qui unissait chez les Grecs le sport et la religion – une religion, selon lui, « de la vie présente », un « culte de l'être humain, du corps humain, esprit et chair »[2]... Coubertin donne donc un sens extrêmement fort – c'est le moins que l'on puisse dire – à l'universalité du sport. Mais l'important est avant tout de comprendre que cette universalité est fondée sur la capacité *d'adaptation* et de *perfectibilité* que nous donne le sport, parce qu'il se situe au niveau, fondamental pour tout être humain, du *passage de la puissance à l'acte*.

Cet universalisme du sport, d'abord pensé dans le cadre de l'éducation, a évidemment trouvé son aboutissement chez Coubertin dans la refondation des Jeux Olympiques. Ici, la vocation universelle du sport apparaît à tous les niveaux. D'abord, évidemment, parce qu'il s'agit de réunir les sportifs du monde entier. L'intention politique et pacifiste des Jeux est évidente, fournissant une sorte d'alternative sportive à ce qui développe alors sous le nom d'Internationale socialiste. Mais il y a aussi universalisme dans la mesure où le sport doit plus généralement et fondamentalement apparaître dans les Jeux comme la matrice de toutes les potentialités humaines : ainsi, pour Coubertin, les Jeux doivent susciter, au-delà des épreuves sportives, des œuvres architecturales, musicales, picturales ; ou encore, des conférences portant sur la science, l'histoire, etc. Bref, il n'y a vraiment pas, dans l'esprit de Coubertin, une séparation entre les Jeux Olympiques et la réalité (qui en ferait donc des "jeux" au sens où l'entendra Caillois), mais bien plutôt une continuité, les Jeux apparaissant comme un retour régulier aux sources concrètes et vivantes des potentialités humaines, sources dont doit procéder tout le reste. Et s'il faut effecti-

1. *Textes choisis*, Zurich, Weidmann, 1986, p. 153.
2. *Esprit olympique*, *op. cit.*, p. 16.

vement protéger les Jeux par rapport au réel, c'est plutôt au sens où l'on préserve la pureté et le caractère sacré de la source dont procède le réel.

Cette continuité entre les Jeux et la réalité du monde apparaît bien dans l'usage que Coubertin fait du terme « olympiade ». De manière répétée, et avec beaucoup d'insistance, il précise qu'il faut entendre par là, non pas l'événement même des Jeux, qui dure quelques semaines, mais bien *la période de quatre ans* que les Jeux inaugurent [1].

## CONCLUSION

L'universalisme qui anime les réflexions de Coubertin sur le sport montre bien ce qu'il peut y avoir d'artificiel à vouloir arrêter, à partir d'une définition achevée, ce qu'est la matière du concept de sport. En effet, comme nous l'avons vu, elle n'est pas tant une matière logique (les caractères composant une hypothétique "essence du sport") qu'une matière avant tout sensible ; une matière au sens propre, donc, celle de notre corps, dont *l'usage* qui est fait dans le sport, fondamentalement divers et irréductible à une finalité déterminée, trace seul la sphère du concept qui peut en procéder. Autrement dit, il n'y a pas lieu, ici, de remonter de l'usage du concept (qui après tout, comme je l'ai indiqué d'emblée, est par lui-même relativement assuré) à une définition qui le légitimerait du point de vue de la forme logique. Cela ne signifie pas qu'il faille simplement laisser notre corps chausser ses baskets, et abandonner toute philosophie : c'est au contraire justement par cette absence de définition achevée que le sport nous donne beaucoup à penser, comme bien d'autres concepts traditionnellement considérés comme fondamentaux par la philosophie.

La sphère du concept de sport est donc dessinée par l'usage que nous faisons de notre manière sensible, dans un effort qui, manifestement, vise toujours une finalité déterminée, mais dérisoire ou tronquée. C'est la force

1. Voir *Esprit olympique*, *op. cit.*, p. 17-18 : « je n'aurai pas besoin de rappeler qu'une olympiade est un intervalle de calendrier, intervalle de quatre années dont on célèbre l'ouverture par des jeux (...) Le monument inauguré en 1927 à Olympie indique que la première Olympiade de l'ère moderne a été célébrée en 1896 à Athènes. Les Jeux d'Amsterdam en 1928 furent ceux de la IXe Olympiade, puisque fidèle aux indications de mon temps, j'ai voulu, en restaurant l'institution dans son esprit antique, *lui donner la forme mondiale qui répond aux aspirations et aux besoins du présent.* Il est donc incorrect historiquement et grammaticalement de faire du mot olympiade l'équivalent de Jeux olympiques et quand on dit, comme certains le font vulgairement "les Olympiades d'Amsterdam", on profère un double barbarisme qui écorche les oreilles » (je souligne). On ne saurait mieux exprimer une ambition universaliste pour le sport.

des réflexions de Caillois que d'avoir étudié l'importance pour la culture humaine de ce type de finalité, ce qui lui permet d'inscrire les sports dans la catégorie plus large et fondamentale des jeux, en insistant sur la séparation vis-à-vis du réel que cela implique. Cela étant, comme Caillois le reconnaît lui-même, cette finalité dérisoire ou futile qui caractérise tous les jeux, et donc en particulier les sports, ne peut que masquer en fait une autre finalité, beaucoup plus réelle celle-là, qui trouve justement le moyen du jeu pour se canaliser. S'agissant du sport, Caillois pense surtout à l'instinct de compétition. Pour ma part, je pense que l'enjeu profond du sport est avant tout, et plus simplement peut-être, d'orienter et de canaliser une pure dépense d'énergie physique.

Or, contrairement à l'instinct de compétition, cette finalité est *indéterminée*, de l'indétermination dont on reconnaît traditionnellement qu'elle caractérise notre *matière sensible*, ainsi que les différent usages que nous pouvons en faire. Cette indétermination de la finalité du sport me semble donc plus profonde que celle d'un simple jeu, parce qu'elle touche au cœur de notre réalité concrète et sensible, et par là-même, au fondement de nos facultés. Là réside selon moi le grand intérêt des écrits de Pierre de Coubertin : référer l'universalité du sport non pas tant à une définition logico-conceptuelle qu'au principe à la fois sensible et technique de *l'usage de notre corps* – usage essentiellement indéterminé dans sa finalité, mais dans lequel on peut reconnaître le fondement de la capacité de l'homme à s'adapter, à développer ses facultés en les exerçant, de manière ouverte, c'est-à-dire sans les actualiser trop vite selon une finalité déterminée. Telle est sans doute la meilleure manière, selon moi, de considérer l'universalité propre au sport, dont nous avons vu quelle portée, quasi-religieuse, Coubertin lui donnait : universalité technique, esthétique, et qui, au-delà de la futilité apparente des "jeux" sportifs, révèle la part d'indétermination, et de perfectibilité, qui est au cœur du rapport que chaque homme entretient avec son propre corps.

Matthieu HAUMESSER

# LE CORPS SPORTIF : UN CORPS IMAGINAIRE ?

## ÉLÉMENTS POUR UNE DÉFINITION DU SPORT

Chercher une définition du sport n'est pas nécessairement tomber dans la quête illusoire des origines, et établir des continuités généalogiques et historiques là où la sociologie moderne a montré plutôt l'intérêt d'accuser des ruptures. Par bien des aspects, c'est incontestable, les jeux antiques ne sont pas les sports modernes. Mais ce n'est pas une raison pour se contenter de donner du sport une définition simplement opératoire ou fonctionnelle, en renonçant à s'interroger sur des invariances repérables, auxquelles on peut assigner une signification dans la nature humaine. De ce point de vue, le *spectacle sportif* ne semble pas si fondamentalement différent dans l'Antiquité, au Moyen Âge et aujourd'hui. Pour qui s'interroge sur la fascination exercée depuis toujours par ce type de spectacle, il apparaît nécessaire de rapprocher le sport d'autres phénomènes culturels donnés pourtant comme autrement plus profonds et fondamentaux pour l'homme, tels que l'art et la religion. La modernité sportive aurait tendance à voiler cette affinité, en mettant plutôt en avant les relations que le sport entretient avec la politique, l'économie, la science, ou l'éthique. Mais le sport apparaît alors toujours comme aliéné à des fins qui lui sont étrangères, des fins nationalistes, marchandes, techniques ou pseudo-éducatives. Cela justifie toute une sociologie critique, mais montre aussi que cette critique s'est bâtie sur un malentendu : en refusant de considérer le sport autrement que sous certaines de ses conditions modernes, cette critique ne s'exerce pas tant sur le sport lui-même que sur sa défiguration.

Sans revenir sur toutes les analogies abondamment soulignées entre sport et religion (ses lieux sacrés, ses rites, ses fanatiques, etc. – qui ne sont peut-être pas que des métaphores)[1] il y a plus généralement un rapport au sacré, à la transcendance dans les deux cas : l'idée que s'accomplit, dans l'immanence, quelque chose d'extraordinaire et qui nous dépasse. Le rapport à l'art est du même ordre. La beauté du geste sportif surgit du corps d'une manière inattendue et pourtant nécessaire (c'est un geste « technique » donc codifié) : c'est une sorte de création instantanée qui exprime une perfection (« une exécution parfaite ») où un bouleversement sublime de l'ordre du jeu, de la nécessité (dans la révolte du boxeur dominé, par exemple). Le rapport du sport à la religion et à l'art pourrait bien être un rapport de participation : on peut dire qu'il y a quelque chose de beau et de divin dans le geste sportif sans que le sport ne perde ses caractéristiques essentielles (« son âme »), comme lorsqu'il devient porte-drapeau, marchandise, expérience scientifique.

Peut-être faut-il alors partir de ce fait très simple que le sport a toujours été perçu comme un « spectacle admirable »[2]. Le sport fascine, suscite l'admiration, excite des sentiments de sublime, de dépassement de la condition humaine ordinaire. Il est même porteur d'une certaine démesure. Ce point de vue renverse celui qu'on prend d'ordinaire pour parler du sport : ce n'est pas un point de vue « objectif », institutionnel, c'est celui du spectateur au sens large (le sportif étant lui-même aussi spectateur de sa propre performance, de sa propre vertu). Le spectacle sportif est celui d'une excellence humaine, qui attire spontanément l'admiration à la mesure de la difficulté qu'elle surmonte, de la perfection qu'elle accomplit, du récit

1. Voir P. Yonnet, *Huit leçons sur le sport*, Paris, Gallimard, 2004, p. 242 : « Dans le phénomène sportif, phénomène du profane, hors du temps, réapparaissent du religieux, des sacralités : dans les liturgies identificatoires du sport-spectacle, où les communautés, d'ordinaire invisibles, prennent figure et se matérialisent; dans l'assiduité aux rites de marge qui précédent la réapparition des marathoniens, skieurs et autres cyclistes dans la pleine lumière de la société, quand ils se rassemblent; dans les voies sacrées du vertige himalayen, où les volontaires des sports de l'extrême parcourent le vaste cimetière sans croix des alpinistes morts en haute altitude »; et p. 246 : « ré-émergence du sacré et de formes de religiosité au dehors de la religion, de l'idéologie et de la politique, à partir du profane pur qu'est le loisir, et singulièrement le loisir sportif ». Pour la question des rapports entre sport et sacré, voir par exemple M. Augé, « Football. De l'histoire sociale à l'anthropologie religieuse », *Le Débat*, n°19, février 1982, p. 59-67 ; J.-M. Brohm, « La Religion sportive. Éléments d'analyse des faits religieux dans la pratique sportive », *Actions et Recherches Sociales*, n°3, 1983, p. 101-117 ; A. Ehrenberg, R. Chartier, M. Augé, « Sport. Religion. Violence », *Esprit*, n°4 (« Le nouvel âge du sport »), avril 1987, p. 63-70.

2. « C'est certainement dans la dimension spectaculaire des grands événements sportifs qu'il faut lire la fascination qui confère au sport la puissance du sacré », Y. Le Pogam, « Passions sportives, identités et modernité », *Quasimodo*, n°3-4 (« Nationalismes sportifs »), printemps 1997, Montpellier, p. 33-46.

mythique qu'elle ne cesse de rejouer. En elle s'accomplit quelque chose de rare et d'inouï, qui est au fondement des grands désirs humains : la maîtrise de soi, objectivée ici comme maîtrise du corps, chorégraphie du geste.

Le sport serait alors, par essence, discipline du corps, ascèse de la volonté. Telle serait sa vertu : montrer que la lutte avec soi-même n'est pas perdue d'avance. Le spectacle sportif serait cette bonne nouvelle, qu'il est possible de transformer progressivement un corps rebelle, un obstacle, en manière d'être-au-monde. En ce sens le sport est profondément égalitaire parce que, faisant fi des inégalités naturelles des corps individuels, il en appelle à la seule chose qui soit *a priori* égale en chacun : la volonté. La persévérance, l'endurance, la résistance à la douleur, etc., valent non pas seulement au moment où s'accomplit la performance, mais surtout dans la durée de l'entraînement qui fait du corps humain un corps sportif. D'où l'importance des notions d'entraînement et d'effort, qui font l'essentiel de l'activité sportive, l'incorporation lente des gestes, la transformation physique où se lira le travail de la volonté sur le corps. À la différence du joueur, qui cesse de jouer quand le jeu ne lui fait plus plaisir, le sportif peut rechercher la douleur comme signe que la volonté s'exerce dans la lente sculpture du corps. En produisant des morphologies adéquates aux gestes, cette dernière dépasse donc la simple adresse dans l'exécution du mouvement sportif, et permet de distinguer le sport du jeu. Il entre ainsi dans le sport une notion d'esthétique de soi, de mise en forme du corps, qui est absente du simple jeu.

On pourrait donc proposer du sport la définition suivante. Le sport est une activité ayant pour but la transformation volontaire du corps, telle qu'elle soit digne d'admiration (manifestant une maîtrise) et objectivable. Le « geste » est cette objectivation, notion moins restrictive que celle de « mouvement » (elle exprime une intention, une finalité « incorporée »). Ses valeurs propres sont celles de la lutte (contre soi, les autres, la nature, la matière) : courage, persévérance, résistance, générosité; mais aussi violence et démesure. Ses moyens d'objectivation sont essentiellement l'effort et l'entraînement; puis *accidentellement* la performance et la compétition réglée du sport « moderne » [1]. Le rendement et la sélection, la hiérarchie et le classement, sont des effets de l'institution sportive mais ne font pas partie de l'essence du sport : le perdant n'est pas moins sportif, ni

1. L'institution de la compétition sportive, et de ses règlements, est le moyen privilégié par lequel le sport est aliéné à la politique, à l'économie, etc. Elle concerne essentiellement les sports collectifs, les « jeux sportifs » qui constituent ce que Paul Yonnet appelle « le premier système des sports » (P. Yonnet, *Huit leçons sur le sport*, Paris, Gallimard, 2004, p. 62).

moins admirable, s'il montre son excellence propre. Il est faux de dire que le sport ne s'intéresse qu'aux vainqueurs. Le perdant héroïque est une figure fascinante et respectée de la dramaturgie sportive, une figure tragique.

## LE SPORT ET L'IMAGINAIRE

Toutefois il manque encore dans cette définition l'élément fondamental qui explique en quoi cette activité est désirable et fascinante. Pourquoi, en effet, ne pas se contenter de jouer, de se délasser, d'entretenir son corps à simple fin de santé? Or, le jeu, le divertissement corporel, l'éducation physique, ne sont pas le sport. La pratique du sport, comme son spectacle, ne peuvent fonctionner qu'en renvoyant acteur et spectateur à un imaginaire collectif, imaginaire qui induit un fantasme particulier du corps et de sa mise en situation. Car le corps sportif est en grande partie un corps fantasmé, un corps structuré par l'imaginaire et le mythe. C'est là que la volonté va puiser son inspiration et sa force. Une sociologie de l'imaginaire, une anthropologie des mythes fondateurs serait ici pertinente, qui montrerait comment, dans cet appel constant à l'imaginaire et à sa force émotionnelle, le sport se fait mimodrame, tragédie ou passion [1]. L'invariant auquel renverrait le sport c'est en fin de compte l'imaginaire collectif hérité de notre histoire la plus ancienne. C'est pourquoi le sport n'est pas aussi « gratuit » que le jeu, et qu'il s'y passe pour ceux qui le pratiquent et le regardent quelque chose de « sérieux », de grave: la manière dont l'individu s'insère dans un imaginaire qui valorise son activité physique, l'inscription du corps dans un scénario mythique, comme ceux du sacrifice et de la fête rituelle, de la quête, du héros, etc.

En fin de compte toute définition essentielle du sport ne peut rester formelle, et doit souligner que l'invariant naturel qui le fonde et le structure, c'est l'imaginaire. Lui seul peut donner un sens à l'émotion suscitée par le spectacle sportif, d'une part, et aider ensuite à approcher la notion d'un « corps sportif ». Le corps n'est dit sportif que par sa relation avec un certain imaginaire du corps; ou encore, l'imaginaire du corps est essentiel à la compréhension de ce qu'est l'être sportif du corps. Un paradoxe évident s'attache d'emblée à une telle thèse : quelle pertinence y

1. Voir B. Jeu, *Analyse du Sport*, Paris, P.U.F., 1987, et « L'Exploitation du mimodrame tragique », dans R. Hubscher (dir.), *L'Histoire en mouvements. Le sport dans la société française* (XIX$^e$-XX$^e$ siècle), Paris, Armand Colin, 1992.

a-t-il à convoquer la notion d'imaginaire pour éclairer ce qui se présente de soi comme la forme la plus objective, la plus éminente et la plus visible du corps, c'est-à-dire la forme d'un corps suprêmement actif, en mouvement, qui dévoile d'un coup toutes ses puissances sous l'œil du spectateur, corps qui semble porter avec soi, dans l'évidence de ses manifestations, sa propre justification (beauté, performance, force, souplesse...) ? Pourquoi le corps sportif ne pourrait-il seulement être décrit fonctionnellement comme un corps exercé à accomplir certains types de mouvements, de performances ?

Il convient donc d'abord de justifier ce recours à l'imaginaire pour penser ce corps sportif. L'imagination, élément clé auquel aboutit selon nous toute tentative de définition *non fonctionnaliste* du sport, doit ici servir de point de départ et justifier à rebours cette définition.

## CORPS, IMAGINAIRE, MYTHE

Nous avons tenté plus haut de définir le sport comme « activité ayant pour but une transformation (volontaire) du corps, telle qu'elle soit digne d'admiration (parce que signe d'une maîtrise) et objectivable dans un « geste », activité signifiante seulement par son enracinement dans un imaginaire du corps ». En insistant sur cette dernière caractéristique, on peut faire plus court, et définir le sport comme le moyen privilégié par lequel la volonté inscrit le corps dans un certain imaginaire. Ici la notion d'« inscription » recouvrirait ces manifestations objectives que sont l'entraînement du corps et son résultat, le *geste* (ainsi que, accidentellement et selon les modalités de cette manifestation, le *record* ou la *performance* dans la *compétition*)[1] ; la volonté renverrait aux notions de maîtrise de soi, de discipline du corps propre ; et le sens de cette discipline serait donné par la grammaire symbolique des images du corps dans laquelle cette inscription ferait sens (d'où la nécessaire dimension spectaculaire du sport). Cette définition met en outre l'accent sur le passage du corps individuel à la représentation collective du corps, non pas pour nier l'imaginaire de l'individu dans la prise de possession de son corps, mais parce que le sport ressortit plus à une poésie de soi *offerte* à l'admiration et à l'approbation des autres, c'est-à-dire qu'il possède d'abord une signification collective, qui fonde le sens que l'individu donne à sa pratique.

1. Ces notions ne nous semblent pas du tout essentielles pour la définition du sport, elles ne représentent selon nous qu'une certaine objectivation du geste ou ses conditions particulières d'expression.

Cela nous permet d'écarter d'emblée certaines significations du corps imaginaire, expression par ailleurs si peu originale qu'elle a reçu différents sens dans des pratiques ou des disciplines aussi diverses que la technique théâtrale, la psychanalyse, ou, plus récemment, la philosophie féministe américaine. Nous écarterons le théâtre et l'Analyse, malgré l'intérêt de leurs démarches respectives, parce qu'elles renvoient à l'appropriation par l'individu d'une image corporelle subjective[1]. Pour nous aider à élaborer cette notion de « corps imaginaire », nous pouvons utiliser deux textes dans lesquels l'imaginaire est abordé du point de vue collectif.

Le premier texte est celui de Moira Gatens, philosophe féministe américaine :

> Je ne suis pas concernée par les approches physiologiques, anatomiques ou biologiques du corps humain mais plutôt par ce que j'appellerai les corps imaginaires. Un corps imaginaire n'est pas simplement une production de l'imagination du sujet, de sa fantaisie ou du folklore. Le mot « imaginaire » sera utilisé dans un sens certes relâché mais cependant technique pour désigner ces images, symboles, métaphores et représentations qui aident à construire des formes variées de subjectivité. En ce sens je m'intéresse aux imaginaires (souvent inconscients) d'une culture spécifique : ces images toutes faites et ces symboles à travers lesquels nous donnons un sens aux corps en société[2].

L'imaginaire est compris comme le propre d'une culture, d'une société, et il ne faut pas le confondre avec les représentations subjectives sous peine de ne pouvoir expliquer ces dernières en les rapportant à leur source collective. Cette distinction semble d'autant plus nécessaire que l'imaginaire collectif peut être inconscient et donc échapper au sujet lui-même, qui peut prendre son discours sur le corps comme l'effet de connaissances objectives (biologiques) alors qu'il s'enracine dans des images opérant à son insu. Que le terme « imaginaire » soit toutefois employé dans un sens « relâché », Mme Gatens nous en fournit elle-même l'exemple : pourquoi le folklore, qui désigne les traditions culturelles d'une société, est-il exclu de l'imaginaire-source collectif? Peut-être parce que, pour cet auteur, un tel imaginaire est capté de façon privilégiée dans des discours institutionnels :

1. Par exemple le corps imaginaire est en psychanalyse un concept de J. Lacan (1936) relatif au stade dit « du miroir », stade dans lequel l'individu passerait d'une représentation du corps morcelé à celle d'un corps unifié par l'intermédiaire de son image saisie dans le miroir.

2. M. Gatens, *The Imaginary Body: Ethics, Power, and Corporeality*, New York, Routledge, 1996, préface, p. VII.

> Le corps imaginaire est historiquement spécifique en ce qu'il est construit par : un même langage, une même façon de privilégier certaines zones du corps et de leur donner une signification psychologique (par exemple la bouche, l'anus, les parties génitales), et des discours et pratiques institutionnels en commun (par exemple médicaux, juridiques et éducatifs) qui agissent sur le corps et par lui [1].

Le corps imaginaire est donc ici un corps diversement construit par les individus à partir des symboles socialement disponibles, symboles porteurs de normes et de valeurs, ce dont témoigneraient à la fois le langage communément utilisé pour parler de ce corps et les institutions, pratiques et discours médicaux, éducatifs, juridiques, qui lui confèrent son statut social. Mme Gatens exclurait donc le folklore, car, par rapport à ces discours de pouvoir institutionnels dans lesquels elle veut saisir cette construction du corps, l'imaginaire folklorique apparaît comme un donné naturel et informel, porteur de significations étrangères à la sphère politique où, en héritière de Foucault, elle veut en priorité situer sa réflexion. Mais en ce qui nous concerne, quels seraient les imaginaires mobilisés pour la construction du corps sportif ? Le philosophe Robert Redeker, qui fait partie du courant de la sociologie marxiste violemment hostile au sport moderne, nous permet d'en approcher plus finement la notion :

> On le voit, le corps sportif est un corps emprisonné et même un corps décorporéifié. Cette décorpo-réification du corps du sportif est, au sens strict, idéaliste : les normes auxquelles soumettre le corps habitent ailleurs que dans la vie des corps, que dans la vie immédiate des hommes, que dans la chair et le sang, que dans les muscles et la plastique, elles viennent d'un autre monde, d'un monde idéal, elles siègent dans le monde des idées industrielles et l'idéologie que celui-ci secrète. Ces normes – idées de l'univers productiviste – s'investissent sous la forme d'impératifs dans le corps des sportifs, et par là les décorpo-réifient.
> … Cette question du corps trahit le but véritable du sport. Le sport poursuit un but : la fabrication d'un homme nouveau. Autrement dit – maintenant que les utopies politiques du siècle précédent se sont abîmées tragiquement dans les poubelles de l'histoire – le sport veut bâtir un nouvel homme nouveau. La thématique de l'homme nouveau a été arrachée à la politique et à l'idéologie, qui en firent un usage tragique, pour être recyclée dans le sport et la publicité. (…) L'homme nouveau ne sera pas le Travailleur, tel qu'il a pu être glorifié de Jünger (der Arbeiter) à Staline (homme de fer, Iron Man). Le corps du sportif, ce n'est plus l'usine. L'idée de Deleuze et Guattari selon laquelle « le corps sous la peau est une usine surchauffée »

1. *Ibid.*, p. 12.

> est à ranger au musée des formules astucieuses, inspirées par un âge industriel et prolétaire, mais dépassées. Le modèle industriel ne fonctionne plus comme imaginaire du sportif pour son propre corps. L'imaginaire nouveau est bionique, cybernétique, virtuel. (...) Le sportif se représentera en conséquence son corps comme bionique, cybernétique, virtuel; il le forgera en fonction de ce nouvel imaginaire, branché à une foule de prothèses, extérieures et internes. Le temps des Pygmalion qui travaillent sur un donné fourni par la nature, est révolu; voici que se détache de l'horizon pour venir vers nous le temps des Frankenstein, qui construisent de toutes pièces leurs créatures (Rominger[1], premier grand œuvre avant d'autres d'un douteux médecin italien, nouveau Cagliostro, qui traîne derrière lui une réputation alchimique de savant fou)[2].

Le corps sportif est donc, dit Redeker, décorporéifié en fonction d'un idéal ou de normes impératives qui visent la fabrication, la « forge » d'un homme nouveau. Le corps véritable serait ainsi « nié » au profit d'un corps imaginaire qui en constituerait le renversement ou l'aliénation. Venant d'un horizon marxiste, il ne faut pas s'étonner de ce que l'imaginaire soit ici immédiatement pensé par Redeker sous la forme de la conscience renversée, de l'anti-modèle, ou, comme il le dit lui-même, de l'idéologie (en l'occurrence l'idéologie capitaliste). L'imaginaire est défini d'abord comme un modèle, une façon de se représenter ce que le corps doit être et l'indication de la façon dont il faut le travailler, le « forger » pour y parvenir. La spécificité du sport moderne est ainsi saisie dans le passage d'un modèle imaginaire à un autre, le modèle « cybernétique, virtuel, bionique » et son corps- prothèse dépassant en l'occurrence l'ancien modèle industriel et son corps-usine, en direction non plus d'une organisation de la nature en vue de l'homme, mais, perversion ultime, d'une réorganisation de l'homme en vue d'une contre-nature.

Il est intéressant toutefois de remarquer que cette dénonciation de l'imaginaire nouveau sous-jacent au sport moderne s'accomplit à travers un certain nombres d'images mythiques anciennes elles-mêmes convoquées pour, semble-t-il, accuser la force du propos, dans cette opposition radicale à laquelle procède Redeker pour bien cerner l'horreur prétendue de cette mutation de l'image du corps. À Pygmalion qui « travaille sur un donné fourni par la nature », et dont l'effort a donc encore un sens humain,

1. T. Rominger, champion cycliste suisse, avait battu en 1994, à deux reprises et à deux semaines d'intervalle, le record mondial de l'heure.

2. R. Redeker, « Le sport ou la revanche de l'eugénisme », conférence « Sport, Religion et Laïcité », sur le blog http://lire-ecrire-penser.hautetfort.com/archive/2005/10/09/le-sport-ou-la-revanche-de-l-eugenisme.html

il faut opposer deux figures symbolisant le dévoiement de la science, dans les deux directions typiques de la modernité, celle de la folie et celle du charlatanisme, respectivement illustrées par Frankenstein, type du « savant fou », fabriquant « de toutes pièces sa créature » et par Cagliostro, l'alchimiste escroc et « douteux médecin », prêt à accomplir son « grand œuvre » dans la transmutation des corps [1]. D'où un effet curieux de mise en abîme : Redeker sollicite l'imaginaire de son lecteur (le vocabulaire employé en témoigne) pour lui faire comprendre le rôle central de l'imaginaire dans la constitution du corps sportif. Ce faisant, il souligne, au-delà du caractère idéologique de sa propre analyse (sa mise en cause du « capitalisme »), l'importance de la notion d'imaginaire dans la définition du corps sportif, tout en posant sans les résoudre plusieurs problèmes inhérents à cette sollicitation d'un modèle idéal pour concevoir le corps : comment comprendre l'idée d'un « changement d'imaginaire » dans une collectivité? D'où viennent ces images, ces symboles, ces représentations du corps? L'imaginaire est-il univoque ou faut-il en distinguer plusieurs espèces, ou parties distinctes? Quels sont les imaginaires dominants dans notre représentation du corps sportif?

Si l'on suit ce que dit Redeker, un imaginaire pourrait se substituer à un autre dans un temps très court, passant par exemple du modèle industriel au modèle cybernétique, sollicitant au passage d'autres imaginaires, comme celui de la « santé », colporté par une « idéologie médiatico-médicale », ou d'autres « mythes modernes », tels que celui de l'avant-garde. À y regarder de près, une telle transformation n'est possible justement *que* comme transformation, c'est-à-dire que ces imaginaires, proposés comme tout différents, renvoient en fait à un principe commun, séminal, qui commande la distribution de ses avatars, dans une évolution de plus en plus destructrice de l'humain :

> Dans cette perspective, et avec cette ambition, il faut bien admettre que le sport prend le relais des politiques totalitaires et des idéologies du siècle passé qui ont voulu engendrer par la force et par le crime l'homme nouveau. L'homme nouveau fasciste, nazi, socialiste – cette ambition antihumaniste de régénération humaine traversa les politiques et les idéologies de l'arc totalitaire du XX^e^ siècle. La création de l'homme nouveau a été un thème politique explicite, principalement dans les totalitarismes, sur la base de théories scientifiques et philosophiques, certes

1. Ce Cagliostro est le professeur Michele Ferrari, condamné pour exercice abusif de la profession de pharmacien, préparateur entre autres de Tony Rominger pour son record de l'heure, et surnommé dans le milieu cycliste… « Le Mythe » !

> criminogènes mais explicites. (...) Le sport est alors la continuation de l'eugénisme par d'autres moyens et selon d'autres buts que la politique ; il se retrouve articulé au nouvel eugénisme qui ne dit pas son nom, désigné par Jürgen Habermas comme l'« eugénisme libéral », dont la pratique consiste (pour reprendre la vocabulaire de Habermas) en « une technicisation de la nature humaine ». En ce sens, le sport réalise pleinement la prophétie philosophico-anthropologique de Michel Foucault, sise dans *Les Mots et les Choses*, de « la mort de l'homme »[1].

Bref, ce qui commande sans exception tous les imaginaires sportifs, leur donne leur sens et explique leurs mutations successives, c'est évidemment l'idéologie capitaliste-libérale, comme si elle était la matrice de tous les imaginaires modernes.

Ainsi, aussi bien chez Gatens que chez Redeker, ce sont des imaginaires très particuliers qui sont sollicités pour parler du corps, et du corps sportif : pratiques et discours institutionnels, idéologies politiques, discours de pouvoir censés assigner au corps les lieux sociaux de son aliénation (l'école ou le stade par exemple). Prendre ses distances avec ce type de présupposés demande de travailler de nouveau la notion d'imaginaire, ici lourdement, mais semble-t-il partialement, sollicitée.

Et d'abord, l'image, le symbole ou la représentation ne constituent pas « un » imaginaire, mais un élément qui ne prend son sens, c'est-à-dire qui ne devient image, symbole ou représentation que dans le rapport à un système cohérent où ils s'articulent ensemble. C'est un tel *système* que l'on propose d'appeler ici l'Imaginaire (I majuscule) ou « un imaginaire », comme source commune du sens de toutes les représentations singulières qui définissent les imaginaires subjectifs. Un tel Imaginaire est un modèle, conscient ou pas, des imaginaires subjectifs ; il est donc de lui-même « anthropofactural », pour parler comme Redeker, avec qui on peut partager l'idée que la forge de l'humain se fait bien ici. Mais à cette définition générale (et vague) on articulera différemment l'idéologie et le mythe. Sans prétendre clarifier un concept qui est très compliqué, il semble que qualifier l'Imaginaire « d'idéologie » n'est pas la meilleure façon de saisir sa nature « anthropofacturale ». En effet la notion d'idéologie recouvre une dimension d'illusion, on dit classiquement (depuis Marx) de « conscience distordue » ou de fausse conscience. Cela présuppose de la part de celui qui l'utilise comme outil critique une « conscience droite », non altérée et réelle des choses. Aussi l'Imaginaire dénoncé l'est-il bien classiquement comme opposition de l'imagination à la réalité, à l'objecti-

1. Redeker, *op. cit.*

vité, d'un rapport réel masqué (l'« infrastructure »). L'idéologie n'est donc pas tant un imaginaire, qu'un jugement sur l'Imaginaire, un méta-discours, critique, sur l'Imaginaire. Dénonçant une manipulation, le discours sur l'idéologie est lui-même manipulateur dans la mesure où il souhaite soustraire ses propres présupposés critiques à la critique. C'est pourquoi il est toujours lui-même soupçonné en retour d'être ce qu'il dénonce : idéologique. Débarrassée de cette discutable fonction « critique », qui est en réalité un appel à combattre ce qui est dénoncé au nom de principes souvent peu explicites, l'idéologie, comme système de pensées, de représentations ou d'images, ne va pas plus loin que la notion générale d'Imaginaire dégagée ci-dessus. Le capitalisme a pu ainsi fructueusement être l'objet d'un discours qui lui donne sens par rapport à un imaginaire, sans faire appel à la notion d'idéologie, par exemple chez Weber (*L'Éthique protestante et l'esprit du capitalisme*).

À l'inverse de la notion d'idéologie, trop connotée, la notion de mythe comme nous voudrions l'utiliser pour opérer sur le sport serait d'abord la description neutre d'un système de représentations. Ce n'est donc pas au sens barthésien, justement trop proche de la notion d'idéologie, que nous allons recourir, quel que soit par ailleurs son intérêt[1]. Une définition plus précise du mythe est donc souhaitable. On peut s'inspirer ici des travaux de Gilbert Durand et de la mythanalyse pour définir le mythe[2], en le caractérisant comme suit.

1. Le mythe selon Barthes est une réalité socialement construite par une classe dominante (ici la « petite-bourgeoisie »), et qui se donne comme naturelle, comme allant de soi, masquant ainsi la réalité des rapports de pouvoir au sein de la société et assurant l'emprise symbolique d'une certaine classe sociale. Du point de vue de la signification, le mythe est une deuxième couche de sens derrière le sens obvie. Les mythologies barthésiennes sont donc proprement des démystifications : « Le propre des *Mythologies* n'est pas politique mais idéologique. Le propre des *Mythologies*, c'est de prendre systématiquement en bloc une sorte de monstre que j'ai appelé la "petite-bourgeoisie" (quitte à en faire un mythe) et de taper inlassablement sur ce bloc ; la méthode est peu scientifique et n'y prétendait pas ; c'est pourquoi l'ouverture méthodologique n'est venue qu'ensuite, par la lecture de Saussure ; la théorie des *Mythologies* est l'objet d'une *postface* » (R. Barthes, « Réponses », *Tel Quel*, 47, 1971, p. 96) ; *Le Grain de la voix : Entretiens 1962-1980*, Paris, Seuil, 1981, p. 67 : « On peut attaquer le monde et l'aliénation idéologique de notre monde quotidien, à bien des niveaux : *Système de la mode* contient aussi une affirmation éthique sur le monde, la même d'ailleurs que dans des *Mythologies*, à savoir qu'il y a un mal, un mal social, idéologique, attaché aux systèmes de signes qui ne s'avouent pas franchement comme systèmes de signes. Au lieu de reconnaître que la culture est un système immotivé de significations, la société bourgeoise donne toujours des signes comme justifiés par la nature ou la raison ».

2. Voir les articles de S. Vierne et J.-P. Sironneau dans *Iris*, Revue du Centre de Recherches sur l'Imaginaire, disponible en ligne : http://www.u-grenoble3.fr/stendhal/recherche/centres/cri.html

Le mythe est d'abord un récit; il raconte une histoire qui comporte des éléments extraordinaires, surnaturels ou magiques (événements, décors, personnages divers, appelés « mythèmes ») qui doivent être décodés comme des symboles. Cette histoire n'est pas une « fable » dans le sens où celui qui l'énonce ou la reçoit « y croit » (dans des sens variés : religieux d'abord, mais aussi comme croyance empathique). Le mythe a ensuite une fonction qui rend impossible son interprétation comme simple ornement de la pensée, ou illusion mensongère : en effet il résout symboliquement une question essentielle pour l'homme, insoluble par d'autres moyens. Les spécialistes nomment ces questions des mythologèmes. Elles sont peu nombreuses : la question de la vie et de la mort, du Bien et du Mal, du rapport du Moi et de l'Autre, de la place de l'homme dans le cosmos et/ou la société (l'individu et la totalité ou la masse), de son origine et de sa destination. Enfin, loin de n'être qu'une histoire, il est pour l'action un guide, un modèle exemplaire et puissamment mobilisateur.

Cette définition permet de comprendre l'imaginaire comme système, qui donne du sens aux mythèmes, symboles, schèmes, archétypes qui lui sont empruntés[1]. Ce qui est intéressant pour nous ici, c'est que le registre du schème est précisément celui du corps, plus exactement de sa posture et de ses gestes. L'imagination s'enracine dans une perception sensori-motrice et affective du corps en action : corps qui se lève, se blottit, monte, descend, etc. Le schème généraliserait les images nées de cette perception du corps. L'archétype est ce qui ensuite donnerait une substance au schème en l'imageant, en direction de l'idée. Par exemple, au schème de l'ascension, qui généralise les perceptions du corps qui grimpe, correspondraient les archétypes du ciel, du chef, du luminaire, du sommet … Schèmes et archétypes sont semble-t-il immuables dans les mythes; l'archétype est adéquat au schème, universel, monovalent. Au contraire, le symbole qui représente les archétypes reste relatif aux différentes cultures où il s'exprime en raison de l'engagement concret qu'il leur fait subir. Pour reprendre l'exemple du

1. G. Durand, *Les Structures anthropologiques de l'imaginaire : introduction à l'archétypologie générale*, Paris, P.U.F., 1963, p. 53 : « Nous entendrons par mythe un système dynamique de symboles, d'archétypes et de schèmes, système dynamique qui, sous l'impulsion d'un schème, tend à se composer en récit. Le mythe est déjà une esquisse de rationalisation puisqu'il utilise le fil du discours, dans lequel les symboles se résolvent en mots et les archétypes en idées. Le mythe explicite un schème ou un groupe de schèmes. De même que l'archétype promouvait l'idée et que le symbole engendrait le nom, on peut dire que le mythe promeut la doctrine religieuse, le système philosophique ou (…) le récit historique et légendaire » ; voir l'introduction et la conclusion, *passim*.

schème de l'ascension et de l'archétype du ciel, le symbole correspondant peut ainsi valablement se transformer « d'échelle en flèche volante, en avion supersonique ou en champion de saut »[1]. De même, à la variété des symboles possibles répond leur polysémie intrinsèque. Par exemple au schème cyclique correspond l'archétype de la roue, lui-même symbolisé par le serpent qui se mord la queue; mais le serpent comme symbole n'est évidemment pas limité à cet archétype.

Cette théorisation du mythe nous permet de préciser en quel sens on peut parler d'une transformation des imaginaires. Ce qui se transforme, ce sont en fait plus les symboles que les mythes. Les « mythologies » au sens barthésien sont plus à prendre comme la dénonciation de la grande sarabande des *symboles pervertis* par la publicité ou la culture de masse, que le repérage de la naissance de « mythes modernes ». Les imaginaires non mythiques, tels que ceux produits par la publicité, le cinéma, les médias, outre qu'ils s'appuient largement sur les mythes véritables pour contaminer nos imaginaires personnels (sans cela ils seraient d'abord incompris, incommunicables), sont condamnés à subir l'usure rapide de leurs symboles, et à devenir donc des effets de mode. Si les véritables mythes s'usent, ils ne disparaissent pas mais sont dominés par d'autres[2].

1. Durand, *op.cit.*, p. 53.

2. G. Durand analyse ainsi les transformations du mythe non pas comme une disparition pure et simple mais comme une « usure » par compensation, dans laquelle un mythe se met à dominer : « Dans un premier temps à partir d'un "mythe idéal" constitué par la synthèse de toutes les leçons mythémiques réunies sous une appellation propre, (...) on obtient donc (...) : a) la collection des mythèmes "nucléaires" constitutifs d'un mythe et dont l'effritement signifie la transformation et à la limite l'épuisement d'un mythe; b) la chronologie de ces transformations. En superposant des analyses de mythes complets de ce type (mythe M, mythe P, mythe Z...) dans une chronologie commune, on peut mettre en évidence : c) la superposition, les remplacements, en un mot les "compensations" d'un mythe par l'autre. (...) il est très important qu'à une époque donnée (par ex. 1805-1809) – et la probabilité augmente lorsque la période considérée est plus longue – il y ait un seul mythe dominant. L'on obtient la plupart du temps un système de mythes "compensés" (*cf.* Nietzsche) de deux ou plusieurs mythes. L'on observe alors deux processus possibles de transformation (R. Bastide), l'une induite par le mythème patent, l'autre par le mythème latent. Cette différenciation permet d'introduire un nouveau paramètre dans le consensus mythémique. L'on peut arriver alors à doter chaque mythème d'un emblème substantif ou épithétique patent et d'une intention "pratique" ou "dramatique" (verbale) généralement plus latente (...) et mettre en évidence les modalités de transformation ("usure") d'un mythe : soit par inflation du "latent", soit par inflation du "patent" », G. Durand, « À propos du vocabulaire de l'imaginaire... », *Recherches et Travaux*, n° 15, 1975, p. 5-9.

## LE CHRISTIANISME COMME IMAGINAIRE DU CORPS SPORTIF

Cette hypothèse d'un « mythe dominant » nous amène à rechercher quels sont les mythes dominants qui permettraient d'analyser les postures et les gestes propres au corps sportif. Car le sport semble tout désigné pour subir une analyse par le mythe, non pas en tant que « mythe moderne », donc, mais en tant que geste ou posture du corps saisi dans un imaginaire qui va lui donner sens, bref, en tant qu'exercice de ce « corps imaginaire » dont nous cherchons à préciser la spécificité. Pour cela, essayons de penser le petit mystère de la disparition du « sport » antique, entre le VIe et le XIIe siècle, puis sa réapparition et la naissance du sport moderne, non pas comme une suite de ruptures idéologiques, à la façon des sociologues marxistes qui refusent l'idée d'une essence du sport, mais comme résultat du changement d'imaginaire dominant, induisant certaines représentations du corps auparavant refoulées.

Pourquoi le sport gréco-romain disparaît-il de l'Occident avec la fin de Rome? Historiquement, ce n'est pas un bien grand mystère. On a longtemps pensé que c'est le christianisme qui finit, au bout de quelques siècles tout de même, en 439 plus exactement, par avoir la peau des gladiateurs et des courses de char, ces deux passions romaines. Même si cette explication exclusive est aujourd'hui rejetée[1], il reste exact de dire que la morale chrétienne, si elle a été impuissante à faire cesser à elle seule ces spectacles, a néanmoins largement contribué à y mettre fin. Mais on aurait tort de se jeter sur l'explication la plus évidente *a priori*, que les activités corporelles et ludiques furent rejetées sous prétexte d'élévation spirituelle. Au contraire, l'image de l'athlète, dans la mesure où il est symbole de courage, d'ambition et de ténacité, possède pour Saint Paul lui-même une valeur chrétienne[2]. Cette condamnation n'est donc pas celle de l'activité physique en soi, mais bien d'abord une condamnation du sport sous la forme qui est la sienne au temps de l'Empire, celle d'un *spectacle paroxystique*. Tertullien, après avoir condamné les jeux comme symboliques du paganisme et de l'idolâtrie (« la lutte est une invention d'Hercule », dit-il, condamnant ainsi l'imaginaire mythique grec), les attaque ainsi au motif que les spectacles détruisent la moralité de celui qui y assiste :

> L'idolâtrie, nous l'avons démontré, est le principal motif qui condamne ces spectacles : prouvons que tout ce dont ils se composent est contraire aux

1. Voir P. Veyne, « Les gladiateurs, artistes maudits », *L'Histoire*, n°2, juin 78, p. 13 : « ni la religion ni la morale n'ont mis fin aux combats de gladiateurs, mais bien la politique ».
2. I, Corinthiens, IX, 24-25.

> préceptes de Dieu. Dieu nous recommande d'accueillir avec la tranquillité, la douceur et le calme de la paix l'Esprit saint, qui de sa nature « est tendre et doux » ; il nous défend de le contrister par la fureur, la colère, la vengeance et la douleur : comment pourra-t-il s'accommoder des spectacles, qui ne vont jamais sans le trouble de l'âme ? Là où il y a plaisir, il y a passion ; autrement le plaisir serait insipide. Là où il y a passion, arrive aussi la jalousie ; autrement la passion serait insipide. Or la jalousie traîne avec elle la fureur, la vengeance, la colère, la douleur et tout le cortège des passions incompatibles avec la règle [1].

Ainsi les spectacles captivent-ils l'âme en la soumettant au plaisir, lequel traîne à sa suite toutes les passions furieuses, contraires à l'esprit de douceur du christianisme. Or Tertullien ne s'arrête pas là : désavouant implicitement l'utilisation paulinienne des métaphores sportives comme incompatibles avec la morale qui est en train de se construire au sein de l'imaginaire chrétien, il accuse le trait fondamental qui spécifie pour lui le rejet des activités ludiques et sportives :

> Mais le *stade* est nommé dans l'Écriture, direz-vous ? D'accord ; mais avouez aussi avec moi qu'il est indigne de vous de regarder ce qui se passe dans le stade, les coups de pied, les coups de poing, les soufflets et les mille insolences qui dégradent la majesté de l'homme, image de Dieu. Vous ne parviendrez jamais à approuver ces courses insensées, ces efforts pour lancer le disque, et ces sauts non moins extravagants ; jamais vous ne louerez cette vigueur inutile ou fatale, encore moins cette science qui travaille à nous donner un corps nouveau, comme pour réformer l'œuvre de Dieu. Non, non, vous haïrez ces hommes que l'on n'engraisse que pour amuser l'oisiveté des Grecs. La lutte est une invention du démon : c'est le démon qui renversa nos premiers parents. Qu'est-ce que le mouvement des lutteurs ? Une souplesse semblable à celle du serpent, vigoureuse pour saisir, oblique pour supplanter, glissante pour échapper [2].

Ces jeux sont vains : insensés, extravagants, inutiles, oisifs. Non seulement ils relâchent le corps, mais encore et surtout ils divertissent le chrétien de son devoir, qui est de donner à chacune de ses activités un sens chrétien, de glorifier Dieu en chaque occasion. Tel est leur défaut fondamental. Mais ce n'est pas tout. Occasion de péché, ils pourraient même receler le péché des péchés : la révolte contre l'œuvre de Dieu. Etonnant à cet égard est l'avertissement prophétique de Tertullien accusant par avance

1. Tertullien, *De Spectaculis, Contre les Spectacles*, « Sources Chrétiennes », n°332, Paris, Le Cerf, 1986, § XV, trad. fr. E.-A. de Genoude.
2. *Ibid.*, § XVIII.

de paganisme toutes les tentatives pour nous doter par la « science » (art ou savoir) d'un *corps nouveau*. Cette « réforme » démoniaque et orgueilleuse de l'œuvre de Dieu, visible dans la souplesse serpentine du lutteur, souligne que dans le mythe chrétien le corps a un destin, celui d'être régénéré en raison de la justice de celui qui le possède. Cette prétention ferait du sport, si Tertullien ne le soulignait en passant, l'occasion d'une impiété suprême, celle qui consiste à se prendre pour Dieu. D'où peut-être cette spectaculaire reprise en main de la métaphore athlétique, chargée jusqu'à la parodie, adressée au chrétien qui vacillerait encore : vous voulez toujours du Cirque ? Rassurez-vous, le christianisme va vous en donner :

> Eh bien, je vous l'accorde, il faut à l'homme des délassements. Pourquoi donc êtes-vous assez ingrats pour fermer les yeux aux plaisirs si nombreux et si variés que Dieu a mis sous votre main, d'ailleurs plus que suffisants pour vous satisfaire ? Est-il un bonheur plus parfait que notre réconciliation avec Dieu le Père et avec notre Seigneur, que la révélation de la vérité, la connaissance de nos erreurs, et le pardon de nos crimes si nombreux dans le passé ? Quel plaisir plus grand que le dégoût du plaisir lui-même, que le mépris du monde tout entier, que la jouissance de la liberté véritable, que le calme d'une bonne conscience, que la sainteté de la vie, dégagée des terreurs de la mort ! Quelle satisfaction plus douce que de fouler aux pieds les dieux des nations, que de chasser les anges de ténèbres, que d'avoir le don des guérisons miraculeuses et des révélations divines, enfin que de vivre constamment pour Dieu ! Voilà les plaisirs des Chrétiens ! voilà leurs spectacles : spectacles innocents, perpétuels, gratuits ! Qu'il vous représentent une image des jeux du Cirque. Reconnaissez-y avec la mobilité du siècle, le déclin des temps ; sachez y mesurer l'espace, y envisager la borne de la consommation dernière, vous y animer de saints transports à l'aspect de l'étendard divin, vous éveiller au bruit de la trompette de l'ange, et aspirer à la palme glorieuse du martyre [1].

Ainsi la condamnation du sport qui semble s'inaugurer avec Tertullien [2] s'inscrit-elle dans le refus de l'Imaginaire qui le justifiait (appelons-le « paganisme ») au nom du nouvel Imaginaire du corps qui le supplante et avec lequel il se trouve incompatible. Il ne peut plus déjà être évoqué autrement que sur un mode rhétorique, en butte à l'ironie et à la parodie, privé qu'il est de la force des mythes qui le soutenaient (tels que ceux du Héros). Il dépasse la simple condamnation du spectacle séducteur et

1. *Ibid.*, § XXIX.

2. Dans un contexte encore marqué par la valorisation des métaphores pauliniennes. Voir sur ce point D. Moreau, *infra* « Courez pour gagner : la course à pied selon saint Paul », p. 197.

démoralisant, encore courante dans la patristique, pour s'interroger sur les effets pervers de l'activité physique elle-même sur le corps et l'âme.

Plus significative encore sera alors la transformation de cet interdit, de cette censure du sport, en règle dans le contexte particulier mais exemplaire du christianisme cénobitique. La grande règle-mère de saint Basile reprend ainsi, sans surprise, l'image de l'athlète chrétien opposé à l'athlète païen, lequel vit selon la chair :

> Les autres vertus, parce qu'elles s'exercent dans le secret de l'âme, apparaissent peu aux yeux des hommes, la tempérance, au contraire, signale qui la possède à tous ceux qu'il rencontre. Comme la corpulence et les belles couleurs caractérisent l'athlète, ainsi la maigreur et la pâleur qui résultent des privations font connaître le chrétien, car étant athlète du Christ, c'est dans l'affaiblissement du corps qu'il vient à bout de son ennemi et montre jusqu'où il peut soutenir les combats spirituels, selon ces paroles : « C'est lorsque je suis faible que je me sens fort » (*2 Cor.* 12, 10). Combien il est profitable ne fût-ce que de voir la conduite du tempérant ! Usant à peine et en petites quantités des choses nécessaires, comme pour rendre à la nature un service qui lui pèse, trouvant trop long le temps qu'il faut y consacrer, il est vite levé de table pour s'empresser au travail [1].

L'athlète du Christ semble, à première vue, donner une image renversée de la santé, de la vigueur, qui entraîne inévitablement l'idée d'un corps déprécié, voué à la mortification et à l'ascèse qui le font dépérir. Erreur de perspective : il s'agit ici d'un texte sur la tempérance, et saint Basile n'utilise sans doute cet effet rhétorique de contraste entre la bonne mine du corpulent athlète païen et la pâleur de l'athlète chrétien émacié que pour nous amener, par l'idée d'un corps redressé, contrarié dans son opulence coupable (déjà coupable car n'étant pas le propre d'un corps maîtrisé mais d'un corps débridé), à l'idée de la juste mesure du temps et des soins à consacrer au corps : il ne faut lui donner que le strict nécessaire et rien de plus. Mais saint Basile condamne, comme l'Apôtre, le traitement injustement rigoureux du corps, car l'intempérance, comme tous les vices, est un défaut de la volonté et non pas du corps. Le signe de cette juste mesure se trouvera alors dans l'empressement au travail, vertu contraire de cette oisiveté symbolisée déjà chez Tertullien par les vaines activités des sportifs (lutte, saut, etc.). La tempérance est vis-à-vis du corps la vertu fondamentale, ce qui permet à la récupération paradoxale de l'image athlétique de se

1. Saint Basile, Grande Règle, Q. 17. Les règles sont disponibles en ligne dans la traduction de Léon Lebe, O.S.D : http ://www.orthodoxa.org/FR/orthodoxie/monachisme/StBasile1.htm

poursuivre sur le modèle du règlement alimentaire, un grand classique des règles monastiques. C'est que la nourriture est en effet l'occasion la plus franche et la plus courante d'observer le dérèglement de l'appétit non maîtrisé dans la gloutonnerie, l'athlète étant déjà à cet égard l'homme d'une certaine ascèse, à savoir l'adaptation de la prise alimentaire aux stricts besoins du corps, et en vue, non pas du plaisir, mais du travail qui lui sera demandé, et que contrarierait la satiété (on trouve donc aussi de nombreux textes condamnant la satiété) :

> Sans doute, il est nécessaire d'établir ce principe que la tempérance est requise chez les athlètes de la piété pour maîtriser le corps : « Un athlète, en effet, évite tout excès » (*1 Cor.* 9, 25); mais il ne faut pas tomber dans l'erreur de ceux qui se sont cautérisé la conscience et, par suite, s'abstiennent des aliments créés par Dieu pour que les fidèles en usent en lui rendant grâces (*1 Tim.* 4, 2-3). Il faut donc, lorsque l'occasion s'en présente, toucher à chaque mets suffisamment pour manifester aux yeux de tous que pour les purs tout est pur (*Tit.*, 1, 15), que toute chose créée par Dieu est bonne et qu'on ne doit rien rejeter de ce qu'on peut prendre avec actions de grâces : « Car la parole de Dieu et la prière l'ont sanctifié » (*1 Tim.* 4, 4-5). Quant à l'objectif de la tempérance on le réalise de cette façon : d'une part on use selon ses besoins des choses les plus simples, nécessaires à la vie, en évitant toute satiété, et d'autre part on s'abstient de tout ce qui n'est que pour le plaisir[1].

Que gagne-t-on ainsi à constater que les activités ludo-corporelles vont être, sinon condamnées, du moins mises à l'écart du christianisme « officiel », et ce, semble-t-il, durant tout le Moyen Âge[2]? Ces activités vont être renvoyées à la vulgarité des jeux de villages, des divertissements profanes sans doute très répandus, et objets assez constants de sermons moralisateurs. Si les premières mentions écrites du jeu de la Soule, pourtant plus ou moins codifié bien avant, ne datent que de 1147, les jeux n'avaient pas jusque-là disparu de la vie commune, mais bien du discours visible, des règles officielles de la vie chrétienne. L'effet du christianisme a été notamment de faire passer le sport du jeu païen à vocation religieuse et accessoirement militaire, au délassement, au divertissement nécessaire d'un corps voué à se conserver, mais juste assez, pour servir de prie-Dieu et d'instrument aratoire. Aucune place théorique n'est faite au délassement

1. Saint Basile, Grande Règle, Q 18.

2. Mis à part le commentaire obligé du texte de saint Paul (qui d'ailleurs ne signifie directement plus grand chose pour les auditeurs, au point qu'on est obligé de leur expliquer ce qu'est un stade) dans un sens spirituel, du VI^e au XII^e siècles environ, on ne trouve quasiment rien.

du corps, au *desport* qui va bientôt devenir notre sport moderne. Comme s'il s'agissait de ne pas légitimer ce qui ne doit rester que l'objet d'une tolérance tacite, suspicieuse, encadrée. On peut fermer les yeux sur les délassements occasionnels des villageois, mais il est bon de ne les fermer qu'à demi. Ainsi, lorsque les joutes et les tournois vont se développer à partir du XIIe siècle (la première apparition est mentionnée en Anjou en 1060), à partir d'un autre imaginaire social fondé sur l'ordre féodal et la chevalerie, et poursuivant des buts profanes tels que la préparation militaire, l'Église va-t-elle vigoureusement condamner le sport au motif, entre autres, qu'il est un divertissement inutile et dangereux [1].

Or, l'essor du sport moderne est semble-t-il tributaire de cette nouvelle vision fonctionnelle et rigoureuse du corps, ou plutôt, de cette très ancienne et très chrétienne vision du corps. Sans préjuger de la façon dont ce point de vue a évolué chez les auteurs catholiques, il y a un fait certain : le sport moderne, le *desport*, est une invention protestante, d'abord luthérienne (c'est-à-dire allemande) et puritaine ensuite (c'est-à-dire britannique). On ne peut faire mieux ici que de citer le rédacteur de la notice « Sport » dans l'Encyclopédie du protestantisme, qui reprend le travail pionnier de Erich Geldbach [2] :

> Le sport et l'éducation physiques modernes sont les produits de l'instrumentalisation éducative des jeux populaires et des arts aristocratiques par la pédagogie des écoles et des universités protestantes. Les exercices corporels ont été légitimés par Luther, Bucer, Zwingli (...) Comenius a définitivement inséré la gymnastique dans le projet scolaire protestant; (...) Le sport de compétition est le produit d'une transformation éducative puritaine des jeux populaires à partir du XVIIe siècle en Grande-Bretagne. Il prend sa forme définitive comme « christianisme musculaire » évangélique dans les collèges britanniques [3].

1. Ainsi Innocent II interdit-il en 1130 « ces détestables foires et des marchés appelés vulgairement tournois, dans lesquels les chevaliers ont l'habitude de se réunir pour exhiber leur force et leur impétueuse témérité, et dans lesquelles il advient souvent mort d'homme et péril pour les âmes. À ceux qui y trouvent la mort, on refusera la sépulture chrétienne ». Condamnation répétée encore au second concile de Latran en 1139, puis à de nombreuses reprises. Voir D. Barthélemy, « Le Tournoi, c'est la guerre ! », *L'Histoire* n°121, avril 1989, p. 20-26. Cette position ne s'assouplira qu'au XIVe siècle (la condamnation ne sera levée qu'en 1316 par Jean XXII). Peut-être parce qu'alors l'imaginaire chrétien commença-t-il à essouffler l'imaginaire guerrier par l'intermédiaire du mythe christianisé de la quête du Graal, réinvesti dans les croisades.

2. E. Geldbach, *Sport und Protestantismus, Geschichte einer Begegnung*, Wuppertal, Brockhaus, 1975.

3. C. Hurtebise, « Sport », dans *Encyclopédie du Protestantisme*, Paris, Le Cerf, 1995.

Le corps sportif proviendrait donc en droite ligne de l'imaginaire chrétien, mais un imaginaire dans lequel les éléments inhibiteurs que nous venons de voir disparaissent brusquement, légitimant une revalorisation des exercices corporels, d'un côté à travers la création de la gymnastique systématique par le néo-piétisme des Lumières (Von Zinzerdorf, Basedow, Simon, Guts Muths, Pestalozzi), de l'autre par l'institutionnalisation puritaine des jeux de villages en compétition de clubs.

Ce que marque la Réforme, en ce qui nous concerne, c'est la rupture avec le mode de vie monastique comme idéal de la vie chrétienne, et donc, corrélativement, comme idéal du corps. Cela apparaît clairement dans la Confession d'Augsbourg, rédigée par Melanchton avec l'aval de Luther :

> On croyait que la vie chrétienne consiste entièrement à observer certaines fêtes, à réciter certaines prières, à pratiquer certains jeûnes, à endosser un vêtement particulier. On appelait cela une vie chrétienne, spirituelle. En échange, on considérait d'autres œuvres, tout à fait nécessaires et bonnes, comme une activité mondaine, dépourvue de spiritualité : à savoir, les devoirs que chacun est redevable d'accomplir, selon sa vocation, tels que ceux du père de famille qui travaille pour nourrir sa femme et ses enfants, et qui les élève dans la crainte de Dieu ; ou les œuvres de la mère de famille qui met au monde ses enfants et qui les entoure de ses soins ; ou celles d'un prince ou de magistrats qui gouvernent le pays et les sujets, etc. Il a fallu que toutes ces œuvres pourtant commandées par Dieu passent pour être des choses mondaines et imparfaites, mais que par contre les traditions aient le renom superbe d'être seules des œuvres saintes et parfaites [1].

Ce qui est frappant dans ce texte c'est l'accent mis sur la nécessité des œuvres, non pas bien sûr comme dispensatrices de grâce, mais comme commandements divins. La vie monastique est une vie imparfaite et orgueilleuse car elle manque à ses devoirs tout en se croyant supérieure à une vie mondaine. Cet article de la Confession, significativement, est

1. P. Melanchton, *La Confession d'Augsbourg*, Paris, Le Cerf, 1989, article 26, « De la distinction des aliments ». L'article 27, consacré à la vie monastique, ajoute : « Les commandements de Dieu et le véritable culte qui lui est dû, sont obscurcis lorsqu'on enseigne aux gens que seuls les moines se trouvent dans l'état de perfection. Car la vraie perfection chrétienne consiste à craindre Dieu sincèrement et de tout son cœur, et à avoir quand même la ferme confiance du cœur et la foi par laquelle nous sommes assurés que, grâce à Christ, nous avons un Dieu favorable et miséricordieux, et que nous pouvons et devons demander à Dieu tout ce dont nous avons besoin, persuadés que nous obtiendrons de Lui – chacun dans son état et sa vocation – le secours dans toutes les adversités. En même temps nous devons, avec zèle, nous appliquer à la pratique extérieure des bonnes œuvres et nous acquitter des devoirs de notre vocation. Voilà en quoi consiste la vraie perfection et le véritable culte, – et non pas dans la mendicité, ou dans le port d'un froc gris ou noir, etc. ».

consacré à la distinction des aliments, c'est-à-dire à toutes les pratiques traditionnelles telles que le jeûne, les interdits alimentaires, conçus comme autant d'œuvres justificatrices et rejetées par Luther à ce titre. Mais il ne faut pas confondre ce rejet avec une quelconque indulgence accordée au corps; non seulement est-on encore dans un régime d'ascèse, mais la condamnation de la pseudo-excellence monacale signe même l'extension du modèle ascétique à toute la société, à tous les faits et gestes, à tous les instants :

> Quant aux reproches que l'on fait aux nôtres en prétendant qu'ils interdisent – à l'instar de Jovinien - la mortification de la chair et la discipline du corps : on trouvera, en examinant leurs écrits, qu'il en est tout autrement. Car ils ont toujours enseigné la doctrine de la croix chrétienne, à savoir que les chrétiens sont obligés de souffrir. Voilà une mortification véritable et sérieuse et non simulée. En outre, nous enseignons que chacun doit discipliner son corps, par le jeûne ou par d'autres exercices, pour ne pas donner lieu au péché, mais non pas pour mériter la grâce par ces œuvres. Cette discipline corporelle doit s'exercer constamment, et non pas seulement en certains Jours déterminés. (…) Saint Paul dit, *1 Cor.* 9, 27, qu'il traite durement son corps et le tient assujetti. Il indique ainsi que la mortification du corps doit servir, non pas à mériter la grâce, mais à maintenir le corps dans une disposition qui ne fasse point obstacle à ce qui est exigé de chacun par le devoir de sa vocation [1].

En quelque sorte, ce qui n'avait de sens chez les catholiques que dans la visée d'une vie parfaitement chrétienne, c'est-à-dire d'emblée soustraite aux occupations profanes, devient chez Luther un devoir pour tous, et rend souhaitable, voire nécessaire, une théorisation, même élémentaire, de l'exercice corporel conçu comme une discipline. Ainsi le corps peut-il devenir un objet d'attention, voire un thème de choix pour la direction pastorale. À travers la notion de vocation (c'est-à-dire de travail, de tâche à accomplir), toutes les activités humaines acquièrent un sens religieux, qui leur donne une valeur comparable à celle des activités purement religieuses. Dieu nous donne un monde dans lequel (et non pas à côté duquel) il faut vivre, ce qui implique des devoirs envers l'immanence autant qu'envers la transcendance. La santé, en particulier, devient un objectif plus louable que la faiblesse ou le dépérissement, petite santé certes, puisqu'il s'agit juste de ne pas transformer le corps en obstacle, mais qui tout de même est une disposition permanente tenue pour bonne.

1. *Ibid.*

À travers le calvinisme et l'accent mis sur la prédestination, la notion « d'appel », ou de vocation, va prendre chez les puritains anglais (qui l'appellent *calling*) un sens particulier qui a pu faire subir une seconde inflexion, décisive, à l'imaginaire chrétien traditionnel du corps. Le puritanisme, forme intransigeante d'ascétisme protestant, est fondamentalement une religion du scrupule moral, de l'auto-examen, destinée à atténuer l'angoisse de la question : suis-je un élu ou non ? En attendant de le savoir, le puritain cherche à se mettre constamment en adéquation avec la perfection morale exigée par son *calling*, sa vocation, l'impulsion vers son devoir. C'est la manière dont il remplit ses obligations qui lui donne l'occasion de savoir quel vice le travaille, et fait obstacle à la réalisation de ce devoir, de cette vocation. C'est donc aussi par l'attention portée à la manière dont chaque instant est par lui occupé qui lui permet d'amender et de perfectionner ses œuvres. C'est pourquoi cette détection perpétuelle de l'imperfection morale dans le temps voué au travail, qui est celui de la vie terrestre, installe en numéro un sur le podium des vices celui qui précisément nous soustrait au travail, c'est-à-dire la paresse, l'oisiveté (*laziness, idleness*). La gestion rationnelle du temps devient vertu morale, et son contraire, la perte de temps, devient mère des vices. Or nous savons qu'il s'agit là d'un thème utilisé depuis longtemps pour condamner le divertissement par les jeux ; on pourrait donc s'attendre à ce qu'il en soit de même chez les puritains pour le sport. Mais c'est sans compter, justement, avec la notion de vocation qui va permettre au sport d'échapper à une condamnation formelle :

> Il n'est pas douteux que quelque forme de sport et de récréation ne soit légitime, voire nécessaire, et par conséquent un devoir pour certains hommes [1].

Si l'on trouve des textes puritains qui ne voient pas d'un bon œil les récréations, même innocentes [2], la majorité des textes, et les plus influents d'entre eux, ceux qui concernent les conseils de vie chrétienne, sont très clairs : la récréation est bonne, si on ne la confond pas avec un passe-temps, et qu'on lui fixe des bornes strictes :

1. R. Baxter, *A Christian Directory or Summ of Practical Theology, and Cases of Conscience*, Londres, 1678, p. 387. Baxter consacre un chapitre entier aux « sports et à la récréation ». Sur les rapports du sport et du puritanisme, voir E. Geldbach, « Protestantism-Capitalism-Sports », *Journal of Sport History*, vol. 4, n°3, 1977.

2. La matière était sensible depuis la contestation, par les Puritains, du « Book of Sports » en 1617 et 1643, qui établissait une liste d'activités de loisir permises le dimanche.

> Prends garde à ne pas te mettre à aimer les plaisirs de la chair, par l'abus de nourriture, de boisson, ou du jeu. Ne mets pas tout ton cœur dans ton estomac ou ton sport. (...) N'use jamais de nourriture ou de sports inadaptés à ta santé ; un appétit avide peut engager les enfants à dévorer des fruits crus, et à voler les cerises de leurs voisins, détruisant ainsi à la fois l'âme et le corps. Et un amour excessif du jeu leur fait fréquenter de mauvais compagnons, perdre leur temps, détruit leur amour des livres, de leur devoir, de leurs parents même, et de tout ce qui est bon. Tu dois manger, et dormir, et jouer en vue de la santé, et non pas en vue du plaisir inutile et malfaisant [1].

Si le sport est encore saisi sous la catégorie du délassement et de la récréation, il n'est cependant pas condamné pour cela si la norme de son bon usage est respectée : c'est l'abus qui est condamné, pas l'usage. D'où un florilège de sports tenus pour valables par les Puritains, bien plus riche que celui des philosophes : course, saut, tir, tir à l'arc, haies, lutte, chasse, pêche... La norme immédiate du corps est la santé, qui est ici comme la moralité du corps. L'absence de modération dans le corps est étroitement solidaire d'une déchéance de l'âme. Le sport chez les Puritains peut ainsi, et par excellence, devenir une activité ascétique, parfaitement réglée et finalisée par la glorification de Dieu :

> La fin que tu dois réellement poursuivre dans l'usage des sports et des récréations doit être de te préparer au service de Dieu, c'est-à-dire soit pour ta vocation, soit pour le culte, soit pour quelque autre activité par laquelle tu puisses lui plaire et le glorifier. (...) Et par conséquent aucune personne vivant sans Dieu et selon la chair, et qui ne vise pas de telles fins saintes, ne peut user légitimement d'aucune récréation, parce qu'il n'en use pas en vue d'une fin droite [2].

Il faut donc, selon un autre mot de Baxter, affûter son corps comme on affûte sa faux. La « fin droite » qui fait du corps un simple outil implique la manière propre et mesurée dont on doit en user : en temps utile, en veillant toujours à ne pas trop l'abîmer. La conservation de ses fonctions – la santé – est la norme de l'usage du corps. Ascète de Dieu, le sportif n'est légitime que s'il offre une fin légitime à l'exercice corporel. Seul le chrétien peut légitimement être un sportif : c'est la naissance du « christianisme musculaire », des *muscular christians*, ces *sportsmen* de la « sainteté » au

1. *Ibid.*, vol. 1, chap. XII, *Dir.* IV.
2. *Ibid.*, p. 388.

*training* ascétique auxquels Nietzsche fait allusion dans la *Généalogie de la morale*[1].

## Quel est le schème du corps dans le mythe chrétien ?

Il nous semble maintenant évident que le sport moderne peut – et doit – être conçu autrement que comme le sous-produit de l'idéologie capitaliste. Il est à l'origine partie intégrante de l'imaginaire religieux chrétien, même si on a pu facilement l'oublier ensuite lorsque le phénomène, s'amplifiant et se sécularisant, a croisé d'autres imaginaires (tels que celui, par exemple, de l'imaginaire républicain humaniste). Cet enracinement premier nous autorise toutefois à nous demander si l'on peut dégager dans le mythe chrétien un schème du corps général dont le sportif pourrait être l'archétype.

On peut dire qu'il y a trois corps pour l'homme dans le christianisme, qui correspondent aux trois parties du récit mythique. Le corps des commencements, ou corps adamique, est le corps pur de l'origine. Le corps humain, sous l'empire du péché, est le résultat de la chute. Le corps de la fin, glorieux ou régénéré, est le corps espéré, qui échappera à la mort. Dans la mesure où le deuxième corps est un corps déchu, et où notre espérance vis-à-vis de ce corps est que la punition qui le frappe soit levée, lui permettant de retrouver ce qu'il a perdu, on peut dire globalement que le corps déchu s'oppose aux deux autres, qui l'enserrent au début et à la fin du récit mythique. La caractéristique commune de ces deux corps mythiques est d'être incorruptibles, mais ils ont surtout pour particularité d'entretenir un certain rapport avec notre volonté.

Le corps adamique est avant tout un corps docile, c'est-à-dire un corps dont les membres sont entièrement soumis à la volonté, comme nous le rappelle saint Augustin à propos de ce qui, après la chute, sera pour nous la chose la moins contrôlable, la *libido* :

> Pour engendrer, l'homme aurait donc semé et la femme aurait reçu quand il eût fallu, autant qu'il eût fallu, sous la motion de la volonté, non par l'excitation du désir[2].

1. *Éléments pour la généalogie de la morale*, III, § 16, Paris, Librairie Générale Française, 2000, trad. fr. P. Wotling, p. 230. Voir *infra*, B. Benoît, « Se créer un corps plus élevé (Nietzsche) ».

2. *De civitate Dei*, XIV, XXIV, 1, Bibliothèque Augustinienne vol. 35, Paris, IEA, p. 450-451.

> Ces membres [*i.e.*, les organes génitaux] comme tous les autres auraient obéi à la volonté. Ainsi l'organe destiné à cette œuvre aurait ensemencé le champ de la génération comme maintenant la main ensemence la terre [1].
> Ici comme ailleurs, les membres auraient obéi au gré de la volonté. L'époux aurait fécondé l'épouse sans l'aiguillon d'une séduisante passion, dans la sérénité de l'âme et l'intégrité parfaite du corps. (…) Ces parties du corps auraient été non pas excitées par une ardeur troublante, mais employées selon les besoins par un pouvoir maître de soi [2].

La multiplication de ces formules manifestant le pouvoir sur soi est éloquente. Si Augustin avait connu le sport, il eût d'ailleurs pensé non pas aux grotesques *mirabilia* du pétomane, ou de celui qui fait bouger ses oreilles[3], mais bien au sportif qui accomplit avec sa volonté toutes sortes d'actions autrement prodigieuses.

Mais à cette soumission au vouloir (car la chair spirituelle restera « soumise à l'esprit »[4]), le corps glorieux ajoute d'autres qualités qui accusent encore le contraste avec les limitations du corps réel. Il sera ainsi d'une harmonie et d'une beauté parfaites; capable d'échapper à la pesanteur; capable de traverser les murs; transparent à la lumière, il ne cachera rien de sa beauté intérieure, de l'œuvre intime de Dieu. Ce sera un corps charnel mais merveilleux, et Augustin peine même à imaginer « combien les mouvements d'un corps incorruptible seront souples et aisés, à n'en juger que par ce que nous voyons maintenant, lorsque notre corps se porte bien, quoique sa santé actuelle la plus parfaite ne soit pas comparable à l'immortalité qu'il possédera un jour »[5]. Bref, pour ne pas en rajouter sur ce sujet, le corps glorieux est un corps nouveau, qui n'est pas tiré de la terre comme celui d'Adam; au point que malgré ses extrapolations Augustin avoue qu'il est inimaginable, et que nous n'en avons jamais eu l'expérience[6].

1. *Ibid.*, XXIII, 3, p. 448-449.
2. *Ibid.*, XXVI, p. 458-459.
3. *Ibid.*, XXIII, 3, p. 450 « Ne voyons-nous pas certains hommes qui font de leur corps tout ce qu'ils veulent ? Il y en a qui remuent les oreilles, (…) il s'en trouve même qui font sortir par en bas, sans aucune ordure, tant de vents harmonieux qu'on dirait qu'ils chantent ».
4. *Ibid.*, XXII, XXI. Le texte fondateur à ce sujet est celui de saint Paul, I Co. 15. Voir *infra*, D. Moreau, p. 211-214.
5. *Ibid.*
6. On peut penser ici que les croyances universelles en l'incorruptibilité des corps de Saints rencontre ici un Imaginaire chrétien plus spécifique, qui veut que de tels corps aient été « l'organe et l'instrument du Saint Esprit » (saint Augustin, *Cité de Dieu*, I, XIII). La *Légende Dorée* de Jacques de Voragine, l'un des livres les plus lus de tous les temps, illustre

Docilité du corps à l'égard de la volonté; régénération du corps en direction de puissances nouvelles et inimaginables : il semble que ces deux caractères des corps mythiques structurent le sport comme archétype, modèle exemplaire, du schème du corps parfait dans le christianisme. Ce schème pourrait être appelé celui de la *possession de soi*, par opposition à la simple *maîtrise* qui relève d'abord d'un effort, d'une tension permanente pour dompter le corps rebelle, et qui s'adresse donc d'abord à l'homme réel. Les exercices physiques préparent la santé de l'âme, c'est-à-dire la reprise en main du corps qui aura lieu dans la résurrection; le corps, sous l'emprise du péché, ne connaît au mieux que la maîtrise. La maîtrise est à la possession ce que la santé est à l'immortalité : comme une image fluctuante de l'éternité, pour reprendre les mots de Platon. La possession de soi, au contraire, implique à la fois l'harmonie du corps et de l'esprit, et la jouissance de toutes ses puissances nouvelles. Le sport est ainsi comparable à une ascèse du corps, qui viserait cependant, non pas l'extinction de ses modes propres de fonctionnement, mais au contraire leur pleine expression, et même au-delà, au service de la volonté. Le sport peut être alors conçu comme l'archétype de la possession de soi, qui, dans un cadre conscient et religieux tel que celui du puritanisme, vise la santé par l'ascèse, mais aussi cherche à réaliser sur terre une image de ce qui est désiré dans l'au-delà, et visé dans le mythe : un corps juste (obéissant), effectivement régénéré.

Cela dit, dans un cadre débarrassé de ces références religieuses explicites, tel que celui du sport aujourd'hui, le mythe continue de fonctionner en reconstruisant la figure d'un corps innocent où la santé, la forme, la beauté, renvoient sans le nommer à cet idéal d'une libération des conséquences de la chute. Toutefois, l'idée de la régénération du corps, et du corps docile, dans une pensée coupée de ses racines mythiques, et donc privée de ses forces, de sa prégnance, livre le corps à d'autres mythes, des mythes prométhéens, des mythes projectifs de « progrès »[1]. Ceux-là même que Tertullien avait repérés, et que par avance il avait dénoncés comme une « œuvre du Diable » ! Le sport moderne vit ainsi dans l'ambiguïté de son héritage mythique, tiraillé d'un côté par les idéaux de la santé, de l'utilité du

abondamment les croyances populaires sur l'incorruptibilité des corps des Saints, qui, sans être des corps glorieux, sont néanmoins des corps extraordinaires.

1. Un tel mythe est analysé par I. Queval, dans son livre *S'accomplir ou se dépasser*, Paris, Gallimard, 2004, comme rupture avec la pensée antique de la limite au profit d'un imaginaire de la performance et du dépassement de soi induit par l'idée moderne de l'infini.

corps (corps docile), et de l'autre par ceux de la performance, du record, de l'exploit inouï (corps merveilleux).

Les utopies de la régénération qui proposent la construction d'un homme nouveau n'ont pas manqué au XX$^{e}$ siècle. Croisées avec des mythes prométhéens, elles engendrent précisément l'aliénation du corps sportif, la dépossession de soi, la disparition de l'excellence propre au sein du corps-masse. Ici on peut comprendre le souci de certains philosophes ou sociologues critiques devant la montée des techno-sciences sportives au service de projets politiques anti-humanistes où l'individu est invité à s'immoler devant de nouvelles et terrifiantes idoles. De tels projets, n'ont, hélas, pas manqué au XX$^{e}$ siècle :

> Toute l'éducation doit tendre à employer tous les moments libres du jeune homme, à fortifier utilement son corps. Il n'a pas le droit de fainéanter pendant ces années de jeunesse, d'infester de sa présence les rues et les cinémas; il doit, après sa journée de travail, cimenter son jeune corps et l'endurcir pour que la vie, un jour ou l'autre, ne le trouve pas trop amolli. La mission des éducateurs de la jeunesse consiste à préparer cet ouvrage, à l'exécuter, à le conduire et à le diriger : leur rôle ne consiste pas uniquement à insuffler de la sagesse. Les éducateurs doivent faire table rase de cette idée qu'il appartient à chacun pour soi de s'occuper de son propre corps : or nul n'est libre de pécher au détriment de sa descendance, et par suite de la race [1].

Pascal TARANTO

1. A. Hitler, *Mein Kampf*, 1926. Le corps régénéré est également un thème de la France vichyssoise et de la Russie soviétique.

# SPORT ET SCIENCE-FICTION : UNE APPROCHE

Notre monde est de plus en plus marqué par les images liées au sport[1], que ce soit dans notre vocabulaire, dans les media ou dans l'iconographie qui orne ou enlaidit nos murs. Nous vibrons collectivement, en y participant ou en y assistant, aux grandes commémorations qui accompagnent les exploits des sportifs, et dans l'imaginaire collectif la valeur d'un peuple ou d'une cité est suspendue à la qualité de ses équipes sportives ou du club de sport collectif qui les représentent. Que ne ferait-on pas pour accueillir les Jeux Olympiques ! De grandes manœuvres politiques se déploient, la joie bruyante se manifeste en cas de succès et la déprime menace si c'est l'échec. Cependant un univers semble étranger à cette omniprésence. La littérature de science-fiction (SF) n'offre pas à ses lecteurs une production importante de textes consacrés au sport en tant que tel. Si la thématique du cyborg et celle de l'homme modifié peuvent envahir la pratique sportive parce qu'elles représentent une transformation du corps, ce n'est pas directement en vue de l'activité sportive que ces « améliorations » apparaissent ; elles concernent davantage le statut même du corps ou encore l'activité technologique ou industrielle. Les romans ou nouvelles de SF expressément consacrés au sport sont assez peu nombreux en réalité. L'absence ou la rareté de termes comme *sport* ou *compétition sportive* dans les index des encyclopédies, dans les histoires générales du genre ou dans les textes théoriques consacrés à cette littérature peut en porter témoignage. Pour une première approche des liens qui peuvent se tisser entre la SF et le sport nous procèderons en deux parties complémentaires. Dans un premier

1. Pour tout ce qui concerne l'analyse de la notion même de sport nous renvoyons à l'ouvrage synthétique d'I. Quéval, *S'accomplir ou se dépasser. Essai sur le sport contemporain*, Paris, Gallimard, 2004, ici, p. 192.

temps nous ferons une présentation rapide[1] de quelques romans et d'une nouvelle publiés depuis les années 50 qui nous semblent aborder de manière prégnante la question du sport, par une annonce de titre ou par un contenu spécifique. Cette exploration nous montrera que la réflexion sur le sport apparaît assez marginale. Il faudra alors en chercher la raison. Si la SF parle peu du sport comme objet ne serait-ce pas parce qu'elle accomplit dans le champ de la littérature ce que le sport réalise au plan de la société?

## Quelques romans et une nouvelle

De manière symptomatique, la thématique du sport ne semble apparaître dans les romans de SF qu'à partir des années cinquante. En 1952, Bernard Wolfe, avec *Limbo*[2], propose un roman foisonnant qui par sa richesse et sa diversité peut être considéré comme contenant de manière générique une part importante des thèmes qui seront repris et parfois traités séparément par la suite. Il est impossible de résumer un tel livre qui articule entre elles différentes problématiques. Les réflexions de G. Klein dans sa préface de 1972 en montreront l'importance :

> Le livre de Wolfe est dirigé en grande partie contre les idéologies qui se parent indûment des couleurs de la raison ou de la science et qui se révèlent bientôt comme fondées sur l'ignorance, le préjugé ou le malentendu. Si les bonnes intentions sont dangereuses pour Bernard Wolfe, ce n'est pas en raison des objectifs qu'elles visent, puisqu'ils ne seront jamais atteints, mais simplement parce qu'elles existent, parce qu'elles conduisent à mettre en œuvre des moyens qui obéissent ensuite à leur propre dynamique sans aucun égard aux nobles projets ou même au simple sens de l'humour des Pères Fondateurs. (p. 13)[3]

Nous ne retiendrons, en ce qui nous concerne, que la problématique se rapportant de près ou d'un peu plus loin au sport. Contre toutes les idéologies et les pensées fermées ou sérieuses, ce roman présente une description du retour constant du *rouleau compresseur*, c'est-à-dire de cette

1. Ne prétendant pas offrir un panorama de toute la littérature de SF, nous avons privilégié certains textes qui nous semblaient importants, en avons certainement oubliés d'autres et remercions chaleureusement, par avance, tous ceux qui nous aideront à combler nos lacunes.

2. Livre de Poche, 7230, Paris, 2001. *Limbo* est aussi le titre d'un poème de S.T. Coleridge (1817), et d'une nouvelle de A. Huxley (1920).

3. Le rôle joué par les bonnes intentions dans le roman de B. Wolfe retrouve le paradoxe qui marque le développement du sport à partir de l'époque moderne.

tendance *masochiste* que l'homme développe en lui : s'enfermer dans un système de pensée qui puisse expliquer la totalité du réel et des interactions qui le constituent sans laisser la place à un possible, à un équilibre sans cesse renouvelé, conquis ou accueilli. Le texte se lit à plusieurs niveaux et reste marqué par l'époque à laquelle il fut écrit. La pratique de la *lobotomie* comme thérapie a désormais disparu au profit d'un traitement chimique heureusement réversible.

Le roman peut en quelque sorte se comprendre comme un rapport entre le microcosme et le macrocosme. Ce qui se passe dans la petite île du Pacifique où le Docteur Martine s'est réfugié se retrouve dans ce qui se joue dans le reste du monde en des perspectives inversées. Si dans la petite île c'est le cerveau qui est directement lobotomisé pour produire des bouddhas vivants, dans le reste du monde, c'est le corps qui est continuellement réduit pour produire des *raccourts* : hommes amputés de leurs membres et appareillés de prothèses leur donnant des capacités extrêmes. La possibilité d'enlever et de remettre ces membres artificiels est défendue par les *propros* (les pro-prothèses), en revanche les *antipros* (anti-prothèses) qui pratiquent l'amputation refusent l'aide des membres artificiels, et couchés dans des berceaux apparaissent comme des troncs humains se consacrant à la méditation. Cette société *immobs* qui se veut pacifiste par un rejet de l'action et de la violence est le résultat des notes du même Dr. Martine que tous croient mort, et qui, désertant lors de la troisième guerre mondiale, se réfugie sur l'île des *Mandunji*. Son ami et collègue ainsi que le héros de cette troisième guerre, dont il a abondamment réparé les blessures (notamment au cerveau), sont devenus les chantres de la doctrine qu'il a esquissée dans son carnet intime et qui est maintenant une idéologie officielle.

Ce roman est donc riche en interprétations possibles. Toutefois certains thèmes majeurs dominent et ils intéressent directement ceux que nous retrouverons à propos du sport. Le dépassement de soi peut-il réellement se réaliser et ne se transforme-t-il pas en un écrasement de soi (le rouleau compresseur) ? L'idéologie qui codifie tous les idéaux régulateurs ne devient-elle pas une amputation continuelle de soi ? Se dépasser, loin de permettre la réalisation de ce qui me définit, devient la transgression des limites qui me constituent, des termes de ma définition. Ainsi la recherche de l'infini devient une négation de ce qui l'appelle et voudrait le porter : le fini. Le dépassement devient la dissolution de soi[1]. Si l'interprétation des

1. À propos du dépassement de soi dans le sport, I. Queval, note : « Le dépassement de soi mène à la gloire comme à l'effondrement physique ou psychique, l'un n'étant pas exclusif de l'autre. », *op. cit.*, p. 209.

carnets du Dr. Martine débouche sur l'idéologie destructrice, c'est parce que les premiers lecteurs n'en ont pas saisi la portée ironique. C'est là que la solution proposée réside : l'humour et l'ironie peuvent réguler les tensions entre le dionysiaque et l'apollinien, entre la nature et la culture. Cette solution n'est pas éloignée de ce qui dans le sport s'apparente au fair-play, ce rappel continuel, au sein de l'engagement, que tout cela n'est en fait qu'un jeu et que la réalité même du monde n'est peut-être qu'une illusion. L'important n'est pas alors dans la réalisation absolue des idéaux mais dans le fait de maintenir leur caractère fictif et leur ambiguïté radicale. Ils sont comme la fiction : ce par quoi nous *échappons au réel* mais aussi ce grâce à quoi *nous nous construisons*[1]. L'homme qui est à la croisée du naturel et du culturel se doit d'en cultiver l'ambiguïté. Toute négation de l'un par l'autre ne peut déboucher que sur une réduction de ce qui le définit comme homme. La distance inscrite dans le paradoxe constitutif de la définition de l'homme rejoint alors la pratique de l'ironie et de l'humour que la fin du roman préconise.

Ces premières remarques ne font que dessiner quelques-unes des pistes d'un roman qui traite de l'ambiguïté tant par son contenu que par sa forme. Le réel échappe à l'investigation de l'intelligence humaine qui ne fait que le réduire en cherchant à le comprendre soit dans la voie des *Mandunji* (l'immobilisme de l'apathie), soit dans le voie des *Immobs* (immobilisme du corps). Il reste que la violence des passions demeure et se cristallise dans la recherche du Graal de cette société : le *colombium*, métal qui sert à fabriquer les prothèses et qui par son nom est déjà un rappel amer du symbole de la paix (colombe). Vouloir la paix à travers un système qui en fixe la figure n'est qu'une violence faite à la paix elle-même, qui ne peut être qu'une adaptation attentive du rythme de l'être, à celui du temps en chaque instant, présence à soi et au monde sans rupture ou schizophrénie. En quelque sorte plus l'homme s'efforce de construire un paix définitive, plus celle-ci se rapproche de la mort : *requiescat in pace*. La paix ne serait-elle pas alors un effort incessant sur soi-même et dans la gestion des différentes altérités qui nous marquent profondément : celle du corps, celle de la sexualité, celle de la signification du monde, celle de la divinité ?

Le roman se compose de différents chapitres qui, tout en introduisant dans l'univers créé par les notes de Martine et en progressant dans l'initiation ou la psychanalyse existentielle que vit celui-ci, développent certains points de ces altérités qui se croisent en nous : celle du monde et de la guerre comme prise en compte de l'altérité (1re partie), celle de la compréhension

1. Voir I. Quéval, *op. cit.*, p. 107.

du monde (2e partie), celle de l'organisation politique (3e partie), celle de la sexualité, celle de la régulation de la violence par les jeux qui se terminent par une reprise de la guerre. Cette découverte du monde extérieur est en même temps une découverte du monde intérieur, une initiation de Martine à la paix véritable. Comme les hommes, sous le couvert de l'entraînement olympique, luttent pour le *columbium*, de la même manière Martine, à travers ce qui s'apparente à une odyssée, un retour au pays-origine, lutte pour retrouver la cabane de son enfance, et revenir à un équilibre entre dynamisme brut et apathie stérile.

Le chapitre sur les jeux dit peu de choses de la pratique sportive, si ce n'est qu'elle réalise le dépassement de l'homme par lui-même grâce aux technologies issues de la mécanique. Le roman a été écrit avant les grandes découvertes des biotechnologies, il passe par la robotisation du corps humain et par la maîtrise du cortex et du psychisme permettant le maniement des prothèses qui remplacent les membres amputés. Ce qui est *en revanche* remarquable, c'est que le chapitre sur les jeux est celui du retour à l'origine intérieure des conflits. Les jeux mettent à nu la violence latente de cette société et aussi la source de la violence de Martine : maîtriser son destin. La solution ne résidera aucunement en une « maîtrise » mais dans le fait de dire enfin OUI[1] à la contradiction logique qui fait que l'homme est homme (corps/esprit, alter/ego, Dionysos/Apollon etc.) et qu'il est le seul être vivant capable, par ses larmes, d'exprimer à la fois le rire et la peine. Ambivalence, coïncidence des contraires qui font de l'homme à la fois l'obstacle à sa propre réalisation et le lieu même de celle-ci. Ce paradoxe ne cesse d'animer la pratique du sport. Il commence de manière atténuée dans le sport-loisir, et accède à une tension extrême dans le sport de haut niveau. Le fait que le Dr. Martine jette, à la fin du roman, ses carnets dans l'océan est à la fois une perception correcte de ce que peut être l'accès au sentiment de l'*océanique* recherché par les habitants de l'île des *Mandunji* et une décision enfin adulte (rendre à la mer/mère l'indécision et la fusion). Les jeux olympiques, jeux pacifiques, doivent canaliser le surplus d'énergie et sont des compétitions *amputées*, *immobilisées* quant à leurs conséquences tant affectives que sociales : puisque le vainqueur doit donner à la fin des épreuves les secrets techniques ou psychologiques qui lui ont permis de gagner.

> Il ne s'agit plus des compétitions sportives d'autrefois qui ressemblaient à des guerres. Ces Jeux sont des jeux dans le plein sens du mot, innocents, sincères, sans esprit de rancœur. (p. 328)

1. Voir *Limbo*, p. 416 de l'édition citée.

> Certes, vidés de leur vicieux contenu de rivalité mesquine, ces Jeux sont devenus le Grand Equivalent Moral de la guerre. Sous *Immob*, c'est la vie tout entière qui est devenue une vaste et permanente Olympiade, un Jeu souriant et infini. (p. 332)

Ainsi le sport devient l'image d'une vie rêvée, la recherche d'une stabilité permettant à l'homme de dépasser sans cesse ses limites tout en se réalisant dans le dépassement même. Le choix garantissant la liberté, qui dans son acte même supprime la limite apportée à l'action par l'indécision, est représenté de manière objective par le sport qui, en supprimant les limites entre les hommes[1], leur permet de se réaliser en un jeu souriant et infini. Ce thème se retrouve dans ce qui fait la spécificité de l'entraînement des sportifs : il consiste à savoir utiliser au mieux les prothèses et à savoir coordonner à la perfection les influx nerveux pour atteindre une vitesse maximale dans les évolutions. Les prothèses libérant le cœur de l'irrigation des membres permettent un afflux accru du sang au cerveau et une meilleure maîtrise de la complexité même de la technique issue des constructions scientifiques de l'homme. Il y a donc un progrès technique mais aussi un progrès dans la maîtrise des réflexes, dans celle de l'artifice, dans la construction de soi. La limite entre l'homme et son artefact est abolie par la suppression de ce qui limite l'utilisation de l'artefact : les membres eux-mêmes[2].

Quelques années plus tard, le récit de F. Pohl et Cyril. M. Kornbluth : *L'ère des gladiateurs* (*Gladiator-at-law*), qui commence à sortir dans *Galaxy* en 1954[3], présente le sport et les jeux dans un contexte qui s'apparente beaucoup plus à la pratique des jeux du cirque qu'à celle des olympiades. La partie du roman consacrée aux jeux ressemble plus à un « inter-ville » sadique et meurtrier qu'à un stade olympique. Les dieux du stade sont en fait des marginaux payés (s'ils survivent) pour satisfaire les phantasmes meurtriers et violents de la foule. Ce roman estimable par ailleurs ne fait qu'effleurer la thématique des jeux comme catharsis et gestion de la violence.

1. Les secrets du vainqueur étant donnés aux vaincus, les limites expérimentées dans l'affrontement disparaissent par la réalisation même de l'affrontement.

2. B. Wolfe écrit à une époque où les prouesses informatiques ne sont pas encore envisageables. L'ouverture aux thématiques *Cyberpunk* permettrait certes d'autres développements pour aboutir aux mêmes conclusions. C'est en niant son corps qui le limite que l'homme pense réaliser ce qui le définit : la rationalité.

3. J. Sadoul, *Histoire de la science-fiction moderne*, t. I, Paris, J'ai lu, D66, 1973, p. 236.

L'année 1971 verra la sortie du roman de P. Boulle, *Les Jeux de l'esprit*[1]. J. Goimard, dans sa *Critique de la science-fiction*[2], a déjà suffisamment montré toute l'importance de l'ironie tant dans la thématique que dans l'écriture de P. Boulle pour qu'il ne soit pas utile d'y revenir. Notons cependant qu'il y a là un point commun entre la pratique et les préoccupations de B. Wolfe et la chute du roman de P. Boulle : rire des idéologies ou en pleurer. La trame du roman de P. Boulle est plus simple : le monde des politiciens sombre dans l'incohérence, alors les savants (les prix Nobel) décident de prendre le pouvoir et organisent un grand concours scientifique pour déterminer qui sera président du gouvernement mondial. Le scientifique le plus complet, un physicien (Fawell), est nommé avec un gouvernement composé d'un mathématicien (Yranne) et d'une femme (Betty Han), asiatique, dont les connaissances vont des sciences à la psychologie en passant par la philosophie et la littérature. Une opposition demeure cependant entre les physiciens et les biologistes. Cette équipe entreprend de faire le bonheur de l'humanité. La faim disparaît, tout homme est en bonne santé, possède un logement, l'instruction est proposée à tous, mais ne semble pas intéresser les hommes. L'évolution spirituelle de l'humanité ne suit pas sa progression technique. Une maladie se déclare bientôt : la P.C.E. (perte de confiance dans *l'ego*), le taux des suicides monte en flèche, l'humanité est comblée mais ne semble plus désirer vivre. Le « ministère des jeux » est alors renforcé, il propose des compétitions sportives, dont l'enjeu est la vie ou la mort. Les participants sont des volontaires, ou encore des gens frappés par la P.C.E. et qui désirent guérir. Les épreuves, de plus en plus violentes et cruelles, font l'objet de paris. Les jeux se transforment en une reprise des grandes batailles de l'Histoire[3]. La rivalité entre les physiciens et les biologistes s'exacerbe, jusqu'au jour où les premiers pour gagner introduisent la bombe atomique, et les biologistes, la guerre bactériologique. Les savants eux-mêmes sombrent dans la régression puisque la certitude de la victoire finale des physiciens est annoncée par un astronome qui affirme l'avoir lue dans les astres. En ce qui concerne le sport, il n'y a pas de réflexion spécifique sur celui-ci, sinon qu'il permet de réintroduire l'esprit vital ou le désir de vaincre chez l'homme. Il est la manifestation même de la vie, qu'un slogan partagé par nos contemporains reprend : « le sport c'est la santé ». Le roman de P. Boulle présente

1. J'ai lu, 458.

2. Pocket, 2002, p. 451-479.

3. Thème qui sera repris et développé avec brio et ampleur par P. Bordage dans *Wang* I et II.

davantage les jeux comme une reprise de ceux du cirque romain que comme une manifestation de l'idéal olympique, mais le sport contemporain n'est-il pas lui aussi un exutoire à des tensions politiques ou à des violences qui lui font produire les mêmes effets que les jeux du cirque? Violence que la société reporte sur les athlètes qui pour vaincre, acceptent d'être techniquement manipulés, ce qui peut les conduire jusqu'à la mort lors de l'épreuve ou à un épuisement prématuré de leur espérance de vie[1].

Si l'ironie associait le roman de B. Wolfe et celui de P. Boulle, le thème le plus souvent lié au sport, dans les romans de SF qui en parlent, est celui de la guerre et du totalitarisme. Le roman qui le premier en dessine l'effroyable portrait n'est pas à proprement parler un récit de SF bien que par certains de ses aspects – son rapport à la recherche de l'origine, la projection des catégories du mythe sur le récit lui-même, sa dimension dystopique –, il s'y apparente. Il s'agit de *W ou le souvenir d'enfance* de G. Perec, paru en 1975. Il entremêle puis juxtapose la recherche des souvenirs de l'enfance avec la description d'une île dans laquelle le sport est la seule raison d'être et de vivre. Le lecteur découvre peu à peu que cette pratique de l'Olympisme, cette recherche constante du dépassement de soi se réalise dans la disparition de toutes les limites rationnelles ou éthiques. La pratique olympique marquée par l'arbitraire, le sadisme et l'injustice rationalisée est en fait la description de l'univers concentrationnaire. La comparaison proposée et la progression du roman produisent un effet tel que l'on passe de l'idéal de l'humanisation – retrouver ses souvenirs, atteindre à une identité par l'accès à son origine – à une progressive découverte des racines de l'inhumain. L'absence ou la faiblesse des limites[2] qui permettent de définir tant l'être de l'homme que son activité, le caractère arbitraire des règles instaurées, ce qui est la négation même de leur caractère et de la stabilité apportée par la norme, font une caricature parfaite de ce que peut être l'idéal de gratuité et de réalisation de l'altruisme proposé par le rêve olympique. À la grâce recherchée dans l'olympisme tant sur le plan physique que mental (fair-play), se substitue la gratuité (comme absence de valeur) de la décision arbitraire. La grâce qui fait advenir à l'être est caricaturée dans le *diktat* ou abolie par la négation de tout principe transcendant la prise de décision.

1. Voir les remarques de I. Quéval, *op. cit.*, p. 214-325. Ces thèmes se retrouvent dans le roman *Les Olympiades truquées* de J. Wintrebert.

2. Les souvenirs de l'enfance sont ces limites qui nous permettent de construire notre identité.

C'est ce caractère de gratuité de l'idéal olympique *altius, citius, fortius* qui est interrogé jusqu'à l'absurde. Certes il est beau d'aller *plus haut, plus vite, plus fort*, mais pour aller où et dans quel but ? L'absence de réponse, la ruine de l'idéal humain dans l'expérience des camps, ouvrent la porte à une exploration infinie de cette inversion de la grâce dans la gratuité-arbitraire et instaurent la réalisation de soi hors de toute limite. Celui qui explorera cette voie de la manière la plus grinçante est sans conteste S. Brussolo dans la nouvelle *Funnyway* (1978)[1]. Ce texte décrit un monde où tout semble subverti. Il s'agit d'une épreuve cycliste dans laquelle l'exploit sportif est soumis à des règles curieuses. Les vélos proposés sont tous plus volontairement déglingués et malaisés à conduire les uns que les autres, certains sont même piégés. Est-ce une satire des épreuves du cyclisme puisqu'il est « interdit de s'arrêter de pédaler » (p. 47) et qu'à la fin de la nouvelle le rédacteur se présente comme étant peut-être un androïde appartenant à la « section de répression des fétichistes de la vitesse » (p. 54) ? Est-ce une illustration de l'un des cercles de l'enfer puisque la maxime écrite sur le tableau de l'école vide est : « Tu seras puni par où tu as péché » (p. 53) ? Est-ce une reprise cycliste du roman de J. G. Ballard : C*rash!,* titre du seul livre qui se trouve dans les pupitres de la salle de classe (p. 53) ? Les pistes sont nombreuses et sont volontairement brouillées, amputées, pour laisser au lecteur une impression de malaise tant pour le fond que pour la forme. Les possibles sont explorés et exposés mais aucun ne fait vraiment sens et leur unification échappe au lecteur et semble à la fin impossible. La souffrance montrée est aussi celle du lecteur qui est sans cesse désorienté dans sa « suspension volontaire de l'incrédulité »[2]. Les hypothèses se présentent les unes après les autres et sont ruinées les unes après les autres, comme la route que le cycliste suit et qui change sans cesse sans que l'on puisse prévoir la moindre continuité ou anticiper ce qui adviendra. Cette nouvelle est proche de ce que décrit G. Perec dans *W*, et peut être lue comme étant soit une métaphore de l'absurdité de la vie politique et de ses lois qui sont sans cesse truquées, soit une allégorie de l'existence elle-même qui sous son apparente régularité est tissée d'irrationalité. Cette nouvelle peut aussi être comparée à celle de F. Kafka, « À la colonie disciplinaire », dans laquelle le châtiment d'un condamné est amplement décrit. Si celui-ci n'en connaît pas la raison, il sait très précisément comment il adviendra. Ainsi le

1. *Futurs au présent*, anthologie dirigée par Ph. Curval, Paris, Denoël, 1978. Le texte cité est celui de *Une Histoire de la science-fiction*, 5, J. Sadoul (éd.), Paris, *Librio*, 2001.

2. *Explorers of the infinite*, Introduction, cité par D. Oiakimidis, *Europe*, 580-581, 1977, p. 23.

titre de la nouvelle prend une portée paradoxale : *Funnyway*, la route heureuse, devient de manière ironique un « drôle de chemin » et le mythe du progrès comme voie royale de la réalisation-dépassement de soi se transforme en « chemin d'enfer ».

L'ouvrage qui s'intéresse le plus au sport en tant que tel et qui le décrit comme un substitut de la violence politique et sociale est celui de P. Pelot, *La Guerre Olympique*, paru en 1980[1], qui propose une conception de l'olympisme comme expression de la violence dans une société au XXIII^e siècle. Ce texte se rattache à celui de *Limbo* par le lien qu'il fait entre la guerre et le sport. Les sportifs qui sont de véritables *Héros*, ont une dimension tragique, ils représentent cette partie de l'humanité qui doit être détruite pour conserver un équilibre démographique satisfaisant. Les êtres en surplus sont les humains en délicatesse avec la légalité. Le monde est séparé en deux camps, les rouges (bloc issu du communisme) et les blancs qui correspondent à la sphère d'influence de l'économie libérale. Il existe aussi quelques pays non-alignés qui dépendent politiquement ou économiquement de l'un des deux camps et les victimes sont choisies en priorité parmi leurs ressortissants.

Les jeux olympiques sont organisés tous les deux ans. Chaque victoire implique la destruction d'une partie de la population des deux camps et le nombre des victimes est calculé par un ordinateur qui prend en compte toutes les données importantes fournies par les responsables sportifs et politiques. Pour 2222 l'équilibre se situe entre 8 et 10 millions de décès. Le camp qui gagnera le plus d'épreuves aura bien entendu le moins de morts mais l'écart entre le vainqueur et le vaincu est minime et le solde se situe presque au niveau de l'équilibre. En fait au fur et à mesure du roman l'on apprend que tout est prévu : les deux blocs s'efforcent de rester dans une situation d'égalité, ni vainqueur ni vaincu radical, sauf pour les populations réduites en esclavage idéologique et économique[2].

Le roman entrelace quatre destinées différentes, mais toutes sont liées aux jeux. Tout d'abord celle de Pietro Coggio, un athlète (spécialité pancrace, moto-neige) du camp des blancs. Il participera à l'épreuve finale, le *Grand Parcours des Héros*, et sera le vainqueur des Jeux Olympiques après des souffrances qui épuiseront les capacités de la pharmacologie, celles de la sélection génétique et ses propres limites psychologiques,

1. *Présence du futur*, 297, Paris, Denoël, 1980.

2. Voir p. 286-287. C'est la même chose que dans le roman de G. Orwell, *1984*, il y a un équilibre entre les trois puissances en présence.

réalisant un exceptionnel exemple de dépassement de soi. Mais comme le remarque l'un des membres de son équipe de soutien :

> Sérieusement sonné. Le psychisme en a pris un coup, et c'est probablement irréversible, mais ça ne met pas en cause ses capacités physiques pour la compétition. Une sacré bonne machine, de ce côté-là. (...) Avec une orientation bien étudiée, il peut être encore utilisable et performant pour 2224. (p. 315-316)

Ce héros est le produit d'une insémination artificielle, il a été acheté par la recherche médicale française qui l'a entraîné/fabriqué. Il est constamment sous l'influence des médicaments qui doivent lui permettre des efforts incessants en lui évitant de ressentir la douleur. Après les compétitions les plus violentes, il est réparé par son équipe médicale, et bénéficie d'un soutien psychologique. Il est comme un enfant assoiffé d'amour qui vénère Virginia Vorane, sa petite amie. Très obéissant, il aime son entraîneur et suit scrupuleusement les consignes qui lui sont données. Son point faible c'est d'aimer Virginia. Celle-ci présente un autre type de parcours. L'on apprendra au fur et à mesure du récit qu'elle est dépendante du camp adverse, infiltrée pour faire perdre Pietro Coggio. Pourtant elle éprouve une véritable affection pour ce grand gamin qu'elle n'arrive pas à tuer. Elle sera éliminée par les services de surveillance du camp blanc avec la complicité des media qui de toute manière, qu'elle réussisse ou non, espèrent faire un scoop de ses aventures. La disparition de Virginia sera passée sous silence pour que le moral du Héros ne soit pas entamé. Sa mort sera maquillée en accident de la route.

Le troisième destin est celui de Yanni « Bog » Bonnefaye qui est considéré par le camp blanc comme un déviant pour avoir milité contre le système de la Guerre Olympique et pour avoir cherché à en élucider les rouages. Étant un coupable actif, sa famille et sa petite amie son considérées comme des coupables passifs dans la mesure où elles n'ont pas empêché ses recherches et sa militance. Une journaliste stagiaire, Slim, lui propose de l'aider et de le protéger s'il survit et s'il lui raconte ce qu'il sait. C'est à travers cette enquête que le système même de la Guerre Olympique sera exposé. Comme Yanni Bog est équipé contre son gré d'un surveillant électronique, composant implanté dans le cerveau qui doit empêcher toute violence contre la société et doit servir aussi d'exécuteur de la sentence, l'effet de ce surveillant électronique est contrebalancé par l'usage de la drogue comme anesthésiant. Le quatrième personnage est Mager Cszorblovski, un membre du camp rouge qui est condamné pour un crime passionnel : il a assassiné sa femme dans les bras de son amant. Il est clown de son métier et son physique lui-même prête à rire. C'est en fait la véritable victime dans le roman. Il veut survivre à tout prix et veut se faire opérer pour enlever « l'ange gardien » qu'il a dans le cerveau. Il part à la recherche du chirurgien, « un scieur de tête », qui pourra réaliser l'opération. Une partie du roman décrit sa recherche qui sera vaine, il ne peut être opéré sans une longue préparation. Le camp blanc gagne avant, il meurt. L'on apprend à la fin que l'arme avec laquelle il menaçait le chirurgien est une arme de scène qui envoie un bouquet de fleurs artificielles. Sa dimension tragi-comique introduit une dimension amère dans le récit. La véritable humanité se trouve là, dans cette victime pitoyable. Ce roman reprend un certain nombre des éléments présents dans les textes que nous avons précédemment survolés. Il présente une théorisation du sport comme violence, des règles qui favorisent la destruction des candidats comme dans *W*. Le *Grand* P*arcours des Héros* n'obéit qu'à une seule loi : gagner, et tous les coups sont permis, les épreuves sont des pièges comme dans la nouvelle *Funnyway*, le monde est gouverné par une idéologie proche de celle que met en scène *1984* de G. Orwell. Ne pouvant développer ici tous ces points, nous retiendrons celui de la Théorie de la Guerre Olympique.

> Le système offrait tout à coup la réalisation possible du miracle. En jouant sur plusieurs tableaux. Le nationalisme savamment entretenu des masses, leur désir de paix en même temps que leur besoin d'affrontement et de compétitivité avec les autres nations, leur engouement pour le sport de compétition qui jouaient le rôle facile de transfert psychologique, l'homme de la masse s'identifiant automatiquement aux champions représentant son pays… Tout était en place, et même l'insécurité économique mondiale génératrice de conflits sociaux et internationaux permanents, ainsi que la dépersonnalisation grandissante des individus pris en charge par des structures sociales et politiques, scientifiques, de plus en plus sophistiquées. À cette dépersonnalisation s'ajoutait le corollaire habituel d'une peur souterraine et d'un désir toujours grandissant d'allégeance et d'abandon aux directives institutionnelles. Les pièces du jeu étaient posées. Il suffisait de créer les règles. Ils sont remontés aux confins de l'Antiquité pour les déterrer, les améliorer. Et le jeu a été institué sur toute la planète. Le jeu de la GUERRE programmée, contrôlée, désacralisée. (p. 119-120)
>
> Le sport de haute compétition avec tout ce que cela représentait de passions vibrantes au niveau des grandes masses, des moins favorisées aux classes bourgeoises, et jusque dans le rang des élites. C'était l'arme. L'arme absolue, pourquoi pas, bien plus efficace et maniable que les saloperies nucléaires de la terreur paralysante : il suffisait de bien l'utiliser, et le couvercle serait posé sur ce chaudron qui contenait tout les bouillonnements des passions humaines. On soulèverait régulièrement le couvercle, ou bien on le munirait d'une soupape de contrôle qui laisserait passer la vapeur et éviterait l'explosion. (p. 121)

Cependant les progrès techniques et l'évolution des sciences allongent la durée de la vie et l'équilibre démographique est sans cesse menacé. Il faut trouver un moyen de maintenir cet équilibre tout en assurant la stabilité et la paix sociale.

> Elles seront vite trouvées, les victimes possibles : elles remplissent les prisons, et certains hôpitaux. Elles coûtent de l'argent et de l'énergie aux nations contre qui, un jour, elles sont entrées en lutte en n'obéissant pas aux règles. Et voilà. On supprimera les prisons tout en encourageant la recherche scientifique. Un petit gardien personnel implanté dans la tête du criminel, du renégat, du déviant, ce n'est pas mieux ? Plus besoin de surveillance : l'ordinateur auquel est relié l'implant se charge de tout, le criminel est laissé en *liberté*, rendu inoffensif grâce au système de contrôle qui annihile toute velléité de désobéissance en contrôlant les ondes cervicales, en repérant celles qui préludent à la déviance (même en pensée), en diffusant un train d'ondes électriques annihilant, anti-excitant et culpabilisant. Contrôle de l'existence par contrôle de l'humeur. Des prisonniers loques, suivant l'importance de leur faute, ou simplement apathiques, paisibles, enfermés dans leur pauvre tête en attendant le jour de l'expiation. Mais le système est bon. Humain. Il offre une chance de rachat, de survie. Par le biais des champions et des compétitions : voici une nouvelle raison d'être de la GUERRE OLYMPIQUE ! L'ange gardien est également un ange exterminateur, le cas échéant. C'est une bombe miniature, connectée à l'ordinateur de supervision, en relation directe avec les résultats des compétitions. Un champion qui est vaincu dans une manche tue du même coup un certain nombre de condamnés de son pays. Cela jusqu'au Grand Parcours des Héros. Le Grand Parcours connaît un vainqueur unique, et un camp vaincu. Tous les condamnés qui ne seront pas morts, dans le camp vaincu, au rythme des défaites des champions de ce camp pendant la première partie de la GUERRE OLYMPIQUE, tous ces condamnés provisoirement épargnés mourront. Où qu'ils se trouvent, reliés à l'ordinateur de supervision alimenté en chiffres et en données par les différents organismes de la justice et du sport mondiaux. Des millions de petites bombes explosant dans des millions de tête… Et la guerre rote, le ventre plein de son butin de morts. Et les condamnés survivants du camp victorieux se voient offrir mille possibilités de recyclage et de réinsertion. Statistiquement parlant, on compte moins de 0,08% de cas de récidive parmi ces rescapés : la leçon est trop rude, et les méthodes de réinsertion psychologiques très efficaces. (p. 124-125)

En 1998 enfin, Joëlle Wintrebert publie *Les Olympiades truquées*[1]. Ce roman contient en fait deux histoires qui se répondent. La quête de soi d'une femme clone et celle d'une nageuse. Toutes deux sont des personnes atteintes dans leur identité. Le clone par le fait même que son être est le résultat d'une violence qui lui est imposée, elle est un artefact et elle est *une autre*. La nageuse qui fut violée par son frère, s'efforce par ailleurs d'assumer au mieux l'envahissement de la technique. Autrement dit l'état psychique initial est blessé, ce qui explique la recherche d'identité. En ce qui concerne la partie liée au sport elle tient dans le fait que des nageuses, disons *normales*, sont confrontées à des clones modifiées puis font l'objet d'une expérimentation avec de nouvelles hormones (les hystérines) qui leur confèrent une agressivité supérieure pour battre sans cesse leurs records. Mais ces *hystérines* ont pour effet d'accélérer le vieillissement des tissus et les transforment rapidement en vieilles femmes. Le roman est axé sur les biotechnologiques et leurs effets dans une société qui commence à les mettre en œuvre, et reprend sur ce plan, de manière synthétique (excepté pour la guerre), toutes les inquiétudes ou remarques que les romans antérieurs manifestaient déjà : poids de l'idéologie, dépassement de soi, athlètes-cobayes, manipulations génétiques, lutte de pouvoir, etc. Il possède aussi un effet circulaire patent : l'inventeur de ces biotechnologies est aussi le « père » (?) du clone. Celui-ci est la duplication de sa femme morte dans un accident de voiture et cherche à accéder à une identité réelle ; l'un des frères de *Truite*, la nageuse, devient progressivement une femme. Tous ces éléments : circularité, coïncidence des contraires, négation de l'identité dans le clonage, apparentent ces deux récits entrecroisés à l'univers du mythe et de la tragédie. Quelle est alors la place du sport et pourquoi parler d'olympiades truquées sinon parce que le sport est comme une société de remplacement qui annonce les possibles futurs, comme une réitération à rebours du fonctionnement du mythe ?

## DE L'IDENTITÉ STRUCTURELLE DE LA SF ET DU SPORT

Le résultat de cette rapide investigation ne peut que laisser le lecteur perplexe. D'une part les romans dans lesquels le thème du sport apparaît sont relativement peu nombreux, mais chaque fois que ce point est abordé, il opère comme un révélateur de l'état d'une société ou encore des dangers qui peuvent la guetter. Cette observation nous pousse à nous demander si en

1. J. Wintrebert, *Les Olympiades truquées*, Paris, J'ai lu, 2001.

réalité les questions soulevées par la place du sport au sein de la société ne sont pas structurellement identiques à celles soulevées par l'existence de la littérature de SF. Nous ne ferons qu'énoncer rapidement quelques thèses qui demanderaient chacune une investigation plus ample.

1) Que le sport soit le lieu de la réalisation de performances, qu'il réponde à un défi que les athlètes ou les nations se lancent réciproquement, que le dépassement de soi obsède l'esprit des sportifs qui s'efforcent sans cesse de repousser les limites des records établis, c'est pour tous et chacun une suite d'affirmations largement partagées. Ces caractères se retrouvent aussi dans la littérature de SF qui se sert de la fiction pour mettre en œuvre, dans le récit, un dépassement de l'état actuel de la science, réalisant en quelque sorte une performance ou décrivant un état possible de celle-ci qui par l'imaginaire peut recevoir une valeur normative : un nouvel idéal à accomplir. Le roman de SF à travers les descriptions qu'il propose procède un peu comme le défi sportif, il *réifie* un objet de désir mettant en œuvre l'idéal du dépassement de soi pour le sportif ou le dépassement de l'état de la science pour l'imaginaire collectif. Cet appel à la réalisation des possibles[1] qui est au cœur même de l'ambivalence du sport, caractère dégagé par I. Queval, se retrouve aussi au centre des préoccupations de la SF. Il serait possible de proposer la thèse suivante : la science-fiction est à la littérature classique et à la science, ce que le sport est à l'activité quotidienne humaine : un dépassement et un délassement. Un délassement de la tension provoquée par la soumission au réel et un dépassement par l'exaltation d'un projet sur soi naissant de cette lassitude même. C'est un thème que l'on retrouve dans le roman *Limbo* : la réalité existe-t-elle, n'y a-t-il pas que de l'utopie, tant celle de l'île des *Mandunji* que la réalisation des *immobs*, toutes les deux pouvant déboucher sur un cauchemar ? Le monde n'est que celui de nos représentations et nous sommes sans cesse coincés entre le phantasme individuel (voire le mythe) et l'idéologie stabilisante, totalitaire ou lénifiante. En quelque sorte ce roman est une mise en œuvre du sport dans la mesure où il montre qu'il n'est pas possible de s'arrêter et qu'il faut aller sans cesse au-delà du point où l'on est ; en cela le sport dont parle le texte rejoint dans sa finalité ce que peut être le récit lui-même de SF : un dépassement des limites et une sublimation des capacités de l'homme. Cette manière de dépassement devient une sorte d'idéal régulateur : *agis toujours de telle sorte que tu dépasses en toi–même et avec*

1. Ce thème est récurrent dans la littérature de SF, chez G. Klein, voir par exemple : « Lewis Carroll, l'explorateur *ou* les voies de l'imaginaire », première parution *Fiction*, 44, Juillet 1957, disponible sur le site http://www.quarante-deux.org (p. 3 du texte).

*autrui les limites de ton corps et de ton esprit*. La *perfectibilité* est devenue un absolu.

2) Ce dépassement de soi, des limites, cette lassitude ou cette remise en cause de la dimension normative de la nature aboutissent à la mise en œuvre d'une seconde nature pour l'homme et à la description de ses constituants. Curieusement celle-ci se situe à la fois en continuité et en rupture avec la nature qu'il s'agit de dépasser. L'idéal olympique lui-même en est l'énonciation. Dans cette suite de comparatifs (*altius*, *citius*, *fortius*), le fait qu'ils soient utilisés sans complément leur confère un sens intensif qui finit par dissoudre le référent initial. Les romans de G. Perec (*W*) et de P. Pelot en dessinent les traits. La nature initiale qu'il s'agit de dépasser devient alors obsolète, la dimension fictionnelle peut dès lors jouer pleinement son rôle. La fiction qui possède un pouvoir de délassement devient un lieu de *délacement* des normes antérieures au profit de la constitution d'un nouveau corps biologique et social. Le fait que le Héros dans le roman de P. Pelot représente les inadaptés sociaux, qui seront sacrifiés, aboutit au fait que le corps de l'athlète est identique à cette partie du corps social dans un rapport microcosme/macrocosme, en une sorte de réalisation hallucinée du contrat social : « chacun de nous met en commun sa personne et toute sa puissance sous la suprême direction de la volonté générale et nous recevons *en corps* chaque membre comme une partie indivisible du tout » [1], la partie non assimilable par la volonté générale (l'ordinateur central) étant impitoyablement détruite.

3) Ce projet de réalisation d'une seconde nature met alors, tant le sport que le récit de SF, en adéquation avec l'univers mythique, à la seule différence que la relation temporelle est inversée. Quelques éléments de la nouvelle de S. Brussolo nous serviront d'illustrations. Le somnambulisme qui caractérise le personnage de la nouvelle *Funnyway,* cette perte de conscience de soi et d'identité est l'équivalent inversé du sentiment euphorique provoqué par les endorphines chez le sportif qui atteint la limite de tolérance à une souffrance à laquelle le corps répond en produisant un anesthésiant naturel qui peut se transformer en « addiction » : … courir pour planer, pour rejoindre *l'altius*, *citius*, *fortius*, mais pourquoi ? Qu'importe ! en quelque sorte l'essentiel est de se dépasser et de dépasser la limite ancienne, l'ancien record. La dimension totalitaire de la mise en application et la circularité de la situation : c'est sans cesse et chaque jour que recommence la même chose, est le pendant de la démarche mythique, mais c'est une démarche inversée selon l'axe du temps. Il ne s'agit plus de

1. J.-J. Rousseau, *Du Contrat social*, I, 6.

reproduire un archétype placé dans un *illud tempus*[1] qui en ordonnant les possibles leur donne un sens et une finalité, mais de produire indéfiniment chacun de ces possibles dans une projection eschatologique instaurant un *illud tempus* vécu comme un somnambulisme. Mais comme la raison d'être de la production se trouve dans le fait de produire les possibles, la signification ultime échappe et seule la production continuelle et contrastée de ces possibles a valeur de sens. Nous décrivons et anticipons sans cesse car seul l'écart est producteur d'un sens, mais quel sens ? Celui de la panique, ou d'un sens qui aussitôt s'évanouit ou doit être repris pour produire un sens ultérieur. La circularité mythique et la reprise sociale de *l'exemplum* de l'univers du mythe se retrouvent dans la circularité hallucinée du récit de SF dont S. Brussolo nous donne ici un exemple, récit qui lui-même est l'allégorie de l'absurdité d'un univers qui sans cesse se dépasse, mais pour quelle unité et quelle signification, si tous les possibles doivent être exploités ? La totalisation signifiante proposée par le mythe devient de par son inversion temporelle un totalitarisme. L'absence de souvenir d'enfance de G. Perec qui s'insère dans la description d'un univers concentrationnaire se retrouve dans le récit de S. Brussolo. L'origine occultée des cyclistes provoque un renversement du mythe. Celui-ci n'est plus un récit des commencements mais la description d'un avenir qui est exploré dans l'infinité et l'indétermination des possibles, ce qui produit une circularité infernale caricaturant celle du mythe sans pouvoir accéder à un sens. Un élément de la nouvelle nous en donne une illustration pour le moins crue et écœurante : le fait de se nourrir à partir des excréments humains recyclés. Voici encore une dimension circulaire insensée, l'homme se nourrit de ses déchets comme de sa propre déchéance et sombre petit à petit dans l'insignifiance[2].

4) Par-delà ces similitudes structurelles, un élément historique mérite d'être remarqué. L'activité déployée par P. de Coubertin (1863-1937) pour un renouveau des jeux olympiques, avec en particulier le discours en Sorbonne du 23 juin 1894, et les déceptions qu'il éprouva quant à cette réalisation, correspondent à la période de gestation de la littérature de SF. En effet si l'on excepte P. Versins qui repousse cette date de naissance à

1. Pour une dimension proche de l'*illud tempus* à propos du sport voici ce qu'écrit Cl. Carrier : « L'extrême que constitue le record, parce qu'il est le produit de l'équilibre instantané d'une infinité de variables, se situe ponctuellement dans un champ hors du langage, hors de la conscience, hors du temps pensé. (…) Sorte de point aveugle, de moment suspendu dans la réalité de l'histoire de l'athlète, le moment extrême est essentiellement "sensationnel", "totalitaire" », cité par I. Quéval, *op. cit.*, p. 212.

2. Cette circularité alimentaire se retrouve dans le film *Soleil vert*.

l'origine de l'activité imaginaire de l'homme[1], les dates communément admises se situent entre la rédaction du *Frankenstein* (J. Gattégno[2]) par M. Schelley en 1818 et celle de 1911 proposée par J. Sadoul[3] en raison de la publication par la revue *Modern Electrics* du feuilleton de Hugo Gernsback : *Ralph 124C41+*. Cette *romance scientifique* dans laquelle l'intrigue amoureuse servait de support à la « description d'une technologie futuriste » fait preuve d'une imagination étonnante et surtout d'une justesse dans la prédiction qui marqua les spécialistes de cette littérature. Ces deux dates délimitent en fait ce que l'on pourrait considérer comme le moment de la conception de la SF et celui de son accouchement. Période de gestation qui traverse le XIX^e^ siècle et s'achève juste avant la grande rupture que le premier conflit mondial produira dans l'imaginaire collectif. Cette apparition concomitante dans une même période et de l'idéal olympique renouvelé et de la littérature de SF semble venir confirmer les similitudes structurelles que nous avons dégagées.

5) Pour terminer, nous voudrions faire remarquer que le sportif de haut niveau, dans la réalisation de ses performances et dans le statut médiatique qui est le sien, se situe vis-à-vis de l'activité humaine normale ou vis-à-vis du sport (dit de loisir) de façon analogue à la place qu'occupe le roman de SF vis-à-vis des images et des représentations mentales que la science véhicule[4]. Le sportif de haut niveau tout comme le roman de SF peut accéder à une reconnaissance médiatique qui lui donne presque le statut d'*exemplum*, en outre tous les deux mettent en œuvre une réification du désir humain. Cette réification cristallisant l'objet du désir lui confère une réalité qui focalisera l'activité humaine dans le sport ou dans la science pour atteindre l'objet du désir ainsi présenté à l'appétit humain, afin de l'égaler, ou bien d'y communier par sa présentation médiatique, ou bien encore d'en dépasser la réalisation. De la sorte le sportif de haut niveau tout comme le roman de SF (à succès) propose une exploration des possibles sans cesse poursuivie. Le témoignage d'Ayrton Senna rapporté par I. Queval[5] atteste de cette communauté de destin. Interrogé par l'*Équipe*

1. « Depuis que l'homme est homme », *Europe*, 580-581, 1977, p. 34.

2. « 1818 », *Europe*, 580-581, 1977, p. 38 : « Tout commence avec *Frankenstein*. Au-delà du vieux mythe prométhéen qui le fonde et de la jeune tradition romantique qui le met au goût du jour, le roman de Mary Shelley est le premier récit de fiction qui utilise le ressort d'une science en pleine expansion pour lancer son intrigue. »

3. J. Sadoul, *Histoire de la science fiction moderne*, 2 vol., Paris, J'ai lu, 1973, D 66 et D 67.

4. Voir sur ce point G. Klein, « Des images de la science à la science-fiction », *Galaxies* 11, décembre 1998, p. 157-165.

5. I. Queval, *S'accomplir ou se dépasser, op. cit.*, p. 210.

*Magazine* le 23 novembre 1993, il décrivait ce qu'il ressentait en ces termes :

> Je suis là, dans le présent, mais en même temps je suis plus loin que moi-même, plus loin que la réalité. Je suis dans le futur.

Le héros d'un roman de SF, ou le lecteur qui accepte l'*épochè* science-fictive : la « suspension volontaire de l'incrédulité », pourrait tenir des propos identiques.

Dominique DOUCET

DEUXIÈME PARTIE

# PRATIQUES

# MARCHE ET PHILOSOPHIE

## Marche

On ne sait ce qui dans la marche l'emporte vraiment, de l'astreinte au sol ou de la liberté du mouvement. Le pas répare le pas, par un appui incessant qui n'est lui-même qu'un déséquilibre entretenu. C'est pourquoi, l'on va toujours sur terre; c'est aussi pourquoi l'on ne va jamais nulle part. Certes, il faut prendre appui, mais l'appui aide le pas et déjà l'on est devant. Quand on a commencé de marcher, il n'est plus question de tendre au repos. Ce serait une contradiction. Ce serait oublier quel bonheur il y a d'aller par toute la terre. Quant au but, on se le donne pour occuper sa pensée, comme on se met un sac sur le dos dont on oublie le poids : un lac aux eaux turquoises, un sommet enneigé, il n'importe. Point de regret du lieu quitté, point de véritable attente, nulle crainte : les passions sont calmes, il n'y a plus que l'entrain du chemin. L'essentiel est dans l'allure : le pas est allègre mais ferme, le corps a bonne tenue, l'humeur vagabonde au gré des paysages, et le moi, estimant qu'il était de trop, a pris son congé. Le sentier suit sa fantaisie; on l'en apprécie davantage. Parfois, il faut calculer son effort, car la pente est plus raide; mais une brève station répare la dépense, et l'on continue d'aller.

Assurément, ce qui donne cette liberté, c'est le souffle. Il faut une bonne respiration qui ne bronche pas, qui ne s'affole pas. Assurément, faut-il aussi apprendre à marcher, car la marche demande plus de liaison et il n'est pas si facile de corriger la chute par le mouvement. Assurément encore, faut-il apprendre à régler son pas sur son souffle et à rythmer son souffle selon son pas : première maîtrise de soi, première maîtrise du monde. Comptons également tout le savoir qu'il y a dans la constante adaptation du pied aux vicissitudes du chemin. Mais ceci sans qu'on s'en soucie vraiment, tout occupé que l'on est d'aller. Le souffle donne l'élan, il jette le corps en avant.

La marche, plus appliquée, laisse derrière elle une trace. Sans le chemin, on s'égarerait; sans l'immensité, où irait le chemin? C'est comme si l'on devait s'orienter à chaque pas, quoiqu'il soit logique d'aller ici tout droit ou de prendre là cette traverse. Savoir, ne pas savoir, le bonheur ne coûte rien.

Comme le souffle, l'effort vient du ventre, du fond du ventre, de plus bas même que le courage. Il est vrai qu'une bonne partie de la force d'aller résulte du pas précédent et que l'on ne peut négliger l'attrait du chemin ni l'aide discrète des choses. Mais voilà l'heureux mystère : que ce qu'il y a de plus intérieur et de plus creux au fond de soi s'ajuste à ce qu'il y a de plus extérieur et de plus plein, selon une ferme et exacte proportion. Imaginez que la montée soit rude et longue et que le poids du corps soit à charge; il faut alors faire effort et l'on y met toute son ardeur. Toutefois, cela ne pourrait se faire par les seules forces qu'on a, sans la complicité de ces formidables poussées qui ont soulevé les monts, broyant, plissant, fracturant la pâte terrestre, ni sans la légèreté d'un air délicieusement grisant. J'ai le souvenir d'une ascension qu'il avait fallu commencer tôt dans la nuit, à cause de la douceur de l'été. Sous la lune, le glacier baignait dans une ouate lumineuse. Même le crissement des fers sur la neige durcie était feutré. Nulle inquiétude; il suffisait de respirer large. Tout l'espace était là; par un vaste mouvement ascendant qui relevait les pentes, il débordait le bassin et ses longs sommets sagement rangés. On le respirait avec infiniment de bonheur; on l'eût conservé au dedans de soi, si l'attaque de l'arête, soulevée par un escarpement, et le premier effort d'un pied encore maladroit n'eussent incité à la plus grande régularité. Mais cet instant de conscience et de volonté ne dura que le temps d'accorder le souffle à la raideur de la côte et de trouver le juste équilibre du corps entre le sol trop proche et le vide fuyant. Monter le pas en expirant, commencer d'inspirer en perdant l'appui, se hausser sur le pied qu'on a plus haut que soi, et, miracle d'équilibre, garder sa contenance. Tout l'art de l'ascension consiste dans la contenance, dans cette sorte de dignité du corps exact, de la bonne coutume. Ne cherchez pas ailleurs pourquoi le danger est indifférent. C'est une affaire d'angle, entre la diagonale implacable de la pente et la verticale du corps qui accompagne l'élévation de la terre vers le ciel. « Car c'est à l'homme surtout, parce qu'il se dresse droit, qu'appartient le privilège d'avoir sa partie haute dans le même sens que le haut du monde entier »[1]. Un souffle, un souffle répété; un pas, un pas franc sur les marches de la nuit; un corps droit comme un I sur la côte oblique, aux premières lueurs de l'aube.

1. Aristote, *Petits traités d'histoire naturelle*, « De la jeunesse et de la vieillesse, de la vie et de la mort et de la respiration », 467 b 5-6.

La marche procure un plaisir mesuré, presque consciencieux, disons même sévère, qui ne relève pas du divertissement. Car celui qui se divertit n'est content de rien et déjà il se hâte vers une fin nouvelle. C'est, disait Pascal, le repos impossible, toujours recherché et toujours fui. Mais dans la marche il n'est pas question de repos. Même dans le vagabondage, le pas appelle le pas, la droite la courbe, le lacet le raccourci, c'est selon. Un bon marcheur sait qu'il marche pour marcher, tout comme il vit pour vivre et pense pour penser. Ce sont des actions qui n'ont d'autre but qu'elles-mêmes. Et il n'est pas étonnant qu'elles s'accordent si bien et que l'une prenne le genre de l'autre, au point de changer la vie en un chemin et la pensée en une déambulation. Mais un bon marcheur sait aussi que la marche est une affaire de jambes, que dis-je, une affaire de pieds. Car c'est le pied qui touche et qui sait. C'est lui qui fait l'approche et le contact, l'appui assuré et déjà abandonné. C'est lui qui inspire encore cette prescience du chemin, puisqu'on ne monte pas un sentier de moraine, aride et croulant, en bordure de glacier, comme on se livre aux lacets vagues et souples sinuant dans un bois pentu où le sapin le dispute au hêtre : ce serait un barbarisme.

Et je veux aussi parler d'une autre chose, de la texture de l'espace où l'on se meut, de cette incorporation dans un lieu fait pour soi où l'on se glisse, mais que déjà l'on abandonne parce que l'on ne saurait l'emporter avec soi ; à l'image du grimpeur qui, au faîte de son art, épouse de tout son corps le cheminement d'une fissure pour le seul plaisir d'en éprouver le subtil arrangement.

Reste une question d'importance qui ferait sourire un enfant : comment se met-on en branle ? Comment s'est fait le premier pas, le tout premier pas ? Une question d'importance, dis-je, métaphysique et théologique. Au paradis, la chose est connue, le Créateur s'était accordé la petite douceur de se promener le soir à la fraîche : il lui fallait vérifier que le monde tournait rond. Adam fit-il alors ses premiers pas, s'efforçant de les régler sur ceux de son auteur afin d'apprendre en conversant ? Ou fut-ce plus tard, quand, fuyant trop de bonheur et honteux de sa nudité, il quitta le jardin merveilleux et qu'il n'eut d'autre ressource que de se jeter par les chemins, pour supporter sa misère ?

Le physiologue dit : « La chose est facile à comprendre ; les enfants d'Adam ont été condamnés à se frotter au monde et plus à ses rigueurs qu'à ses douceurs. Quand une chose extérieure stimule leurs sens, puis impressionne leur cerveau, si d'aventure cette impression est agréable ils en font un objet de désir et se mettent en mouvement ; mais si l'impression est pénible, ils fuient en courant. Jamais ils ne sont au repos ; crainte et désir sont les grandes lois de l'homme ». Ce à quoi l'idéaliste qui est un grand cause-finalier, répond : « je veux bien que le mécanisme soit la punition de la faute et que l'enchaînement des causes efficientes par action et réaction fasse la condition misérable de l'homme ; mais l'homme se souvient de sa grandeur et même dans le plus humble de ses désirs il aspire encore à une fin ; et c'est pour quoi il se met en branle. Autrement, l'effet serait plus grand que la cause. Posons au contraire que la cause est déjà dans l'effet ; le premier moteur ne peut être que le Bien, qui est toujours présent dans la moindre des fins. C'est pourquoi, l'âme, une fois émue, met toute son âme à se porter au but ; et, si elle y songe, elle ne laisse pas de découvrir la grande règle qui, une fois le premier pas fait, commande les suivants ».

Mais, objecterai-je à nos deux amis qui sont des philosophes, prenez l'exemple simple de l'athlète. Je me tourne vers l'idéaliste et lui dis : « Porté par un légitime enthousiasme, l'athlète aspire, je l'avoue, à la palme de la victoire ; cette espérance le grandit et je le loue de sa noble ambition ». Et je me tourne vers le physiologue et lui dis : « il s'est aussi longuement entraîné, il a appris comment prendre un bon départ de course et s'élancer dès l'instant du signal ». Mais ma question est celle-ci : d'où vient le coup de rein, d'où vient le sursaut ? Quel que soit l'attrait de la fin, sans l'élan il n'y aurait pas de mouvement. Et donc il faut que l'élan soit la conséquence du signal. Mais, par ailleurs, la détonation du signal fait aussi bien partir les oiseaux dans le ciel que l'athlète sur la piste. S'il n'y avait dans le coureur le goût de l'excellence pour le déterminer et pour lui prescrire le temps et la direction, jamais il ne se mettrait en mouvement. Mais, pour mieux me faire comprendre, permettez que je vous change en alpiniste. Vous êtes dans la paroi, une traversée délicate se présente et il vous faut faire un pas : tendre le pied gauche vers une mince réglette et sur ce fragile appui faire porter le poids du corps en allant chercher de la main la prise qui assurera votre sécurité. Si le mouvement n'est pas lié, la chute est possible. Hésitation, réflexion, détermination, enchaînement. D'où est venu ce cri rauque, ce pas risqué, cette main jetée qui s'est serrée ? Dans ce moment pur d'espoir et de désespoir, le pied, resté ferme, n'a pas tremblé ni l'âme flanché : l'un et l'autre se sont montrés déterminés. Certes, une fois l'obstacle franchi, vous vous félicitez de vous être longuement entraîné dans des situations moins périlleuses ; vous éprouvez aussi le sentiment délicieux et glorieux d'avoir fait plus grand que vous. Mais sur le moment le point a été celui-ci : passera, passera pas ? Le temps d'un instant toutes les causes et toutes les fins ont été suspendues. Et jamais vous ne pourrez remplir ce vide par le plus petit *conatus* ni, en les additionnant, obtenir le moindre *impetus* ; n'allez pas non plus y placer je ne sais quelle ultime manifestation de votre liberté. Encore une fois, ma question est toute simple : comment se met-on en branle ? Vous protestez et me dites que jamais vous n'aurez la folie de vous placer en pareille posture et que vous ne vous autorisez que de courtes promenades sur le trottoir des villes, avec un but bien déterminé et suffisamment proche. Vous ajoutez que vous ne vous laisserez pas impressionner et que vous savez bien qu'il y a une chose pire que le vide réel, savoir le vide imaginaire des philosophes. Pour conclure à la fin que mon propos est d'une grande banalité, puisqu'il dit seulement que sans une décharge d'adrénaline, sans cette pulsion dans les tripes, on ne saurait passer. Soit ! Mais c'est cette pulsion là qu'il faut comprendre ; et il faut la comprendre, car, à parler vrai, en marchant l'on passe et en passant l'on joue sa vie. Passera, passera pas ? Cela demande un peu de philosophie.

## PHILOSOPHIE

> « On ne peut penser et écrire qu'assis » (Gustave Flaubert).
> « Je te tiens, nihiliste ! Être cul-de-plomb, voilà par excellence le péché contre l'esprit ! Seules les pensées que l'on a en marchant valent quelque chose » (Nietzsche) [1].

Salutaire colère ! Haro sur les philosophes des fondements, les pensent-assis et les souffles-courts ! Ils n'ont d'autre ressource que d'explorer leurs intérieurs ; ils ont beau tomber en abîme, toutes leurs subtilités ne sont que des finasseries. La philosophie est une chose merveilleuse, mais qui demande de l'hygiène : on ouvre sa fenêtre, on respire largement, on regarde si le monde est clair et, pour savoir si tout va bien, on se met en chemin, d'abord pour jouir de la lumière, ensuite pour comprendre pourquoi dans la transparence du jour les objets sont si précis et les sensibles si variés, et pourquoi enfin l'on devient meilleur en devenant plus savant à leur approche.

Pour bien entendre une philosophie, il faut d'abord savoir comment elle va. Les philosophies ont mille façons d'aller, les prudentes qui ne feront aucun pas sans introduction ni conclusion ; les impatientes qui s'embarrassent les pieds dans le discours ; les mystérieuses aussi qui avec des manières laissent entendre d'insondables pensées ; les primesautières qui bondissent d'aphorisme en aphorisme ; les nostalgiques qui ne se consolent pas de ne pouvoir rester au repos. Une des plus comiques, quoique des plus étonnantes, est la manière d'aller de Kant, dans sa *Critique de la raison pratique* :

1. Nietzsche, *Crépuscule des idoles*, « maximes et traits », 34 ; trad. fr. J.-C. Hémery, Paris, Gallimard, 1974, p. 66.

les pieds d'abord solidement enracinés dans le roc prussien de Kœnigsberg, il tient dans une main la liberté, dans l'autre la loi, et, le souffle serré, le front magistral, il ne démord pas de l'impératif catégorique; mais, ensuite, parce qu'il est bon philosophe et homme de sens, il faut qu'il se mette en branle, il est vrai à regret, et donc à reculons, l'œil toujours fixé sur la raison pratique, concédant pied à pied que la vie morale est bien autre chose que le devoir, qu'elle a des objets, des mobiles, des plaisirs, que les passions sont irréductibles, que les habitudes sont utiles, qu'on a besoin d'espérance et qu'il faudrait bien au bout du compte, cela il n'ose l'avouer, réconcilier la vertu avec le bonheur.

Kant avait l'excuse d'être un professeur et chacun sait qu'un professeur est un être de fondement qui perd immédiatement ses mots et ses raisons si on le prive de sa chaire. Non que je veuille jeter l'anathème sur cette respectable corporation! La société humaine ne saurait subsister si elle ne comptait que des philosophes-marcheurs. Dans le mouvement de l'étude et le vif de la discussion, les idées poursuivraient leur chemin sans que l'une fût définitivement arrêtée pour servir de principe aux autres. Elles s'associeraient par contiguïté et se répondraient par ressemblance; et tous les esprits iraient à l'aventure. Pourraient-ils même s'entendre? Pourraient-ils transmettre leur héritage aux générations nouvelles? Car, on ne peut toujours inventer, il faut aussi exposer, et pour cela introduire de l'ordre, bien mettre le détail en cadence, discipliner les notions, encadrer les valeurs, et s'attirer de la sorte les récompenses qui honorent le mérite. Bref, il faut toute une administration des doctrines ainsi que des changements d'échelon au grand choix. Et pour la philosophie, il faut encore des critères, des écoles, toute une logique du temps ou de l'histoire. Sans ces professeurs qui recueillent leurs travaux, les collationnent, les commentent, en font des systèmes, les génies seraient, selon le mot de d'Alembert, comme des îles semées de loin en loin; et toute idée nouvelle se perdrait, faute d'être enregistrée, développée, discutée et à la fin transmise. Qui se souviendrait d'Aristote s'il n'avait eu un scribe assis auprès de lui et écrivant un drôle de grec? Sans compter les scholiastes, puis les commentateurs, enfin les maîtres d'Oxford et de la Sorbonne, avec leurs questions disputées, enseignant comment résoudre les apories de la substance, de la prédication et du premier moteur. Et après tous ces siècles, j'aime à voir la philosophie d'Aristote comme un vaste domaine assez semblable à ces estives sur lesquelles divaguent les troupeaux, tout au long de l'été, reprenant tantôt d'anciennes traces, tantôt creusant de nouveaux layons – sorte de lacis inusable dont ils s'écartent parfois, gouvernés par une logique obscure mais si puissante qu'on soupçonne qu'ils ont eux aussi leur métaphysique.

Aussi ne saurais-je approuver Hobbes lorsqu'il s'emporte: « Il est arrivé, dit-il, à la philosophie ce qu'il arrive aux voies publiques: tout le monde y marche, chacun va et vient dans un sens et dans l'autre; les uns se promènent par plaisir, les autres se battent; mais il n'y pousse rien »[1]. La philosophie a besoin de piétiner et de fourrager, d'errer et de divaguer, elle a besoin d'être rabâchée jusqu'à l'usure, d'être variée jusqu'à l'ennui. Peut-être irait-elle mieux si elle allait à quatre pattes. Ne la livrons donc pas aux seuls génies, toujours impatients de se porter à la vérité, mais trop ardents à en décider pour eux-mêmes et pour les autres; ni, au demeurant, aux seuls professeurs, toujours si prompts à l'enfermer dans des doctrines, mais si versatiles qu'ils n'ont de cesse de retricoter leurs systèmes. Et réunissons libéralement dans une unique société de gens de lettres, les génies et les professeurs, l'invention et la dialectique, la liberté et l'institution. Acceptons même, car c'est le prix de la philosophie, qu'il y ait dans la Maison de Salomon des génies qui soient des professeurs et des professeurs qui prétendent au génie.

Qu'est-ce qu'un philosophe-marcheur?

Dans *Le parfum de la dame en noir*, Rouletabille dit à Sinclair:

> Par exemple, je ne pourrais raisonner dans une forêt! Comme voulez-vous raisonner dans une forêt? La raison fuit de toutes parts, dans une forêt! Mais dans un château fort bien clos! Mon ami, c'est comme dans un coffre-fort bien fermé: si vous êtes dedans et que vous ne soyez point fou, *il faut bien que votre raison s'y retrouve*.

À l'évidence, Rouletabille n'est pas un philosophe-marcheur, même s'il a l'esprit retors d'un brillant analyste. Mais Descartes ne l'était pas non plus, quoique son cas fût plus subtil. On se souvient de son aventure: il est égaré dans la forêt, au plus profond des ténèbres, toute certitude lui fait défaut, il ne peut plus se fier à personne. On se souvient aussi quelle sorte d'homme il est: notre philosophe a la vaillance des âmes fières, il est constant dans ses maximes,

> Imitant en ceci les voyageurs qui, se trouvant égarés en quelque forêt, ne doivent pas errer en tournoyant, tantôt d'un côté, tantôt d'un autre, ni encore moins s'arrêter en une place, mais marcher toujours le plus droit

1. « Huic ergo philosophiae parti idem contigit quod viis publicis, quibus omnes ingrediuntur, euntque prorsum et retrorsum, alii animi causa inambulant, alii rixantur, sed nihil feritur », Hobbes, *de Cive*, épître dédicatoire.

> qu'ils peuvent vers un même côté, et ne le changer point pour de faibles raisons ...[1]

Et ne soyons pas inquiets : il dispose des quatre règles, sorte d'épée de lumière qu'il plonge au plus profond de l'obscurité. Ainsi armé de la méthode, déjà il touche aux idées claires et distinctes; déjà le chemin n'est plus qu'un souvenir, ce n'était à la vérité qu'une métaphore. Car il n'y a rien de mieux pour faire de la bonne philosophie que de rester enfermé bien au chaud dans un poêle.

D'autres, plus enflammés, veulent que la philosophie soit si fortement animée par l'amour de la vérité qu'elle ne saurait être sans se hâter, sans s'animer du désir de sagesse. Platon s'est essayé à peindre ce démon ailé, un drôle, aimant les forêts et les montagnes, n'ayant que faire des poêles, toujours prêt à se laisser captiver par la première beauté qui passe, toujours prêt à l'abandonner, car il est à l'affût d'un bien supérieur, le seul qui pourrait le contenter[2]. Il court, il saute, il vole; bref, il ne marche pas. Dieu me garde de le prendre pour compagnon de philosophie : il y a trop de désordre dans son âme, trop d'imagination et trop d'idéal dans son esprit, trop d'agitation brouillonne dans ses actions. L'enthousiasme mène à la mélancolie : les transports de la pensée ne sauraient durer. Car les fins restent à inventer, l'on n'est jamais si sûr du but; les moyens restent à mesurer, l'on n'est jamais si certain de ses propres forces. Un bon marcheur est un être prudent : un pas, bien mesuré mais souple, et voici la pensée redevenue sage.

*Je pense*, je suis pensant et donc je ne suis pas rien; d'où il suit, par une conséquence indubitable, que n'étant pas rien je suis et que je suis quelque chose qui est. Fort bien, dit Hobbes à Descartes, dans les *Troisièmes objections*, mais ce qui vient ensuite n'est pas bon, à savoir : *res cogitans, hoc est, mens, animus, intellectus, ratio*; c'est-à-dire, je suis quelque chose qui est et qui pense, et donc mon essence est la pensée. La conséquence est fautive, répète le philosophe anglais, car à ce compte je pourrais aussi bien dire : *je me promène*, je suis en promenade, et donc je ne suis pas rien, et donc je suis et je suis quelque chose qui est et, puisqu'il faut que je sois quelque chose pour être quelque chose qui est, mon essence est la promenade. *Sum ambulans ergo sum ambulatio*[3]. Qu'on ne me dise pas que je pense par essence et que je promène par accident; je me promène certainement plus que je ne pense et je serais tenté de dire que mes

1. *Discours de la méthode*, troisième partie, A.T. VI, 24.
2. Platon, *Le Banquet*, 203 c-d.
3. *Troisièmes Objections*, A.T. IX, 134-35.

promenades sont plus sûres que mes pensées. Quant à conclure qu'un philosophe ne doit surtout pas se promener, mais seulement s'enfermer dans son étude, c'est une maxime que je réprouve et dont on devrait se faire honte.

Il est vrai que Hobbes et Descartes tombent d'accord sur un point: il y a quelque chose qui pense ou qui se promène : *Je*. Mais qu'est-ce donc que ce *Je*? La pensée, la promenade? Et, ajoute Hobbes, s'il me faut, pour penser, penser que je pense, il me faut aussi, pour penser que je pense, penser que je pense que je pense. C'est encore une manière de se promener. Où s'arrêtera-t-on? Allons donc au plus rapide et le plus immédiat est toujours le mieux réel : disons donc qu'il y a quelque chose qui pense et que ce quelque chose, dès lors que cela est, est un corps. La conséquence est nouvelle, répond notre philosophe national, qui n'est pas en reste, mais c'est mettre le mot *corps* pour le mot *matière* et le mot *matière* pour le mot *substance*, alors que la question est précisément de savoir ce qu'est cette substance. Et puisqu'elle pense, je tiens pour la pensée, son essence est la pensée.

Abandonnons nos deux philosophes à cette dispute métaphysique, car il faut être assis pour la poursuivre. Et cessant de nous échauffer, revenons à des pensées plus faciles. Nous avions laissé Adam mollement étendu sur les gazons du paradis. À ce tout premier moment de son existence, il est clair qu'il n'avait rien d'un philosophe marcheur, j'entends un philosophe qui philosophe pour de vrai et un marcheur qui marche pour de bon. C'était un bel homme, puisqu'il était à l'image du Créateur. Et pourtant nous avons vu toutes les difficultés qu'il avait à commencer à marcher. Mais les difficultés qu'il eut à commencer à penser furent tout aussi considérables. Comme il était à peine sorti des mains de son auteur, il ne pouvait avoir de passé; et n'ayant pas de souvenir, il est impossible qu'il fût capable d'une réflexion sur lui-même. Car penser que l'on *pense*, c'est toujours penser que l'on *a pensé*; il faut de la mémoire pour s'étudier soi-même; la réflexion est un souvenir, un souvenir qui cause le sentiment de soi. Raccourcissez le délai autant que vous voudrez, jamais vous ne réussirez à vivre en pensée ce que vous vivez en effet; car, précisément, en faisant de votre vécu un objet de la pensée, vous l'aurez vécu. C'est pourquoi, le premier homme, dans ses premiers instants, a beau s'asseoir, libérer sa tête et sa main pour se mettre la tête dans la main, d'aucune façon il ne réfléchit ni ne médite.

La grande faiblesse des métaphysiciens est de prendre les choses de trop haut: ils veulent qu'Adam, quand il vient de paraître, sache déjà sinon la différence entre le bien et le mal, du moins ce qu'est l'âme et le corps, la pensée et l'étendue, la substance et l'attribut, et que de là, son état de créature étant ambigu, il veuille déterminer s'il touche plutôt au ciel ou à la terre. Mais prenons-le autrement quand il s'éveille au monde : sa première conscience est seulement occupée du bonheur d'exister, il étire son esprit et détend paresseusement ses membres. Le voici maintenant qui se dresse. Imaginons que, pris de pitié pour sa créature, Dieu ait disposé Eve à une courte distance pour susciter les premiers pas du premier homme. Les sentiments d'Adam sont encore obscurs, mais, enfin, il commence à se mouvoir. Il tombe, mais il s'acharne. Il a des pensées, mais elles sont vagues; il a des mouvements, mais ils sont incertains. Il a des désirs, mais ils sont confus. Si, comme le dit plaisamment Buffon, il n'avait heurté de la tête un palmier, il n'aurait jamais su la différence entre sa personne et le monde[1]. Apprendre les différences demande un long apprentissage et Adam apprend au hasard de ses premières expériences. Il commence à distinguer entre ses pensées et ses pas, car ils n'ont pas exactement le même cours; les pensées succèdent aux pas, les pas aux pensées, les pensées succèdent aux pensées, les pas aux pas, les premières se comparent tandis que les seconds s'enchaînent; la liaison n'est pas la même : là la règle, ici la nécessité, quoique bien des pensées batifolent et que bien des mouvements résistent à la discipline. Dans le même temps, le père de l'humanité commence à rapporter à son corps les impressions qu'il reçoit et à son âme les plaisirs qu'il éprouve, son corps étant la suite de ses impressions et bientôt de ses habitudes motrices, et son âme la suite de ses plaisirs, des pensées qui s'y attachent, et bientôt des opérations mentales qui s'y agencent. On ne peut le dire mieux que Condillac : l'âme

> sent [dans le corps] ses plaisirs, ses peines et ses besoins; et cette manière de sentir suffit pour établir entre l'un et l'autre le commerce le plus intime. En effet, dès que l'âme ne se sent que dans son corps, c'est pour lui comme pour elle qu'elle se fait une habitude de certaines opérations; et c'est pour elle comme pour lui que le corps se fait une habitude de certains mouvements[2].

Heureux Adam dont l'être primitif était si harmonieux, puisque, d'un même progrès, son âme apprenait à réfléchir et son corps à marcher; certes, il arrivait encore que son âme chancelât et que son corps fût pris de doute, mais bientôt il sut juger et se mouvoir tout à la fois, avec une égale justesse et un égal équilibre. Il semble qu'ainsi instruit il ait pu rejoindre Eve.

1. *Histoire naturelle*, t. III, 1749, « des sens en général ».
2. *Traité des animaux*, II, 1, Paris, Vrin, 2004, p. 150.

Malheureux que nous sommes ! Depuis que l'humanité a été chassée du paradis, elle n'a cessé de progresser : sous la férule du discours verbal, le discours mental a abandonné ses fantaisies et, sous la discipline des corps, les mouvements sont devenus, comme on dit, fonctionnels. On sait quels monstres ont pu être ainsi engendrés : les *ontologues*, au vaste front, qui s'enfouissent dans les profondeurs de l'Etre, et les *joggers*, au pied léger, qui se cherchent et se fuient sur l'asphalte des villes. Quant au philosophe-marcheur, il garde la nostalgie de ce commerce primitif de l'âme et du corps. Il sait qu'aucune philosophie ne mérite qu'on renonce à une promenade et qu'on ne se promène heureusement qu'en philosophant. Ses pensées rythment ses pas et ses pas donnent du mouvement à ses pensées. Il va à une bonne allure.

Michel MALHERBE

## QU'EST-CE QUE LE STYLE ?
## LE DEVENIR DU JOUEUR DE TENNIS

### AVANT-PROPOS

J'aimerais pour commencer revenir brièvement sur les raisons principales qui m'ont conduit à traiter cette question du style dans le sport et en particulier au tennis.

En premier lieu, la question du style se pose avec plus de force et d'évidence dans la pratique d'un sport individuel, ne serait-ce que par l'attention particulière que le spectateur porte au joueur.

En second lieu, le tennis est l'un des sports – sans doute de par ses origines, le jeu de paume : « roi des jeux et jeu des rois » – où l'élégance du geste et de manière plus générale, la manière de frapper la balle, de se mouvoir, apparaissent dès ses début comme essentielles. Garsault, un maître paumier du XVIII$^{e}$ siècle décrit le jeu ainsi :

> (…) nous ne regardons plus la paume relativement à son nom de jeu, ni comme un simple passe-temps sans utilité, mais comme un art [1].

Dans l'histoire, cependant, cet engouement est loin d'être toujours partagé. Je ne citerai qu'un extrait de cet article ironique mais noir et sévère de Guy de Maupassant, paru dans *Gil Blas* en 1887, période où le *lawn-tennis* inventé par les anglais conquiert la France, la capitale bien sûr, mais aussi ses plages :

> Cette raquette, l'odieuse raquette, cauchemar affreux, on ne peut faire un pas dehors sans la voir. Tous l'ont au bout du bras du matin jusqu'au soir, ne la quittent pas, la manient comme un joujou, la font sauter en l'air, la

1. Cité par G. Bonhomme dans *De la paume au tennis*, Paris, Gallimard, 1991, p. 32.

> brandissent, s'assoient dessus, vous regardent à travers comme derrière la grille d'une prison, ou la raclent comme une guitare. (…) Ces gens, ces pauvres gens, qui portent ce signe particulier de leur folie comme autrefois les bouffons déments agitaient un hochet à grelots, sont atteints d'un mal d'origine anglaise qu'on appelle le lawn-tennis. Ils ont leurs crises en des prairies, car un grand espace est nécessaire à leurs convulsions. On les voit, par troupes, s'agiter éperdument, courir, sauter, bondir en avant, en arrière, avec des cris, des contorsions, des grimaces affreuses, des gestes désordonnés, pendant plusieurs heures de suite, maintenus par un filet qui arrête leurs emportements. (…) Et les yeux se troublant, l'esprit s'affolant à les voir, c'est alors une danse macabre de chiens, de boucs, de veaux, de chèvres, de cochons, d'ânes à figures d'hommes, enculottés et enjuponnés, qui s'agitent avec des secousses grotesques du ventre, de la poitrine ou des reins, des coups de jambe et des coups de tête, une mimique violente et ridicule. C'est ainsi qu'on s'amuse et c'est pour se livrer à ces crises quotidiennes et convulsives qu'on vient aux bains de mer en l'an 1887 [1].

Les joueurs de tennis sont perçus ici comme des barbares, des étrangers. Or, cette réaction aux premières apparitions du tennis n'est pas sans rapport avec la question du présent texte : « Qu'est-ce que le style ? ». Le style est l'apparition d'une forme nouvelle, d'un événement dans l'écriture, et, par extension, dans le système de règles et de techniques que forme le tennis à partir de 1882. Ainsi, le barbare, n'est-ce pas justement celui qui a du style ?

Je me souviens des propos de mon père lorsqu'il revenait de jouer avec un ami qui était aussi sérieux et pointu dans sa pratique sportive que dans ses recherches en sciences de la nature : « cela l'énerve que je puisse gagner en jouant sans règles, sans technique établie, de manière incompréhensible. » J'aime à penser que mon père était alors, sans le savoir, un grand styliste.

## Introduction

« Les beaux livres sont écrits dans une sorte de langue étrangère »[2]. G. Deleuze reprend ce passage de Proust, extrait de *Contre Sainte-Beuve*, dans sa recherche de définition du style. Le style d'un écrivain, d'un philosophe, c'est un bégaiement singulier :

1. Article paru le 6 septembre 1887 dans *Gil Blas*. Cité dans G. Bonhomme, *op. cit.*, p. 113 et 114.
2. G. Deleuze, C. Parnet, *Dialogues*, Paris, Flammarion, 2e éd. 1996, p. 11.

> Un style, c'est arriver à bégayer dans sa propre langue. C'est difficile parce qu'il faut qu'il y ait nécessité d'un tel bégaiement. (...) Etre comme un étranger dans sa propre langue. Faire une ligne de fuite [1].

Puis il donne l'exemple de Gherasim Luca, le *grand poète parmi les plus grands* :

> Il a inventé un prodigieux bégaiement, le sien. Il lui est arrivé de faire des lectures publiques de ses poèmes ; deux cents personnes, et pourtant c'était un événement, c'est un événement qui passera par ces deux cents, n'appartenant à aucune école ou mouvement [2].

Le style, c'est un événement. Quelque chose se passe, voilà d'abord tout ce que nous pouvons en dire. Une singularité. Pour des philosophes comme W. James, H. Bergson, A. N. Whitehead et G. Deleuze, le style a un lien étroit avec la recherche philosophique. Créer des concepts et des agencements d'énonciation est la réponse nécessaire à l'intuition d'un problème, d'un nouveau territoire pour la pensée : « l'expérience pure » de W. James, le « what we are aware of » [3] d'A. N. Whitehead, le « plan d'immanence » de G. Deleuze.

Or, quel rapport le style peut-il entretenir avec le sport ? Et en particulier avec le tennis ? En quoi la question du style dans ce sport dit « individuel » est-elle pertinente ?

Le mot « sport » est un mot anglais qui signifie : « jeu », « amusement », emprunté au vieux français « desport », de l'ancien verbe : « se déporter ». Au sens le plus général : « s'amuser », « se divertir ». L'emploi du verbe *se déporter* est intéressant : l'activité sportive est comprise comme une *sortie volontaire* de la vie quotidienne et de son sérieux, un changement de milieu, de territoire et de comportement. Une sorte d'exil de la vie quotidienne, de « déterritorialisation », mais recherchée et attendue par celui qui *se déporte*. Liée au jeu et à l'amusement, l'activité sportive semble être essentiellement ludique et provisoire ; elle constituerait une parenthèse dans l'existence d'un ou de plusieurs individus. Ce nouveau territoire a un cadre et des règles spécifiques : au tennis, un espace-temps défini par des lignes, des rythmes et des mouvements. Apprendre à pratiquer un sport comme le tennis, c'est apprendre un ensemble de règles, de techniques et de stratégies pour réussir à agir et à réagir le mieux possible dans ce territoire. Mise entre

1. *Op. cit.*, p. 10.
2. *Ibid.*
3. A. N. Whitehead, *The Concept of Nature* (Tarner Lectures, 1919), Cambridge, Cambridge University Press, 1920, p. 28 et 29 ; trad. fr. J. Douchement, Paris, Vrin, 2006.

parenthèses de la réalité quotidienne et semble-t-il, au moins au début, de soi : j'apprends à me comporter et à agir conformément à la Nature tennistique ; je deviens Joueur de Tennis.

C'est là la manière la plus simple de penser le devenir du joueur de tennis. Or, cette première forme de devenir n'est en fait qu'une pâle abstraction d'une expérience et d'un procès plus concrets : on oublie le style et le processus d'individuation que constitue ce devenir. Dans ce nouveau territoire qu'est le terrain de tennis, alors que tout semble prédéfini, quelque chose se passe, voilà du nouveau, quelque chose d'essentiellement original advient et apparaît, un événement : mon style. L'épreuve d'un *cogito* particulier : « je joue, je suis », un « Je(u) » qui apparaît *toutes les fois* – mais la récurrence n'est pour l'instant encore qu'une simple hypothèse – que je joue. Quelle est la nature de ce « Je » qui apparaît ? C'est le devenir du joueur de tennis que je tenterai de penser à nouveau, mais cette fois-ci, dans sa forme la plus concrète.

## Définitions

Style vient du mot latin « stilus » qui signifie le poinçon pour écrire. Chacun emploie son *stilus* d'une manière singulière, selon son propre style. Le style, c'est la manière d'écrire, ce qui différencie mon écriture de votre écriture, sa singularité. L'élément différenciant, l'écart irréductible introduit dans la langue par un individu, volontairement ou involontairement – laissons pour l'instant cette question de côté. Une manière d'écrire, de s'exprimer, et par extension, une manière de se mouvoir, de frapper la balle, une manière de jouer au tennis.

Le tennis, par analogie avec la langue, peut être défini comme un ensemble de règles et de coups formant une structure. L'histoire du tennis montre alors comment les règles, les techniques et les stratégies adoptées fonctionnent de manière structurale : de 1874 jusqu'en 1890, l'évolution des dimensions du terrain, de la hauteur du filet, de la distance entre ce dernier et la ligne de service ne cesse d'influer directement sur les techniques et le jeu. À l'origine, le terrain du « lawn-tennis », conçu par le Major britannique W. C. Wingfield en 1874, est en forme de sablier. Le terrain se rétrécit au niveau du filet, essentiellement pour des raisons techniques, voire esthétiques : vendu dans une boite de jeu, sous le nom de « sphairistiké » (du grec, art de la balle), le nombre de piquets doit être réduit au minimum. Or, la dimension étroite du terrain au niveau du filet favorise l'émergence du jeu à la volée, au point même que cela bloque les échanges et la fluidité du jeu. Il faut attendre 1877, date du premier tournoi de Wimbledon, pour que soit reconsidérées les dimensions du terrain et pour voir apparaître de nouvelles techniques et de nouveaux styles. En 1878, le tournoi est remporté par un vacancier, planteur au Ceylan, nommé Franck Hadow qui invente le lob. Spencer Gore, vainqueur du premier tournoi, témoigne :

> L'histoire du lawn-tennis commence avec ce premier championnat qui met fin à une période de chaos. Ce jour-là, on écrit les premières pages du lawn-tennis où apparaissent les différents styles de jeu, efficaces pour vaincre et qui ne se rapportent plus à ceux de la paume. (...)
> L'année suivante, un simple jeu de passe au dessus de la tête du finaliste – qui, tenant le filet, s'épuisait à courir après les balles – suffit à établir un nouveau vainqueur. Ce résultat condamnait le jeu de volée, qui disparut pendant trois ans (...) [1].

Le style – je reviendrai plus loin sur la différence essentielle entre le style et la technique – c'est donc la manière propre à un individu ou à un groupe d'individus d'actualiser la structure tennistique d'une époque donnée ; l'écart, la différence introduits dans le jeu.

Or, je distinguerai des styles généraux et des styles singuliers.

Quels sont les styles généraux ?

Les grands styles de jeu : le style du joueur de fond de cours et le style du joueur volleyeur (classification générale qu'on trouve dès 1877); ou encore, seconde classification qui ne recoupe pas toujours la première, les attaquants et les éternels défenseurs.

Les styles de frappe de balle : par exemple, les lifteurs, ou encore les frappeurs qui n'utilisent quasiment aucun effet (balle « plate »).

Les styles de caractère et de comportement : les hommes forts ou les brutes, tels B. Becker ou M. Safin, les intempérants comme J. MacEnroe, les joueurs moins puissants mais « rusés », tel M. Chang qui remporte le huitième de finale à Roland-Garros en 1989 devant Y. Lendl, l'homme « impassible » et sans doute, pour le public, « ennuyeux ».

Les styles liés au physique du joueur : les athlètes comme les sœurs Williams ou A. Mauresmo, les hommes à l'allure chétive comme G. Kuerten à ses débuts.

Enfin, la psychanalyse ajouterait sans doute des styles liées aux grandes structures psychologiques : le joueur psychotique, le joueur névrosé, etc. Notons ici l'originale parodie de Theodor Saretsky, *Le tennis et la sexua-*

1. Texte traduit et reproduit par G. Bonhomme, *op. cit.*, p. 125 et 126.

*lité*[1], dans laquelle on apprend par exemple que Freud attribue aux joueurs, selon les différentes parties du terrain occupées, différentes pathologies.

Concernant ce premier type de styles, la différence stylistique est liée à un élément du jeu, de la technique, de la stratégie, du physique, ou encore du caractère, qui commande et définit le jeu du joueur dans son ensemble. Le style est alors un simple instrument général de classification des joueurs, en genres et en espèces, dans la lignée de la *Rhétorique* d'Aristote. Dans son abécédaire, G. Deleuze distingue encore entre des styles de jeu *aristocratiques* – balle plate, refus de toute forme d'effet chez un joueur comme J. Connors – et des styles *populaires* qui contribuent à la prolétarisation du tennis dans les années soixante-dix et dont le grand initiateur est B. Borg, l'homme à l'allure christique, « l'aristocrate qui va au peuple »[2]. Jeu de fond de cours, lift, balle haute : tel est le style d'un tennis de masse, selon le philosophe, compréhensible et accessible par tous.

Or, tous ces styles généraux et abstraits sont définis soit dans les règles du jeu et les manuels tennistiques, soit par les figures principales des comportements et des passions humaines. Le jeu vient seulement se ranger sous telle ou telle classe au sein d'une stylistique générale, qu'elle soit descriptive ou génétique.

L'objet premier de cet exposé n'est pas *un* style, pour reprendre la formule de H. Focillon dans la *Vie des formes*[3], mais *le* style : le style propre à ce joueur de tennis et à aucun autre. Le style comme singularité et événement. C'est là le devenir plus concret d'un joueur de tennis : un sujet naît, un sujet-événement. Penser le style, c'est alors se confronter au problème philosophique essentiel et traditionnel des conditions de reconnaissance et de définition de ce qui échappe au général et à l'*a priori*. Penser le style, c'est penser l'événement.

J'exposerai maintenant les premiers principes de ce qu'il convient d'appeler une stylistique de l'événement, laquelle repose sans aucun doute sur une métaphysique de l'événement, dont le représentant majeur, au siècle dernier, fut A. N. Whitehead. La question du style dans le sport est en fait une question essentielle de la métaphysique.

1. T. Saretsky, *Le Tennis et la sexualité. Les écrits secrets de Freud*, Paris, Seuil, 1986.

2. *L'Abécédaire de Gilles Deleuze* (avec C. Parnet), réalisation P.A. Boutang, Vidéo Éditions Montparnasse, 1996, « T comme Tennis ».

3. H. Focillon, *Vie des formes*, Paris, P.U.F. ; rééd. « Quadrige », 7e éd., 2000.

## UNE STYLISTIQUE DE L'ÉVÉNEMENT

Le premier problème que rencontre une stylistique de l'événement est l'appréhension et la définition même de son objet. Comment appréhender en effet l'original et le singulier ? Peut-on définir le style ? Si, avec Aristote, on reconnaît qu'il n'y a de science que de l'universel, alors une stylistique de l'événement se voit d'emblée limitée, voire vouée à l'échec.

Qu'est-ce que le style ? Pour commencer, je reprendrai la proposition de Gilles Deleuze dans les *Dialogues* :

> C'est la propriété de ceux dont on dit d'habitude « ils n'ont pas de style... »[1].

Un style que je reconnais immédiatement est un style particulier ou général. *Le* style, je ne peux d'abord ni le reconnaître ni rien en dire. J'ai conscience, en tant que spectateur, de quelque chose d'original, de singulier, mais sans pouvoir véritablement le saisir de manière claire et distincte. En d'autres termes, si j'ai bien l'expérience immédiate du style, compris ici comme événement, ce dernier reste tout d'abord incompréhensible[2].

Les exemples sont nombreux et sont comme les repères d'une histoire des révolutions tennistiques : dans les journaux de la fin des années trente, les commentaires, par exemple, sur les quatre joueurs français appelés les « mousquetaires »[3] sont suggestifs. René Lacoste, Jean Borotra, Henri Cochet, dit le « magicien » et Jacques Brugnot présentent leur jeu comme une création qui n'appartient à aucune école. Le joueur américain William Tilden commente ainsi le jeu d'Henri Cochet : « Cet homme pratique un tennis que je ne comprends pas »[4]. Le jeu de Borotra semble lui aussi échapper à toute définition. On lit encore sous la plume d'un journaliste sportif de l'époque :

1. *Dialogues*, *op. cit.*, p. 10

2. Ces deux modes de connaissance, l'expérience sensible immédiate et la récognition sont au fondement des deux principales catégories de la philosophie whiteheadienne de la nature : les événements et les objets. Voir en particulier *An Enquiry Concerning the Principles of Natural Knowledge*, Cambridge, Cambridge University Press, 1919 et *The Concept of Nature*, *op. cit.*, trad. fr. J. Douchement, *Le Concept de Nature*, Paris, Vrin, 1998, rééd. en poche, 2006.

3. C'est alors l'âge d'or du tennis français masculin : ils remportent tous les titres en simples messieurs de 1924 à 1929 et jouent cinq finales entre eux.

4. Cité dans l'ouvrage de G. Bonhomme, *op. cit.*, p. 85.

> Pour lui, le tennis est un sport très athlétique, où la routine et les réflexes ne tiennent pas le rôle principal. *Borotra renouvelle son jeu à chaque instant.* Il crée sa méthode au prix de la plus grande dépense d'énergie physique[1].

Autre exemple, toujours dans les années 30, l'invention du revers à deux mains par les joueurs australiens Vivian MacGrath et John Bromwich. Estrabeau et Feuillet, bien plus tard, en 1952, commentent ainsi :

> Nous ne parlerons pas davantage du revers à deux mains des australiens. C'est peut-être le revers de l'avenir. (...) C'est peut-être une mode passagère, encore qu'elle dure déjà depuis longtemps. Nous l'avons vu faire bien souvent. Nous croyons l'avoir compris, mais nous ne savons pas l'exécuter nous-mêmes. Comme nous aimons bien vérifier personnellement ce que nous enseignons à nos élèves, et que cela nous est impossible, nous ne l'avons jamais enseigné à personne. Il est à présumer qu'il est assimilable néanmoins, puisque presque tous les joueurs australiens l'emploient actuellement après l'avoir vu pratiquer par leurs aînés dont le plus connu, Bromwich, est encore un des tout premiers joueurs mondiaux[2].

Dernier exemple, extrait de *L'Abécédaire*, où G. Deleuze rapporte son étonnement et celui des spectateurs de l'époque devant un retour de service coupé qui vient atterrir dans les pieds de l'adversaire qui monte à la volée : Bromwich invente alors un coup que personne ne comprend et ne peut suivre.

Or, si tous ces exemples témoignent de l'étonnement et de l'incompréhension des spectateurs que suscitent la création d'une technique, d'une frappe, ou encore d'un mouvement, ils ne permettent pas de répondre encore à la question : qu'est-ce que le style ?

Le style, c'est ce qui échappe à la récognition et au système tennistique. C'est là le principe premier de notre stylistique. Or deux questions subsistent :

Premièrement, le style d'un joueur – posons l'hypothèse suivante : à force de répétition puis d'imitation – pourrait-il intégrer la pratique commune ? Le style pourrait-t-il faire l'objet d'une récognition ?

1. *Ibid.* Nous soulignons.

2. *Apprendre le tennis*, Paris, Éditions La Table Ronde, 1952, p. 122 et 123. J. Bromwich est aussi le premier joueur au service à remplir ses poches de balles de réserve quand la plupart des joueurs d'avant-guerre servent avec trois, voire quatre balles dans la main (comme par exemple W. Tilden).

Deuxièmement, l'invention d'une technique – celle du lob à la fin du XIX^e siècle ou celle du revers à deux mains dans les années 30 – peut-elle être définie comme un fait de style?

Il me semble que répondre positivement à ces deux questions serait manquer à chaque fois l'essence même du style.

En premier lieu, un style singulier ne peut devenir par définition ni particulier, ni général. Après l'invention du revers à deux mains, ce qu'on reconnaît et ce qu'ensuite des générations de joueurs reprennent n'est pas *le* style de Bromwich. Le style est inimitable, excepté sans doute de manière grossière, laquelle devient comique[1]. Dans l'imitation, on ne retient et on ne reprend qu'une forme générale, abstraite – un style – seule susceptible d'être définie et reconnue.

En second lieu, Bromwich invente le revers à deux mains, certes, mais il crée surtout un revers singulier. Je distinguerai ici le style de la technique : même si le style d'un joueur est lié étroitement à l'invention d'une technique, la technique, prise en elle-même, est seulement la forme abstraite d'une création plus concrète. De même, l'histoire des variations des règles de jeu, de la forme du terrain, du matériel, de l'équipement, des conditions physiques sont des conditions de possibilité d'apparition des styles, des conditions nécessaires mais non suffisantes. Le style échappe donc au structuralisme et aux stylistiques qui lui sont liées.

Ainsi le principe premier de notre stylistique est la définition du style comme un événement: le style est singulier, original, échappe à toute définition et à toute récognition. Enfin, il est inimitable sinon de manière abstraite et grossière.

Une question subsiste pourtant: le style ne pourrait-il pas être récurrent? C'est là une question difficile. Mon expérience de spectateur semble l'attester. Après avoir vu jouer G. Kuerten plusieurs fois, j'ai l'impression de reconnaître le style du joueur dès son entrée sur le cours: «Tiens, voilà Kuerten!» Mais, là encore, est-ce l'essence singulière du style qui est atteinte ou seulement un ensemble de caractères, lesquels, pris séparément, sont tout à fait applicables à d'autres joueurs? La réponse à cette question engage nécessairement une métaphysique du style, laquelle dépasse les limites de cet exposé. Je tenterai simplement d'un présenter ici, pour finir, les principaux enjeux.

1. Sur le comique d'une telle répétition, voir G. Deleuze, *Différence et répétition*, Paris, P.U.F., 1993[7], chap. II, p. 123 *sq*.

## PERSPECTIVES ET CONCLUSION : VERS UNE MÉTAPHYSIQUE DU STYLE

Premièrement, le style du joueur de tennis dépasse l'histoire simple et abstraite de l'individu et du tennis en général. À ses premières apparitions, le style surprend et il fait peur : il met le système en danger, en déséquilibre. Il fait prendre conscience de la fin d'un empire. Lors des premières apparitions à Rolland Garos de grands joueurs comme B. Börg, A. Agassi ou G. Kuerten, la question, le chuchotement dans les gradins présidentiels, est le suivant : « mais que devient le tennis ? » Or, une telle question, posée aussi bien par le spectateur amateur que par le spécialiste, manque l'événement, l'essence même du style et du devenir tennistique. Elle réduit ce devenir à une histoire personnelle ou universelle :

> Devenir, ce n'est jamais imiter, ni faire comme, ni se conformer à un modèle. (…) Il n'y a pas un terme dont on part, ni un auquel on arrive ou auquel on doit arriver. Pas non plus deux termes qui s'échangent. La question : « qu'est-ce que tu deviens ? » est particulièrement stupide, ce qu'il devient change autant que lui-même [1].

On ne trouve le style du joueur ni dans une étude objective du jeu – pour les raisons évoquées précédemment – ni dans une simple biographie. Je prendrai mes distances à la fois avec une stylistique linguistique et descriptive, celle initiée en particulier par Ch. Bally [2], et avec une stylistique génétique, qui cherche le style dans l'histoire et la psychologie du joueur. Qu'est-ce que révèle le style ? Un devenir qui autrement resterait imperceptible : un *passage*, selon la formule de Whitehead, un *fond* primordial et impersonnel. Lisons la définition du style de R. Barthes, dans *Le degré zéro de l'écriture* :

> Quel que soit son raffinement, le style a toujours quelque chose de brut : il est une forme sans destination, il est le produit d'une poussée, non d'une intention, il est comme une dimension verticale et solitaire de la pensée. Ses références sont au niveau d'une biologie ou d'un passé, non d'une Histoire. (…) Il est la voix décorative d'une chair inconnue et secrète ; il fonctionne à la façon d'une Nécessité, comme si, dans cette espèce de poussée florale, le style n'était que le terme d'une métamorphose aveugle et obstinée, partie d'un *infra*-langage qui s'élabore à la limite de la chair et du monde [3].

1. G. Deleuze, *Dialogues*, *op. cit.*, p. 8.
2. Ch. Bally, *Traité de stylistique française*, 2 vol., Genève-Paris, Klincksieck, 1951.
3. R. Barthes, *Le Degré zéro de l'écriture*, Paris, Gonthier, 1953, p. 14 et 15.

Le style est une *poussée* – et non une intention – involontaire et nécessaire. Le style s'exprime malgré nous, exprime un rapport originaire au monde, autrement dit, un point de vue singulier. Dans la création, le joueur ne décide pas, il n'est pas le maître. Il serait intéressant d'étudier ici – mais cela dépasse les limites de cet exposé – les expériences proustiennes de la *Recherche* : les clochers de Martainville, les pavés, la madeleine, où l'auteur découvre, mais forcé, la texture singulière de son être-au-monde :

> Le style pour l'écrivain, aussi bien que la couleur pour le peintre, est une question non de technique mais de vision. Il est la révélation, qui serait impossible par des moyens directs et conscients, de la différence qualitative qu'il y a dans la façon dont nous apparaît le monde, différence qui, s'il n'y avait pas l'art, resterait le secret éternel de chacun. Par l'art seulement nous pouvons sortir de nous, savoir ce que voit un autre de cet univers qui n'est pas le même que le nôtre, et dont les paysages nous seraient restés aussi inconnus que ceux qu'il peut y avoir dans la lune. Grâce à l'art, au lieu de voir un seul monde, le nôtre, nous le voyons se multiplier, et, autant qu'il y a d'artistes originaux, autant nous avons de mondes à notre disposition, plus différents les uns des autres que ceux qui roulent dans l'infini et, bien des siècles après qu'est éteint le foyer dont il émanait, qu'il s'appelât Rembrandt ou Ver Meer, nous envoient encore leur rayon spécial [1].

Deuxièmement, le défaut principal des stylistiques évoquées plus haut est de penser le style comme une qualité liée à une substance : l'œuvre ou l'individu. Au sein d'une métaphysique de l'événement, le style est l'expression de devenirs qui dépassent tout individu. Quelque chose advient, se passe entre moi, l'adversaire, le terrain, les conditions du jeu et le ou les spectateurs. Les styles sont les expressions de devenirs qui impliquent *toute la nature tennistique*. Dans le match qui oppose Lendl et Chang en 1989, il y a un devenir-Chang dans le jeu même de Lendl et réciproquement. C'est ce que G. Deleuze appelle une opération de « double capture » :

> La guêpe et l'orchidée donnent l'exemple. L'orchidée a l'air de former une image de guêpe, mais en fait il y a un devenir-guêpe de l'orchidée, un devenir-orchidée de la guêpe, une double capture puisque « ce que » chacun devient ne change pas moins que « celui qui » devient. La guêpe devient partie de l'appareil de reproduction de l'orchidée, en même temps que l'orchidée devient organe sexuel pour la guêpe. Un seul et même devenir, un seul bloc de devenir [2].

1. M. Proust, *À la recherche du temps perdu,* « Bibliothèque de la Pléiade », Paris, Gallimard, 1989, t. IV, p. 685.

2. G. Deleuze, *Dialogues*, *op. cit.*, p. 8 et 9.

Troisièmement, le style, en tant qu'il est l'expression de devenirs primordiaux, ne cesse de changer, par nature. C'est là la conséquence d'une métaphysique de l'événement et non plus de la substance. Je soutiendrai ici le caractère non récurrent du style, en tant que la récurrence est comprise comme une pure répétition. Le style est l'expression d'une durée, dont l'essence même est le changement. Il est donc essentiellement fuyant : le spectateur et le spécialiste sont toujours en retard sur le devenir et le style du joueur de tennis. On reconnaît le revers de Bromwich lorsque son style est déjà ailleurs, dans d'autres coups et d'autres mouvements. Cela n'empêche pas que soit saisie, lorsque je vois un joueur plusieurs fois, une certaine forme. Mais c'est la relation du style au devenir qu'il faut penser ici à la lumière des catégories whiteheadiennes et non plus aristotéliciennes. Le style n'est plus un attribut, une qualité substantielle, mais une forme rythmique, une configuration, inséparable d'une durée. On retrouve aussi cette idée dans la *Vie des Formes* de H. Focillon : un style, et non plus le style, est une « série de rapports, une syntaxe » :

> Ce n'est pas autrement que le concevaient les Grecs, quand ils le définissaient par les proportions relatives des parties [1].

La reconnaissance d'un style, même si elle est abstraite, n'est donc pas une simple opération de l'esprit. Elle repose bien sur une saisie immédiate du style, dans sa forme la plus concrète, laquelle dépasse les oppositions purement abstraites, ici, de la différence et de la répétition, du singulier et du général. La voie d'une science du style est ouverte, mais qui prendra la forme d'une *rythmologie* [2].

Je terminerai sur cette question : qu'est-ce qu'un grand styliste ?

Le style n'est plus seulement envisagé comme un instrument de classification ou de généralisation, ni seulement comme un processus d'individuation, mais comme une qualité, au sens d'une vertu, d'une puissance et d'une maîtrise. Je distinguerai différents types de joueurs.

D'abord, ceux qui ne créent pas, mais ne font qu'imiter. De tels joueurs – à supposer qu'ils existent – ne jouent pas longtemps et, surtout, n'atteignent jamais un grand niveau.

1. H. Focillon, *op. cit.*, p. 12.

2. C'est une telle science des rythmes que nous avons étudiée chez A.N. Whitehead, en particulier dans l'*Enquête sur les Principes de la Connaissance Naturelle* (1919). Voir G. Durand, *Des événements aux objets. La méthode de l'abstraction extensive chez A.N. Whitehead*, préface M. Malherbe, Frankfurt-Paris-Lancaster, Ontos Verlag, Chromatiques Whiteheadiennes VII, 2007.

Ensuite, ceux qui créent puis cessent de créer. La plupart des joueurs appartiennent à cette classe, me semble-t-il, le plus souvent, par manque de travail et d'assiduité mais aussi sans doute à cause des vicissitudes de la vie quotidienne : leur style, à force de répétition, d'exagération, devient comique, n'est plus un style mais seulement l'objet d'une idolâtrie. Il serait intéressant d'étudier ces joueurs qui ne jouent plus – et la plupart du temps, avec un seul partenaire. Les matchs se répètent et se jouent toujours de la même manière, selon les mêmes schémas. Qu'est-ce qui se joue véritablement dans de telles parties ? Quelle est la nature du jeu ?

Enfin, les grands stylistes, les grands joueurs, dont le travail et l'effort perpétuels tendent à exprimer les devenirs mêmes. La force du grand styliste est de ne jamais sortir, de rester toujours au point ultime de la création. Un grand style est un style qui ne cesse de changer, de varier, en fonction des conditions et des adversaires rencontrés. Un tel style, idéal sans doute, conduirait, me semble-t-il, toujours à la victoire : pour les grands stylistes, la singularité de leur jeu atteint la perfection d'un phrasé musical qui est aussi une maîtrise du monde.

Guillaume DURAND

# HAUTE INTENSITÉ
# UNE APPROCHE PHILOSOPHIQUE DU CYCLOSPORT

*À mon père, cycliste émérite*

## EN GUISE D'ÉCHAUFFEMENT : CYCLOSPORT ET HAUTE INTENSITÉ

Les réflexions qui suivent trouvent leur point d'appui dans une pratique sportive, qui est celle du cyclosport. À la différence du cyclotourisme, le cyclosport a pour finalité la compétition, et c'est à ce titre que je propose de classer sa pratique, bien qu'elle relève du domaine amateur, comme une pratique sportive de haute intensité, au même titre que la course à pied longue distance (marathon) ou le triathlon. Par pratique de haute intensité, je propose d'entendre un type de pratique sportive qui se caractériserait ainsi : le pratiquant n'appréhende pas la souffrance comme une limitation naturelle de sa pratique, mais au contraire comme un seuil à affronter et surmonter en vue de sa propre progression. Dans ce cas, le sportif lie, au plaisir de l'exercice, une dose de souffrance qui participe de ce plaisir global qu'il expérimente. Parmi les sports, certains conduisent plus rapidement que d'autres à toucher cette limite de la souffrance physique, musculaire et cardio-vasculaire, et le cyclisme, sans nul doute, est de ceux-là. Pour préciser le point, j'ajouterai que le sport pratiqué à haute intensité inclut évidemment le sport de haut niveau, mais pas seulement, si l'on entend par sport de haut niveau la pratique professionnelle ou quasi-professionnelle à un niveau national d'un sport donné (en cyclisme, cela correspond aux catégories Elite 1 et 2, et National[1]). La pratique de haute

1. Pour être précis, la Fédération Française de Cyclisme est récemment revenue à la désignation des meilleurs amateurs comme 1re et 2e catégories.

intensité peut donc aussi bien correspondre à un niveau régional, qui est du reste le niveau des bons cyclosportifs, tandis que les meilleurs ont un niveau national, voire proche du niveau élite[1]. Que sont plus précisément les courses cyclosportives? Des épreuves longues (entre 140 et 240 km pour la plupart), apparues il y a un peu plus de 25 ans dans les Alpes, avec la «Marmotte», qui existe toujours et reste pour beaucoup la reine de ces épreuves en France. Initialement destinées aux amateurs, elles ont vu leur niveau s'élever constamment, par le jeu de la compétition interne, mais aussi par l'effet de la venue sur ces courses de coureurs «élite» voire, de temps à autres, professionnels. Autour de 150 cyclosportives sont désormais organisées tous les ans sur le seul territoire français.

Pour faire entrevoir ce qu'implique une telle pratique, cela représente dans mon cas 12000 à 13000 km/an, 300-320 km/semaine (soit une dizaine d'heures d'entraînement). Je participe à des courses cyclosportives depuis 1996, à raison d'une bonne douzaine par an ces dernières années. J'en ai ainsi couru depuis mes débuts plus d'une centaine. Parmi elles, l'Étape du Tour, qui est une des étapes du Tour de France organisée pour les amateurs, et toujours une étape de montagne (Alpes, Pyrénées, Massif Central, mont Ventoux), entre 170 et 220 km, 3000 à 5000 m de dénivelé, que j'ai courue pour la dixième fois consécutivement en juillet 2007 (Foix – Loudenvielle). Ou encore, l'Ardéchoise, qui concentre le plus grand nombre de cyclistes, que j'ai courue en 2007 pour la neuvième fois consécutive. Sur l'Étape du Tour, se retrouvent actuellement jusqu'à 8500 participants sur un seul parcours; à l'Ardéchoise, on dénombre environ 12000 participants, répartis sur plusieurs parcours[2].

Les sports de haute intensité tels que le cyclosport sont susceptibles de rencontrer les critiques qui sont celles adressées massivement au sport

1. En distinguant deux systèmes des sports, l'un dit de la compétition avec les autres, et l'autre de la compétition avec soi-même, en posant que le sport de haut niveau appartient au premier, et que les sports d'endurance comme le marathon ou les épreuves cyclosportives appartiennent au second, P. Yonnet ne peut rendre compte du statut du cyclosport, ni du type d'investissement qui suppose une telle pratique sportive (*cf.* notamment *Huit leçons sur le sport*, Paris, Gallimard, 2004, p. 77, n. 1). S'il s'agissait seulement de terminer la course, les cyclosportifs feraient du cyclotourisme (une pratique par ailleurs très respectable et très développée), et non des compétitions. Il en va de même d'un bon marathonien : lorsqu'il court le marathon en 2h 40, il se situe à un niveau élevé, qui suppose un gros entraînement, et implique la mise en confrontation avec les autres.

2. En termes de résultat, j'ai obtenu ces dernières années plusieurs places d'honneur : en 2005, 4 podiums dans ma catégorie d'âge, dont une victoire, ainsi qu'une deuxième place au classement général; en 2006, 3 podiums dans ma catégorie d'âge, et 2 en 2007, dont une victoire.

professionnel, et plus largement au sport de haut niveau. Ces critiques sont généralement de nature sociologique, ou médicale, et sont énoncées dans ce dernier cas au nom de normes tenues pour évidentes, et jamais examinées en tant que telles. Ce n'est pas le lieu d'entrer ici dans un examen de détail des arguments avancés, mais je me dois de préciser quelques points.

Le sport de haut niveau est, dans la perspective de ces critiques, réduit à un symptôme, on le tient pour l'expression d'un dérèglement, qui agresse et abîme le corps, il relèverait d'un mécanisme addictif, et serait foncièrement nocif[1]. Cette musique, relativement répandue, ne constitue pour le dire en bref qu'une schématisation outrancière, formulée d'un point de vue extérieur au sport, et une incorrecte généralisation fondée sur la considération de cas pathologiques, déviants… La première question à poser serait d'abord celle de la délimitation entre pratique saine et pratique malsaine du sport : au nom de quels critères peut-on décréter que la pratique de haut niveau ou de haute intensité constitue telle quelle une voie nocive ? Cette question n'est pas même envisagée par les auteurs qui assènent ce qu'ils tiennent pour l'évidence même[2]. L'exercice du sportif de haut niveau est

1. *Cf.* par exemple, d'un point de vue médical, D. Lowenstein, ou, d'un point de vue sociologique, P. Yonnet, déjà cité. Le premier voit dans le sport intensif un danger, une pratique non naturelle : « Le sport devient dangereux dès l'instant où l'on se fait violence et où on en abuse. (…) Dans l'excès, le sport n'est plus naturel. Il fait subir au corps des efforts "surhumains" auxquels celui-ci n'est pas habitué. (…) Demander à un corps de grimper à vélo le mont Ventoux sur une distance de 13 km à une vitesse record n'est pas naturel » (*Ces dépendances qui nous gouvernent*, Paris, Calmann-Lévy, 2005, rééd. Livre de Poche, 2007, p. 182-183). Le second assimile strictement le sport de haut niveau au sport-spectacle, c'est-à-dire à un sport relevant exclusivement du dopage : « si la santé devenait l'argument principal de la lutte antidopage dans le sport de haut niveau, il faudrait d'abord interdire le sport de haut niveau lui-même, ou d'autorité édicter des règlements limitant de façon draconienne les charges de travail à l'entraînement. Il faudrait interdire le cyclisme… » (*Huit leçons sur le sport*, Gallimard, 2004, p. 234). Des réflexions et des propositions qui brillent par leur sens de la nuance… Cet auteur, qui n'en est d'ailleurs pas à une outrance près, peut dénoncer dans ce même ouvrage les ravages du dopage, tout en soutenant de façon incohérente qu'à la limite tout est dopage, et que le dopage est partout. Dans cet ordre d'idées, certains auteurs soutiennent de façon plus conséquente qu'il faut aller vers un dopage toléré, et encadré.

2. Lorsque I. Queval effleure la question, citant le grand essai de G. Canguilhem, *Le Normal et le pathologique*, qui définit la santé comme « capacité d'élargissement des latitudes fonctionnelles de l'homme », elle bloque immédiatement toute réflexion en posant une quasi-équivalence entre haut niveau, excès et dopage : « Cette définition [de G. Canguilhem], si elle est satisfaisante en ce qu'elle rend compte du fait que la santé est avant tout affaire d'idiosyncrasies et d'adaptation humaine aux évolutions, ne peut cependant suffire s'il s'agit de pratiques extrêmes comme le haut niveau et/ou le dopage » (« Intensité de soi, incandescence de soi », dans *La Performance, une nouvelle idéologie ?*, B. Helbrunn (éd.), Paris, La Découverte, 2004, p. 95-96). *Cf.* aussi son essai *S'accomplir ou se dépasser*, Paris, Gallimard, 2004, qui soutient que dépasser ses limites compromet la santé, ou que le sport conduit à la dépen-

tantôt vu comme dépendant d'un mécanisme hormonal addictif aboutissant presque inéluctablement à la prise de produits dopants, tantôt réduit à une expression de l'idéologie de la performance et du rendement, reflet d'une société productiviste, qui prône la compétition à outrance, et finit par réduire le sport à sa stricte dimension spectaculaire (les pratiquants ordinaires ne sont alors que de pâles et dérisoires reflets des icônes sportives, luttant seulement contre eux-mêmes…)[1]. À vrai dire, on peut se demander si ces critiques ne prennent pas le problème à l'envers : que le sport soit une construction sociale, comme tout phénomène culturel, ne saurait être nié, mais que son sens s'épuise dans ce conditionnement social est évidemment beaucoup moins probant[2]. On se heurte ici à la difficulté classique posée par des approches sociologiques radicales fortement réductrices. Certes, les pratiques sportives reflètent ou reprennent des traits de la société dans laquelle elles prennent place, que l'on considère les types de sport et leurs règles, ou le rapport général que les individus sont conduits à entretenir avec le jeu, l'exercice physique, l'enjeu de la victoire, etc. Mais par-delà ces conditionnements généraux, ce qui fait véritablement exister le sport, c'est l'investissement individuel, qui est un invariant. La pratique sportive consiste d'abord dans un certain exercice réglé de son corps, un apprentissage individuel des règles, des techniques, au moyen de l'entraînement. De fait, chaque pratiquant, dans un sport donné, développe son style, manifeste des qualités spécifiques, qu'il met en œuvre singulièrement. Il construit cette pratique qui est aussi une construction de soi. Je m'éprouve dans cette pratique d'un sport que je choisis (ce n'est pas nécessairement un sport de masse), et cette épreuve peut être conduite avec des intensités et fréquences variables, selon le projet que je définis moi-même (m'entraîner une, deux, quatre fois par semaine, viser l'entretien ou la progression, la compétition ou non). Celui qui s'entraîne plus de dix heures par semaine consent des sacrifices importants pour cela, il s'entraîne durement, et sa motivation propre ne peut être de poursuivre sous une autre forme l'attente de performance qui serait, très largement, celle de la société, et qu'il poursuivrait par

dance (*cf.* par ex. p. 14 ou 191-192). Il faudrait démontrer que l'excès nuit à la santé, au lieu de la renforcer ; cf. *infra*, p. 155-156 et 159-160.

1. P. Yonnet, déjà cité, passe à côté de la réalité du sport amateur de haute intensité, coincé qu'il est dans sa dichotomie sport-spectacle/sport de masse. Il ne semble pas avoir une idée précise de ce que sont les pratiques des cyclosportifs, triathlètes, marathoniens, et autres coureurs de trail.

2. Pour une perspective globale sur le sport, pondérée et non réductrice, on s'appuiera sur le bel essai de B. Jeu, *Analyse du sport*, Paris, P.U.F., 1992[2].

ailleurs dans son entreprise[1]. Rien ne le contraint à cette pratique dure, qui est d'une tout autre nature que la parade dominicale sur les terrains du tennis club local. La démarche du pratiquant assidu l'attache à un sport, pour ce qu'il y trouve intimement, et non pour ce qu'on lui en dit, ou ce qu'on lui en montre (les sportifs confirmés ne sont d'ailleurs pas nécessairement de grands spectateurs de sport). S'il y a un usage politique, ou économique, du sport, s'il s'est vu, et se voit toujours appliquer des modèles et des attentes extrinsèques (la victoire pour asseoir la force symbolique d'une nation, pour dégager du profit), s'il est élevé au rang de spectacle, on dira que ce faisant il est capté, infléchi, mis au service d'intérêts qui l'instrumentalisent. Comment confondre ces captations socio-économiques, qui transforment une pratique sportive en spectacle médiatique, avec cette pratique elle-même ? Par la marchandisation du sport et son exploitation spectaculaire, par la cristallisation des passions collectives, selon un processus favorisé (de très longue date !) par le politique, le sport au plus haut niveau s'est assurément vu imposer l'attente du résultat coûte que coûte, et a pu conduire à des types de « préparation » qui ont contribué à dévoyer la pratique sportive dans sa forme professionnelle ou préprofessionnelle[2]. Devenu d'abord cet objet de spectacle et ce lieu de conquête, politique et surtout désormais commercial, le sport professionnel contemporain est l'otage d'enjeux politico-économiques puissants. La cause est entendue.

Pour autant, le mode d'organisation et de gestion du sport professionnel, au confluent des intérêts politiques et économiques, ne saurait épuiser le *sens* de la pratique sportive elle-même. Il ne saurait même permettre d'approcher ce qui, au sein de la pratique sportive, est en jeu. En somme, sans naïveté excessive[3], la réponse à ces lectures critiques du sport (le sport pur spectacle ; le sport nocif, traduisant un dérèglement) devrait faire ressortir l'extranéité des points de vue, la faiblesse d'un normativisme

1. Il arrivera que celle-ci impose à ses cadres des stages dits extrêmes, ou de survie, pour les éprouver, mais ces pratiques forcées, qui visent à améliorer le rendement des employés, ne relèvent pas d'une démarche sportive ; elles en sont plutôt la caricature.

2. Le dopage de dernière génération, qui conduit à modifier les paramètres physiologiques des athlètes, en est l'expression la plus tangible et certainement la plus inquiétante. L'athlète n'est plus qu'un produit, dont on attend le meilleur rendement sur une dizaine d'années. Il peut ensuite partir au rebut, à la façon de ces machines à laver et autres produits électroménagers, désormais fabriqués pour durer sept ou huit ans. Quand on constate les ravages que produisent ces dopages-là, on ne peut que trouver affligeantes, pour ne pas dire scandaleuses, les affirmations de fins esprits, pour qui tout est dopage, les suppléments vitaminés et les stages en montagne au même titre que la prise d'EPO.

3. Certains amateurs, certains cyclosportifs sans doute aussi, usent de produits dopants.

non conscient de lui-même, l'absence de prise en compte de pratiques équilibrées et équilibrantes du sport que je nomme de haute intensité. Je crois pouvoir affirmer que la plupart des cyclosportifs que je côtoie sont en excellente santé, et qu'un grand nombre d'entre eux n'ont pas, à ma connaissance, de conduite dopante. Aujourd'hui, le dopage n'est certainement pas inhérent à la pratique cycliste, et plus spécifiquement cyclosportive. Il a sans doute existé une «culture du doping», comme on disait autrefois, dans le milieu du cyclisme amateur et professionnel, mais le problème ne se pose plus exactement dans les mêmes termes aujourd'hui : on prenait des produits pour endurer plus facilement les difficultés de ce sport, sans conscience réelle d'un danger pour la santé; désormais, les méfaits du dopage sont connus, et la prise de produits dopants s'accompagne de la conscience du risque qui en découle. La recherche de la performance par le dopage est sans doute le fait de bon nombre de professionnels et d'amateurs «élite». Cela peut bien concerner aussi des amateurs de catégorie inférieure, ou des cyclosportifs insensés – mais après tout, ne trouve-t-on pas dans tous les milieux des individus qui se détruisent par l'alcool, la drogue ou le tabac ? De telles attitudes ne sont pas l'apanage du milieu sportif.

Pour aller au-delà de ces approches schématiques et extérieures, qui décrient la pratique sportive de haute intensité et remettent en question la pertinence de l'idée même de dépassement physique [1], j'en passerai par une série de réflexions touchant le cyclosport. Concernant la thèse générale, je m'efforcerai de soutenir que la pratique que j'appelle « de haute intensité », non seulement n'est pas malsaine ou nocive en tant que telle, non seulement n'est pas un simple symptôme ou le pur effet d'un conditionnement socio-économique, mais qu'elle offre au contraire l'occasion d'un régime d'exercices et d'expériences cruciales telles qu'en retour la vie de celui qui l'expérimente en est modifiée positivement, et durablement. S'agissant du vélo proprement dit, je serai amené à esquisser chemin faisant une typologie des pratiques, qui touchent tant à l'entraînement qu'à la compétition.

1. Ainsi, I. Queval, citée plus haut (p. 149, n. 2), qui fait du dépassement une idée moderne, quand elle est au cœur de l'idéal antique (héroïsation, immortalisation), quand l'entraînement des athlètes est un des modèles utilisés par les Anciens (dans la tradition cynico-stoïcienne notamment) pour penser la progression philosophique, qui vise à accomplir *et* dépasser la condition humaine.

## HORS PHILOSOPHIE ? HAUTE INTENSITÉ ET EXCÈS

Concernant le rapport entre cyclisme et philosophie, je dirai pour commencer que je n'ai personnellement jamais appréhendé la pratique sportive comme un moyen (d'atteindre autre chose) ou comme une application (d'une vérité qui serait préalable à cette pratique), mais comme valant en tant que telle, par elle-même. La pratique sportive n'a pas besoin de la philosophie pour trouver sa justification, et elle ne découle pas d'elle (au sens d'une exigence que la philosophie ferait valoir), à la manière dont les platoniciens, les cyniques ou les stoïciens ont pu, dans l'Antiquité, considérer l'exercice physique : exercer le corps, l'endurcir, pour endurcir l'âme, ou encore rechercher un équilibre (âme-corps), ou enfin entretenir le corps dans un état de santé tel qu'il ne soit pas un obstacle pour l'âme. Ce sont évidemment là des rapports possibles de l'activité physique à l'activité de pensée, et il n'y aurait guère de sens à les prétendre erronés, car ils correspondent sans doute, *mutatis mutandis*, à bon nombre de pratiques sportives courantes. On ne peut du reste nier qu'un effet général de l'exercice physique consiste à produire ces effets d'endurcissement, équilibrage, entretien ; on ne peut néanmoins pas rendre compte de la pratique sportive « de haute intensité » à partir de ces modèles-là. En effet, dans tous les cas que j'ai mentionnés, le corps semble devoir être placé sous contrôle, et l'activité physique apparaît elle-même sous contrôle : il s'agit de servir l'âme, ou à tout le moins l'esprit, de le favoriser, ou négativement, de faire en sorte que son exercice ne soit pas entravé. Pourtant, dans la pratique sportive, se laisse entrevoir une logique propre du corps, que de façon fascinante, le sport pratiqué à haute intensité, permet de mettre à nu. Reste à avancer un peu en pensée en direction de cette pratique, pour tenter de ressaisir quelque chose de cette logique propre du corps. Cela suppose d'admettre, à titre d'hypothèse, une certaine précellence de ce dernier, au moins dans le temps de la pratique. Il est intéressant d'explorer ce que peut révéler cette inversion des ordres, qui semble placer l'esprit sous la conduite du corps[1], et d'envisager dans quelle mesure le corps révèle à cette

1. Dire cela revient en fait à préjuger de leur nature, de leur principe de distinction et de leur mode de relation « ordinaire ». Il serait sans doute plus correct de suggérer que dans l'exercice sportif intense le corps est principe et fin de l'activité, et que l'esprit se fait son collaborateur, son accompagnateur. En réalité, ce n'est donc pas sur le mode d'un antagonisme que la relation corps et esprit doit être envisagée, mais plutôt sur le mode d'une coopération et corrélation, qui ne préjuge rien de leur nature respective. Et si d'aventure il n'est pas de séparation réelle, substantielle, entre corps et esprit, mieux, si d'une certaine

occasion quelque chose sur lui-même, c'est-à-dire sur nous-mêmes, faisant entrevoir une vérité qui ne procède que de son exercice extrême.

Reste à savoir comment en parler, et s'il est possible de le faire. On ne peut de fait nier que l'exercice sportif de haute intensité semble présenter une certaine hétérogénéité avec l'exercice de la pensée : la pratique cycliste intensive suppose une mobilisation complète de toutes les capacités du corps en vue du geste cycliste, et dans une bonne mesure elle se présente comme l'antithèse de l'activité intellectuelle. Mais dire cela n'implique pas nécessairement que la pratique sportive confirme *ipso facto* son infériorité par rapport à toute activité où une pensée réfléchie est à l'œuvre : en effet, si l'on ne peut donner libre cours à sa pensée lorsque l'on pratique le vélo à son maximum d'intensité, il est bien des situations de l'existence où il n'est pas non plus possible de penser en ce sens, où l'on est tout entier dans l'application, dans la mise en œuvre, qui implique des décisions rapides, des mouvements vifs, des gestes coordonnés. Pour autant, cela n'ôte pas toute valeur ni tout intérêt à ce qui se joue alors – on pourrait même envisager de soutenir l'inverse. Pour le dire schématiquement, on contestera que la pensée trouve son unique grandeur à se clore sur elle-même, dans un pur mouvement réflexif qu'emblématise la définition aristotélicienne du dieu Premier Principe, comme *noèsis noèseôs*, « pensée de la pensée » [1]. On pourrait au contraire affirmer qu'elle tire sa consistance de ce qui n'est pas elle, qu'elle assimile et qu'elle reprend dans la forme de la pensée ; et l'on irait jusqu'à soutenir que la pensée ne trouve d'ultime justification que dans ce qu'elle permet d'accomplir, et qu'elle n'est donc pas en ce sens, à elle seule et par elle-même, le bien suprême. Enfin, si l'on admettait que la pensée ne peut s'exercer sans l'activité du corps vivant, l'on ne pourrait que poser l'existence d'une corrélation étroite entre activité de pensée et activité du corps ; de sorte que l'activité de haute intensité n'interromprait pas l'activité de pensée, mais lui conférerait une forme spécifique. Bref, nous pouvons peut-être beaucoup apprendre sur nous-mêmes d'une pratique sportive de haute intensité, et nous ne pouvons exclure qu'elle nous permette d'accéder à des formes d'expérience, physique et spirituelle, sans réel équivalent.

manière le corps est pensant, alors l'expérience de l'exercice physique de haute intensité se révélera d'autant plus riche d'enseignement et de promesses.

1. *Métaphysique*, L 9, 1074b34.

Pour achever ces premières considérations générales sur la pratique sportive, j'avancerai quatre thèses-cadres, que la suite de ma réflexion reprendra et illustrera.

1) Le sport de haut niveau ou de haute intensité n'est pas sans rapport avec le sport tout court; il en développe certaines virtualités, et ce faisant débouche sur autre chose que le simple entretien physique. Son ressort le plus intime me semble constitué par l'excès.

2) La pratique sportive de haute intensité se traduit par la mise à l'épreuve de soi, et cette mise à l'épreuve se construit plus précisément dans une polarité : d'une part, le soi s'éprouve comme corps actif, énergétique, visant l'intensification maximale de cette énergie; d'autre part, le soi éprouve et teste cette intensification dans et par la confrontation avec l'autre. Cela me conduit à parler respectivement de *principe hyperbolique*, et de *principe agonistique*.

Ces deux principes se présentent tout à la fois comme complémentaires et antagonistes; ils sont en tension l'un avec l'autre. Ainsi :

3) Le *principe hyperbolique* permet de comprendre comment le soi s'intensifiant tend à se faire pur mouvement, et tend ainsi à sa désindividualisation, à son unification par simplification – la mesure de cette pratique est absolue; elle repose sur le principe de l'excès. L'excès, c'est en effet l'excès de ses propres limites; et dans ce pur mouvement de l'excès qui implique d'atteindre le paroxysme de l'effort, c'est le soi qui, s'excédant lui-même, tend à n'être plus un soi appréhendé comme une réalité stable, définie, mais un mouvement pur, non plus un individu, mais un "un" dynamique indifférencié, plus une conscience réflexive, mais une *simple* conscience, c'est-à-dire une conscience simplifiée, qui est toute dans l'effort, toute dans le souffle, toute dans le mouvement. On pourrait même dire que cette conscience *se fait* tout effort, tout souffle, tout mouvement, tandis que le corps est une forme en mouvement, ou un mouvement se configurant.

4) Le *principe agonistique* contribue à l'opposé au renforcement de l'individualité, par la confrontation avec l'autre et la rivalité – la mesure est ici relative, quand bien même se reverse dans le fait même de l'*agôn* toute la dimension hyperbolique. Car l'*agôn* suppose le dédoublement réflexif de la conscience, et la conscience de l'altérité, d'une altérité que l'on pourrait dire pédalante, soufflante, énergétique, semblable à soi-même *et* s'opposant à soi.

Ainsi donc, ces deux principes, qui induisent deux types de mesure, ne peuvent en fait prendre sens l'un indépendamment de l'autre. Le fait de se mesurer à soi, qui tend à excéder le soi lui-même, appelle des points de référence extérieurs; se mesurer à l'autre permet donc de se mesurer à soi, mais, par là même, le fait de se mesurer à l'autre ramène à son individualité, c'est-à-dire à ce que nous sommes, et que l'excès tend, mais de façon momentanée, à surmonter. L'excès doit donc *in fine* être référé à un terme, qui permet, non de mesurer, mais d'évaluer l'excès. L'excès, en tant que principe du sport de haute intensité, conduit ainsi à un double mouvement de dépassement de soi (le soi mouvement) et de retour sur soi (le soi rival).

Cela posé, je voudrais maintenant examiner ce qui se passe plus précisément lorsqu'on enfourche un vélo, dans cette perspective de la pratique de haute intensité.

## DE LA FORME ET DU RYTHME – MÉTAMORPHOSES CYCLISTES

Le cycliste, comme bien d'autres sportifs sans doute, cherche obsessionnellement « la forme ». Mais qu'on ne s'y trompe pas : cette poursuite de « la forme » signifie bien moins la recherche d'un bien-être au repos, que la recherche, à première vue paradoxale sans doute, d'un bien-être dans l'effort. Lorsqu'il « tient la forme », le cycliste peut aussi dire qu'il « a des sensations », des sensations qui sont éprouvées dans le mouvement, dans l'effectuation du geste, qu'il s'agisse de rouler sur le plat, en faux plat, ou dans un col. Avoir « la socquette légère » est source d'un intense plaisir…

En bonne logique, la forme dont le cycliste fait sa quête doit être sous-tendue par le principe hyperbolique dont je viens de parler. Mais qu'est-elle exactement, cette « forme » après laquelle court le cycliste ? Au début de son entraînement (par exemple, après ce qu'on appelle la coupure hivernale), il ne l'a pas, mais la cherche, il sait ce qu'elle est pour l'avoir ressentie auparavant, il sait donc sans erreur qu'il l'a ou ne l'a pas, il ressent avec évidence sa présence ou son absence, il sent de même quand elle approche, il la reconnaît quand elle est là, bien que ses manifestations puissent être éventuellement assez différentes, comme elles s'inscrivent dans de grands et de petits cycles physiologiques (un état général de forme peut connaître de petites variations; il arrive ainsi que l'on n'ait pas de bonnes sensations avant la course, la veille, le matin même, mais qu'on les ressente pendant; l'inverse est également vrai). Cette « forme », qui rend possible la performance, ne préexiste pas, elle peut de surcroît disparaître très soudainement, momentanément, ou définitivement au cours d'une saison. Fragile, évanescente, même si tout le travail d'entraînement consiste à l'acquérir et la stabiliser, cette forme ne renvoie donc pas à une forme essentielle, de type aristotélicien, qui nous constituerait et nous identifierait une fois pour toutes; cette forme mouvante, à construire et parfaire, est tout au contraire l'effet d'un travail physique sur soi, d'un entraînement régulier qui, s'il est bien conduit, peut effectivement amener à un tel état[1].

Cette forme, qui semble livrer la quintessence de l'entraînement sportif, et en tout cas cycliste, ne correspond donc pas à un donné préalable; elle serait plutôt comme le résultat d'une longue série d'entraînements, et constitue comme son *acmè*, sa pointe essentielle. Peut-on donner sens philosophiquement à cette idée d'une forme transitoire, fugace? Doit-on n'y voir qu'un effet de langage, la simple dérivation de l'expression « être en forme », quelque chose qui signifierait très platement « aller bien » ? Je formulerai l'hypothèse que ces formules cernent un point central des pratiques sportives de haute intensité : par delà nos déterminations spécifiques, ce qui fait chacun de nous, ce qui le configure de façon singulière, est un certain rapport continué à soi, et la forme est alors moins un donné que le résultat d'un travail répété sur soi[2].

Autorisons-nous, pour penser cela, deux petits détournements. Il est dans l'Antiquité une approche philosophique de la forme assez séduisante pour notre propos, qui est celle de Démocrite. Ce dernier, selon Aristote, aurait, pour désigner le *skhèma* des éléments (les atomes), c'est-à-dire leur figure, ou configuration extérieure, employé le terme de *rhusmos*, « rythme ». Le passage où Aristote évoque cela (*Métaphysique* A 4, 985b12-20) a suscité de nombreux commentaires, et il n'est pas facile de dégager le sens précis de ce que Démocrite entend par *rhusmos*. Pour le présenter en bref, Démocrite semble concevoir ce qui, pour Aristote, est tenu pour figure (*skhèma*) stable d'un corps, comme un mouvement rythmique, qui « prend forme ». Or, si cette figure est rythme, elle est susceptible, en conséquence de son mouvement interne, de modifier ou varier sa forme (le verbe grec désignant cela est *metarhusmizein*). En opérant un détournement de ce concept de *rhusmos*, je suggérerai que la pratique intensive du sport, et notamment du cyclisme, fait éprouver quelque chose de cet ordre dans son travail sur la forme. Nous nous appréhendons, dans

1. En terre aristotélicienne, c'est le couple *hexis* (état, ou disposition stable)/*diathesis* (disposition temporaire), qu'il faudrait faire jouer ; cf. *Catégories*, 8b26-9a14.

2. Le point est évidemment généralisable : si l'entraînement de haute intensité fait nettement percevoir la plasticité et l'impermanence de la forme, que l'on ne conserve qu'en l'entretenant, alors cette observation est généralisable. Pour chacun d'entre nous, sportif ou non, la forme est en permanence l'effet de cette configuration dynamique que la haute intensité met particulièrement en lumière.

notre unité organique, comme une forme mouvante; nous nous exerçons à la recherche de notre forme, c'est-à-dire de notre meilleur mouvement rythmique, ou encore de notre meilleure « pulsation » (*palsis*) comme diraient cette fois les épicuriens, qui désignent ainsi, pour leur part, le mouvement vibratoire des atomes au sein d'un agrégat d'atomes et de vide donné. De fait, dans cette recherche de conceptions philosophiques d'une forme mouvante, il me faudrait glisser de Démocrite à Épicure. En effet, le premier fonde tout le devenir des êtres sur le principe métaphysique de nécessité (la figure-rythme dont j'ai parlé est celle des atomes eux-mêmes), tandis que les épicuriens soutiennent un principe inverse d'indétermination physique (devenir aléatoire des combinaisons atomiques). Ainsi, ces derniers débouchent à la fois sur la considération des limites résultant de ces combinaisons aléatoires d'agrégats (de ces agrégats résultent des propriétés, contraintes, possibilités et impossibilités structurelles), et sur celle d'une autodétermination possible pour certains de ces agrégats, à savoir les êtres vivants. La capacité d'orienter soi-même son mouvement est en effet ce qui va permettre à un vivant, et tout spécialement à l'homme, de faire évoluer ses propriétés, d'intensifier ses mouvements énergétiques, et par là de forger, modifier, faire évoluer cette forme sans forme préalable définitivement arrêtée, au moyen d'exercice spécifiques.

Mais ces points d'appui historiques ne sont pas cruciaux; l'important est ici la chose même dont nous parlons. À cet égard, il faut noter en particulier que, dans l'entraînement, et spécialement l'entraînement cycliste, la recherche de la forme consiste dans un travail concerté sur soi appréhendé comme corps actif, un travail qui vise à améliorer ses capacités cardiaques, vasculaires, respiratoires, musculaires, en vue d'atteindre un état *qui est non pas à reproduire mais à produire*. Cette forme en effet n'est pas un donné préexistant, son apparition n'est pas le résultat mécanique d'une recette immuable; elle survient au contraire de façon relativement imprévisible, avec des intensités variables (les pics de forme), quand bien même l'entraînement a été programmé de la façon la plus rigoureuse, et dépend enfin d'une bonne disponibilité d'esprit.

« Faire du rythme », pour un cycliste, c'est travailler les changements de rythme, travailler en intensité, s'exercer « par intervalles », afin de devenir plus résistant et plus complet, capable de répondre à toute attaque, ou de la lancer soi-même. La recherche de la forme, de la forme-rythme, suppose la mise en œuvre du principe hyperbolique : c'est en se poussant à ses limites, précisément donc en travaillant le rythme en toutes ses déclinaisons, que l'on forge sa forme, ou que l'on devient au sens littéral per-formant. La performance est la traduction en acte de cette forme acquise, forgée par l'exercice répété.

## Ce qu'éprouve le cyclosportif - excès, souffrance, plaisir

### *Logique de l'entraînement*

L'entraînement vise donc la progression; la progression suppose la répétition, mais aussi la variation dans les exercices, dans les types d'exercice, dans l'intensité et dans la durée.

Il faut acquérir l'endurance, ce qui est facile (il suffit de rouler longtemps à vitesse constante et un peu soutenue), mais aussi la résistance, ce qui est plus exigeant, et enfin acquérir la capacité à travailler dans les zones limites (seuil aérobie – zone de transition aérobie/anaérobie – seuil anaérobie : on pénètre alors dans la zone dite « rouge », de l'anaérobie lactique, épuisant, tandis qu'au-delà l'anaérobie alactique transforme ses jambes en « fusées »... à combustion très brève).

L'entraînement d'un cyclosportif est ainsi très varié; il comporte des sorties flâneries, qui s'apparentent au cyclotourisme, et se pratiquent l'hiver ou en récupération, des sorties au contraire intenses ou très intenses, des sorties d'entraînement fractionné, dit encore par intervalles (éventuellement sur *home-trainer*), des sorties longues.

Dans le rapport à son corps, on oscille ainsi, au cours de l'entraînement, entre deux types d'état, que je qualifierai de corps pensant (exercice préservant les réserves : état d'équilibre) et corps dépensant (entame des réserves jusqu'à l'épuisement : dette, d'oxygène, énergétique).

À intensité faible ou modérée, le corps pense, la pensée se libère, se diffuse et s'étale, grâce au mouvement, dans l'équilibre du souffle et une bonne circulation énergétique; à haute intensité, le souffle se concentre dans les zones sollicitées, et la pensée se concentre d'autant, devient fixe et rétrécit son champ, tendant à se confondre avec les parties du corps sollicitées (dans ce que j'appelle l'état du corps dépensant). Mais sur tout le spectre des exercices, la circulation du souffle conditionne à la fois l'exercice physique et l'exercice de la pensée; parmi les références philosophiques possibles surgit ici le stoïcisme, qui a placé le souffle-*pneuma* au principe de sa physique (tous les êtres tiennent leur être de leur *pneuma*; et ils « tiennent » même tout court par ce *pneuma*).

Ce qui est important est en tout cas que chaque exercice soit toujours spécifique. Les exercices les plus spectaculaires et les plus difficiles sont ceux qui mettent en œuvre :

– le travail proche de la Puissance Maximum Aérobie (où l'on flirte avec la zone rouge, et qui se traduit par un essoufflement extrême, une sensation de brûlure progressive des cuisses);

– le surrégime (Puissance Maximum Aérobie à 100% et au-delà) où, sur de faibles durées répétées, l'on s'installe dans la zone rouge, pour apprendre à supporter la vive douleur qu'elle engendre, et la faire reculer (avec une certaine détermination, il faut bien l'avouer!);

– la survélocité (travail à 110-120 tours minute, voire plus) – des vitesses de rotation qui paraissaient inaccessibles au départ se révèlent ensuite enfantines;

– le surdéveloppement (montée de côtes grand braquet, « tout à droite ») – travail de force presque insupportable au départ, qui renforce les fibres musculaires lentes, et devient ainsi facilité par la répétition.

À chaque fois, c'est un certain type d'excès qui est en jeu, et qui vise à obtenir une progression spécifique (cardio-vasculaire et musculaire: moins de fatigue à un même niveau d'effort; renforcement des fibres rapides, lentes, mixtes, amélioration de l'oxygénation, capacité à supporter les montées d'acide lactique). On doit noter à ce propos que le cyclisme sur route présente une certaine spécificité parmi les sports d'endurance, car il mobilise des types d'effort très variés, et comporte de fréquents changements de rythme (liés au relief et aux stratégies de course), bien plus qu'en VTT, en course à pied, ou en ski de fond, où l'effort est globalement plus continu.

### *La pure énergétique : souffle, souffrance et plaisir*

#### Effort, et sortie de soi

Une idée philosophique traditionnelle, qu'illustre en particulier le platonisme antique, du *Phédon* de Platon aux traités de Plotin, appelle à isoler l'âme du corps, à le ramasser en lui-même – ce qui semble être la condition de son épanouissement. Il est important, par souci de vérité historique, de signaler que la position de Platon sur le corps ne se réduit pas à cette opposition radicale, et comporte bien plus de subtilité[1]. Quoi qu'il en soit, on peut noter que le corps qui est opposé à l'âme dans le *Phédon*, est un corps que l'on pourrait qualifier de « moyen »; il est présenté comme

1. Les thèses dualistes du *Phédon* (en particulier 63e-68b) sont en réalité à lire dans le contexte problématique qui est le leur (la question de l'immortalité de l'âme). Sur l'intérêt de l'exercice physique dans une perspective politique selon Platon, on peut lire les bonnes analyses de B. Jeu, dans *Analyse du sport*, chap. 12, p. 96-107.

pesant, indigent, passif, source de troubles et d'embarras. On peut bien admettre qu'un corps « moyen » de ce genre, peu ou pas du tout exercé, subissant rapidement les assauts de l'âge, soit effectivement un embarras. Mais le rôle de l'exercice physique n'est-il pas précisément de discipliner, de former ce corps, de le rendre plus léger, plus actif, plus puissant, y compris en vue de libérer l'esprit[1] ? En un sens, le corps comme entité toujours identique à elle-même, n'existe pas, mais il n'y a que des corps différenciés, connaissant des intensités variables. Il faudrait donc dire pour commencer que l'exercice physique à l'équilibre dont j'ai parlé (l'un des deux types d'état par lesquels fait passer l'entraînement intensif) rend le corps moins pesant et plus actif, et contribue à libérer la pensée. En sortant du contexte platonicien, l'on dirait tout simplement que le corps se fait pensant.

Mais que se passe-t-il maintenant avec le corps actif, poussé à ses limites, celui qui est poussé par le principe hyperbolique ? Je serais tenté de dire que dans sa métamorphose, il donne accès à un plan d'existence tout à fait singulier. Ici, tout se passe comme si l'esprit s'absorbait totalement dans le corps, se corporéifiant, se « fibrifiant », et cette fois c'est la pensée qui se fait corps ; le résultat n'est pas que l'activité de l'esprit est perdue en cela même, mais que l'esprit accède, indiscernable du corps, à un plan d'existence exceptionnel. Car dans l'effort total, aux limites extrêmes de ses possibilités, le soi tend à devenir pur souffle, à se simplifier et se dépasser en tant que forme limitée, pour devenir « seulement un ». Cette expérience extatique dans l'effort total et la souffrance radicale découvre un plan d'existence qu'un Plotin ne pensait pour sa part accessible que par l'échappée de l'âme hors du corps. Or, elle se révèle atteignable à partir du corps et en lui, dans ce mouvement énergétique paroxystique auquel l'effort cycliste conduit par moments. Qui en a fait l'expérience comprend de quoi je veux ici parler, pour pasticher Plotin[2].

Souffle, souffrance, plaisir

Dans les exercices de haute intensité, le cycliste tend à se faire pur souffle, de ce souffle circulant dans le corps, qui le transforme en corps soufflerie, système énergétique qui stocke, brûle, recycle, en vue de

1. Je mentionne à la fin de cet essai (p. 166-167), une précieuse réflexion de Platon en ce sens.

2. Reprenant lui-même une formule des mystères d'Eleusis, Plotin écrit : « Celui qui a vu sait ce que je dis, à savoir que l'âme reçoit alors une autre vie, lorsqu'elle s'approche de lui [le Bien], qu'elle parvient enfin à lui, qu'elle participe de lui… » (*traité 9* (VI, 9), 9, 46, trad. fr. P. Hadot, *Traité 9*, Paris, Le Cerf, 1994) ; *cf.* aussi *traité 1* (I, 6), 7, 2.

certains gestes qui, dans le cas du cyclisme, sont très répétitifs, bien que dans le détail assez différenciés.

Il va contre lui-même, produit de l'énergie, mais aussi de la souffrance, dans certains muscles, zones de son corps (par la montée d'acide lactique). Cette souffrance, il s'efforce de la maîtriser, de la contenir, ou au moins de la supporter. S'il parvient à ce résultat, il éprouve un plaisir extrême, très sauvage et paradoxal, qui s'augmente par inversion du sens des souffrances, dès lors qu'elles sont dominées (la libération chimique d'endorphines par le corps y aide). On est ici face à un exercice qui est autant de nature physique que spirituelle, où l'enjeu est une intensification indéfinie d'un soi excédé/s'excédant. Le devenir « seulement un » est lui-même plaisant, mais selon un plaisir poussé à l'extrême, c'est-à-dire procédant d'une certaine expérience de l'extrême. La distinction plaisir-souffrance n'existe plus alors de façon nette, parce que le plaisir éprouvé naît du fait de supporter l'intensité de la douleur. Il s'agit moins alors de faire se succéder le plaisir à la douleur que de métamorphoser la douleur en plaisir.

En deça de ce type d'exercice, se trouve le plan du sport-entretien, du sport-loisir, dans lequel le corps n'est pas poussé, et ne se mesure pas, ou faiblement ; s'il souffre, c'est par défaut d'exercice, et non par excès. Or, il est important de souligner que la pratique de haute intensité est accessible à tous – il faut simplement, pour la mettre en œuvre, ressentir le désir d'une sorte de saut dans l'inconnu par lequel je tente d'éprouver les possibilités de mon corps, et m'aventurer du connu vers l'inconnu, prenant ce risque d'affronter mes limites, ma souffrance, et les excéder.

Pour penser ce plaisir paradoxal, la philosophie épicurienne peut, en dépit des apparences, fournir un point d'appui intéressant, moyennant quelques aménagements. L'idée épicurienne fondamentale du *plaisir comme suppression de la souffrance*[1] peut en effet aider à comprendre, je crois, le mécanisme de l'exercice intensif. Certes, l'idée épicurienne qu'il convient d'échapper à toute forme de dépendance, d'addiction, comme l'on dit aujourd'hui, semble donner son congé au principe de la répétition de l'exercice. En tant que non nécessaire, l'exercice physique ne devrait pas être cultivé. De surcroît, la visée épicurienne de l'ataraxie, de l'absence de trouble, ne semble pas moins détourner de la pratique cycliste telle que je l'évoque. Admettons toutefois que le déplacement de la ligne de souffrance

1. Voir la *Maxime Capitale* III : « La suppression de tout ce qui est souffrant est la limite de la grandeur des plaisirs. Et là où se trouve ce qui ressent du plaisir, tout le temps qu'il est, là n'est pas ce qui est souffrant, affligé, ou les deux » (trad. fr. J.-F. Balaudé, Épicure, *Lettres, maximes, sentences*, Livre de Poche, 2e éd. 1999).

renouvelle à chaque fois le sens et la mise en œuvre du plaisir comme suppression de cette souffrance. Il s'ensuivrait que l'entraînement, et sa recherche concertée d'états de souffrance à surmonter, servirait la visée de plaisir, autrement dit servirait l'état de santé, un état de grande santé, parce qu'il s'agirait de parvenir à éprouver du plaisir là même où il n'apparaît pas spontanément. Que l'état parfait de plaisir soit un état stable n'exclut pas, voire implique, que cette stabilité soit entretenue à partir d'une grande diversité de situations, et par exemple d'une élévation concertée du seuil de souffrance (le plaisir stable et continu n'est d'ailleurs pas exclusif, pour Épicure, de variations de plaisir). L'entraînement vise de fait à permettre de faire face à tout type de situation et de renforcer la capacité générale d'endurance et de résistance. Ainsi, le goût pour la souffrance tenu pour si suspect par les adversaires du sport intensif a bien pour résultat de produire un état de plaisir supérieur, supérieur parce qu'il est conquis sur des niveaux de souffrance (toujours) plus élevés. Ce n'est donc pas que l'on tente d'augmenter le plaisir (c'est impossible selon Épicure, puisque le plaisir résulte strictement de la suppression de la douleur), mais que l'on cherche à atteindre le plaisir, en dépit de l'augmentation de la souffrance, tout en élevant le degré de souffrance.

On pourrait enfin rappeler, dans une perspective sensiblement différente (car elle ne repose pas sur la thèse cardinale du plaisir principe), la proposition de Diogène le cynique, affirmant :

> du plaisir lui-même, le mépris est des plus doux, à condition de s'y être exercé au préalable. Tout comme les gens qui se sont accoutumés à une vie de plaisir trouvent déplaisant de passer au style de vie opposé, de même ceux qui se sont exercés au style de vie opposé, éprouvent à mépriser les plaisirs un plaisir plus grand que ces plaisirs eux-mêmes [1].

La pratique que j'évoque trouverait là un autre type d'interprétation, dès lors qu'elle manifesterait que le mépris du plaisir (entendons du plaisir immédiat résultant du repos) apporte le plus grand plaisir.

Faut-il trancher, et décider que nous recherchons toujours effectivement le plaisir, un plaisir éventuellement supérieur et rare, correspondant à des états hors norme ? Faut-il plutôt poser que le plaisir vient par surcroît, en somme, par mépris du plaisir ? On pourrait bien imaginer que ces deux visions correspondent à deux tropismes affectifs (ce qu'Épicure n'aurait évidemment pas admis en ces termes); quoi qu'il en soit, elles offrent

1. Diogène Laërce, *Vies et doctrines des philosophes illustres*, VI, 71, trad. fr. M.-O. Goulet-Cazé, « La Pochothèque », Paris, Livre de Poche, 1999.

l'opportunité de penser un plaisir produit à travers la souffrance, au-delà d'elle, par renversement.

Que l'on envisage le paroxysme de l'effort, ou le fait de surmonter la souffrance, l'entraînement cycliste à haute intensité permet par conséquent dans ces états d'éprouver des expériences cruciales ; celles-ci mettent à nu le mouvement vital qui se déploie comme un mouvement construit, variant et s'intensifiant, se portant aux limites de lui-même, aux limites de l'individualité. En retour, l'équilibre de l'individu s'en trouve renforcé, accru : car s'il éprouve ses limites et les fait reculer, il trouve une plus grande et plus solide stabilité à les avoir atteintes.

Cela étant, un point capital doit être ajouté : l'entraînement de haute intensité ne se soutiendrait pas sans l'occasion, ou même la perspective d'une confrontation, d'un *agôn*, qui constitue à certains égards sa finalité. L'énergie déployée dans l'effort vise aussi à manifester une supériorité ; elle vise la victoire sur les autres, ces rivaux avec lesquels je me mesure. Ce point est à prendre en considération, mais aussi bien à nuancer, comme je vais être amené à le suggérer en esquissant pour terminer une petite typologie de la compétition cyclosportive.

## CE QUI EST POURSUIVI – COMPÉTITION, PERFECTION

Le type d'entraînement varié que j'ai évoqué vise à faire face à tout type de situation, de terrain, et se distingue par là, je l'ai indiqué, des entraînements correspondant à d'autres sports d'endurance. Mais les courses cyclosportives sont de plusieurs types. En fonction de la distance et surtout du relief, elles connaissent des déroulements très différents.

On peut ainsi poser que le principe *agonistique* est illustré de la manière la plus complète par les courses de plaine, qui sont des courses dites « de paquet », où la victoire se joue sur de petits écarts, au terme de tentatives multiples d'échappée, dont l'une éventuellement aboutira, à moins que la course ne s'achève au sprint. À l'extrême opposé, nous avons les courses de haute montagne, où le principe *agonistique* joue faiblement. C'est à soi que l'on est confronté dans les grands cols : on y est confronté principalement au principe hyperbolique, avec lequel on joue en permanence, dans la durée, en se tenant à la limite. Le risque est d'aller trop loin, de « se cramer »[1], et la réussite d'une course de haute montagne tient dans la bonne gestion de l'effort, par rapport à ses propres limites, que l'on doit éviter de dépasser, sauf à la fin. Le bon montagnard, à l'inverse du coureur de plaine, est une sorte de monade pédalante.

Entre ces deux extrêmes, prennent place les courses vallonnées et les courses de moyenne montagne, dans lesquelles les deux principes jouent ensemble, mais de façon atténuée (l'*agôn* reste dominant dans les courses vallonnées, son importance s'atténue dans les courses de moyenne montagne).

Pour donner quelques repères concernant ces types de course et leur niveau de difficulté, la course vallonnée n'excède pas le coefficient 1 (rapport km/dénivelé : par exemple, 200km/2000 m de dénivelé), la course de moyenne montagne se situe entre 1 et 2, la course de haute montagne fait passer au-delà de 2 (jusqu'à 3, 3 et demi).

Plaine – vallonnement – moyenne montagne – haute montagne<br>
Stratégie – tactique – effort – effort pur<br>
*Agôn* ........................................................................................ monisme

Précisons : le principe hyperbolique est à l'œuvre dans tout type de course, y compris dans les courses de plaine, où le surrégime menace à l'occasion de relances, échappées, chasses, bordures, mais évidemment aussi dans les courses vallonnées et de moyenne montagne, où un col à 2% monté à 35 à l'heure produit des montées lactiques aussi importantes qu'un col à 7% monté à 20 à l'heure. Mais dans ces courses, et surtout celles du premier type, le principe hyperbolique est recouvert par le principe agonistique : c'est en relation directe aux autres que ces efforts extrêmes sont consentis; et le fait est que ce genre de courses est ponctué de très vives accélérations plus ou moins soutenues, suivies de ralentissements soudains, et ainsi de suite. Dans les courses de haute montagne, en revanche, la rivalité ne joue qu'un rôle anecdotique, très secondaire, et c'est essentiellement en rapport avec le principe hyperbolique que se mène la progression.

Chacun, selon ses aptitudes, est plus efficace sur un type de course, mais se trouve d'abord poussé de façon prédominante par l'un des deux principes, ou par leur mixte : certains adorent se frotter et se mesurer dans

1. J'ai personnellement fait cette expérience cuisante au début de la Vaujany 2005, pour avoir voulu suivre dans le premier col le rythme trop fort du groupe de tête. L'évacuation physiologique des effets du surrégime a pris une heure et demie; la fin de la course fut en revanche très plaisante…

une course rugueuse où la différence va se jouer sur quelques détails; d'autres préfèrent, ou veulent exclusivement, s'engager dans des courses où, sur un fond de rivalité, la confrontation est d'abord avec soi-même. Est-ce à dire que l'on a d'un côté des compétiteurs, de l'autre des coureurs solitaires, « extatiques » ? Cela est évidemment un peu plus complexe : l'on ne peut négliger le fait que le cyclosportif de haute montagne a aussi en lui de cette motivation compétitrice, et que l'on ne peut retirer au cyclosportif de plaine le désir de mettre à l'épreuve ses limites. Un principe peut prédominer, mais il ne se présente pas absolument sans l'autre.

## ARRIVÉE

Quelle est la fin poursuivie par les cyclosportifs dont j'ai parlé? Le point n'est pas facile à déterminer. Ils se livrent par un côté à une activité ludique, qui par un autre laisse percevoir des enjeux existentiels bien au-delà du délassement. De la pratique physique de haute intensité, on ne peut dire qu'elle est un bien en vue d'autre chose; au contraire, elle donne l'impression de constituer un bien par soi, que l'on poursuit pour lui-même. Bien sûr, il paraît difficile de voir en elle une forme suprême d'activité; au mieux pourrait-on dire qu'elle est une voie privilégiée et très singulière d'appréhension de soi en ses limites physiques et psychologiques. Mais, parce qu'elle est un jeu au-delà du jeu, une activité gratuite, pratiquée pour elle-même, dont l'enjeu est l'épreuve et la connaissance de soi, elle présente de fait une troublante ressemblance avec ce qui passait aux yeux des Anciens pour l'activité suprême, désintéressée, à savoir l'activité de pensée et de connaissance.

Mais quel rapport entre l'activité de la pensée et l'activité du corps? La recherche de la perfection de l'une peut-elle se comparer à la recherche de la perfection de l'autre?

Platon lui-même n'est pas loin de donner à penser qu'il y aurait un possible parallélisme, lorsqu'il prescrit, dans le *Timée*, bien loin des accents accusateurs du *Phédon,* de

> ne jamais mouvoir l'âme sans le corps, ni le corps sans l'âme, afin que, capables tous deux de se défendre, ils acquièrent une force égale ainsi que la santé. Il faut donc que le mathématicien, ou quiconque pratique un exercice intellectuel exigeant, donne aussi en compensation des mouvements à son corps, en s'adonnant à la gymnastique, et il faut à l'inverse que celui qui façonne son corps avec soin donne en compensation des

mouvements à son âme, en pratiquant la musique et tout ce qui relève de la philosophie, s'il veut être qualifié à juste titre de beau et de bon. (88b-c) [1].

Tout cyclosportif n'est pas philosophe, mais il faudrait qu'il le soit, semble nous suggérer ici Platon, et inversement tout philosophe devrait être sinon cyclosportif, du moins un sportif qui exerce son corps à proportion de l'exercice de sa pensée.

Rares vraisemblablement sont les cyclosportifs qui conçoivent leur pratique comme une pratique spirituelle[2], mais je crois pouvoir affirmer que la pratique cyclosportive, comme toute pratique sportive de haute intensité, comporte *aussi*, de fait, une dimension spirituelle. Car dans ces exercices à la limite, dans cette expérience de l'excès, et du plaisir gagné sur la souffrance, dans cette métamorphose du corps qui redéfinit sa forme, la per-forme, c'est une épreuve du dépassement qui est faite – épreuve cruciale qui révèle, au niveau d'intensité auquel elle se situe, le travail parfois non conscient qui s'opère en chacun de nous, de définition perpétuelle de soi à partir de ses limites, de création de soi dans la prise de risque, et l'avancée vers l'inconnu.

Une épreuve cruciale, c'est-à-dire une épreuve de vérité.

Jean-François BALAUDÉ

1. Je traduis. Très proches sont les réflexions que l'on trouve en *Lois*, VII, 807c-d, sur les exercices de l'âme et du corps d'égale intensité, que l'homme accompli doit mettre en œuvre, et qu'il compare aux entraînements physiques des athlètes visant la victoire aux Jeux Pythiques ou Olympiques.

2. J'ai découvert récemment certaines déclarations de Jeannie Longo, qui donnent à penser qu'elle appréhende de cette manière l'effort cycliste.

# DEUX OU TROIS CHOSES QUE JE SAIS À PROPOS DU RUGBY... [1]

Il m'est demandé d'écrire sur le rugby. Proposition alléchante mais promesse inconsidérée d'y répondre, obligation inconfortable d'y faire face.

J'y ai, paraît-il quelques titres, de joueur et d'entraîneur, mais de petite noblesse car l'un et l'autre modestes et de plus excentrés, à Bourg en Bresse et à Lons le Saunier dans le Jura montagnard c'est-à-dire nulle part pour le tout venant du rugbyman.

Mais d'autant plus autorisé diront les optimistes que c'est dans ses marges que se comprend mieux un système et dans les exceptions culturelles que se révèle plus l'intensité d'une passion incongrue et déplacée par rapport à ce qui participe d'une banalité de l'habitude ou d'une manie triste dans certaines régions du Sud-Ouest.

Une passion d'expatrié donc mais dans le désert (sibérien disait un ancien entraîneur du XV de France, certains s'en souviennent) entre Bourg en Bresse, Saint-Claude, Pontarlier et Lons le Saunier, croyez bien que certains dimanches sont d'anthologie et les émotions collectives et individuelles d'une densité indélébile. J'en sais quelques-unes qui me sont chères. On y éprouve des joies nobles, des tristesses accablantes et des anxiétés fiévreuses pour une incertaine palpitation des possibles sans lendemain ni œuvre certes, hormis celle du souvenir mais n'est-ce pas la seule qui importe à tout un chacun.

À cette excentration géographique s'en ajoute une autre, plus surprenante encore et qui suscite ici plus qu'ailleurs méfiance et suspicion : un philosophe universitaire qui passe plus de vingt ans dans le milieu et à

1. L'auteur fut joueur et entraîneur à l'Union Sportive de Bourg en Bresse et entraîneur du CS Lons le Saunier (Deuxième division) jusqu'en 1997.

tous les postes occupés, la vanité m'oblige à le dire, avec un certain succès : un irrégulier clandestin donc, sinon un agent double, qui profite abusivement des avantages du double jeu.

Vraiment dans les temps actuels, à fuir, par le rugbyman d'abord dont la (fausse) tradition d'épaisseur anti-intellectuelle est bien connue et quelque fois bien portée mais aussi par les universitaires qui méprisent cette activité triviale digne de l'opium du peuple et désormais de la foire aux bestiaux ! Mais plus encore, cet étrange étranger suscite la défiance des entrepreneurs de spectacles qui dirigent le marché actuel du jeu sportif. Leur compétence bien connue de manager n'a vraiment rien à faire de ce genre de client folklorique, inutile et incertain disait l'autre.

Les désormais célèbres « professionnels compétiteurs » savent entretenir une connivence tranquille entre le marché et le sport pour éliminer toute densité à l'existence collective d'une équipe. Ils mélangent les genres pour confondre cette « totalisation concrète » qu'est une équipe sportive, comme le disait Jean Paul Sartre[1], avec une entreprise profitable grâce à des joueurs logotomisés. Dans cette confusion des ordres dont Pascal nous apprend qu'elle est une des sources de la tyrannie[2], les joueurs de rugby ne savent plus très bien qui ils sont : des produits de spectacle, des images de marque publicitaires, des athlètes sponsorisés, des culturistes de gonflette, des coquelets élevés en batterie, des porteurs de pancarte politique mais à quels moments deviennent-ils des joueurs de rugby porteurs du maillot d'une équipe et particulièrement du maillot français qui n'appartient à personne ?

La coupe est pleine…

Non pas, rajoutons une dernière incongruité qu'on s'en veut de devoir avouer tant le ridicule désormais la déconsidère : un bénévolat d'amoureux captif de ses chaînes et passablement écœuré par la marchandisation présente car le libéralisme (quand on est bien élevé, il faut dire professionnalisme) transforme son investissement gratuit en naïveté navrante certes généreuse et dévouée comme on dit en ricanant mais tout à fait fossile, indiscutablement dépassée et encombrante par les temps qui courent. Mais enfin on a le militantisme qu'on peut et le bénévolat n'autorise pas l'incompétence et il n'interdit pas le goût de la victoire ni le sens du combat…

1. *Critique de la raison dialectique*, Paris, Gallimard, 1963, t. I, *Théorie des ensembles pratiques*, p. 468 *sq*.

2. Voir Pascal, *Pensées*, 58 dans *Œuvres complètes*, éd. L. Lafuma, Paris, Seuil, 1963.

Alors à quoi bon un énième discours sur le rude et rugueux sport et par un excentrique, nostalgique et piégé qui a souhaité changer d'air parce que le rugby changeait d'ère ? Ne comptez pas non plus sur moi pour exalter le sport, loisir sans compétition ou jeu sans enjeu ni le rugby des villages dont le côté « chacun chez soi et la France aux français » me répugne au plus haut point.

N'ayant aucun goût pour les confidences et encore moins d'attrait pour le lyrisme convenu des pénitents ou le désenchantement chagrin des dépités qui bénissent le révolu, je ne vais pas non plus infliger une analyse philosophique d'un sport-roi.

Un mot pourtant puisqu'il m'est demandé. Pourquoi royal ? Parce qu'il contient tous les jeux et permet à toutes les virtualités humaines de s'exprimer dans des registres différents. Jeux de forces agonistiques engagées dans une confrontation euphémisée des aptitudes musculaires et physiques, ce qui implique un contrôle constant des impacts et une sélection des émotions motrices pour ne pas se déliter dans l'épreuve ; jeux de hasard malveillant car le ballon de forme bizarrement ovale et non pas ronde multiplie les rebonds imprévisibles dans un espace constamment mobile de par la variation des occupations de terrain ; jeux d'engagement vertigineux où le don de soi est primordial mais aussi jeux de stratégie calculatrice des intérêts investis dans telle ou telle combinaison en fonction du rapport des forces en présence, etc.

Une intelligence dialectique des conduites fait l'originalité rugbystique car le jeu de rugby, à la différence d'autres sports collectifs de ballon, impose des réquisitions spécifiques pour s'accomplir effectivement dans toutes les dimensions de « l'animal rythmique » qu'est l'homme collectivement et individuellement selon Marcel Mauss[1].

Retenons-en quelques unes qui le qualifient en propre et définissent son esprit particulier :

– Pour progresser collectivement en avant, il faut transmettre exclusivement le ballon en arrière. Cette association de deux mouvements contradictoires s'opère par la médiation d'une passe manuelle à son coéquipier : le jeu est ainsi un sport de relations qui rend chacun dépendant de l'autre pour obtenir l'offrande du ballon et le faire circuler dans les espaces libérés. Aucun ne peut donc s'affirmer par soi sans les autres qui constituent le nous d'une équipe. Le ballon peut être propulsé en avant par le pied seulement. On ne peut dès lors que saluer l'invention remarquable d'un geste

1. *Manuel d'ethnologie*, Paris, Payot, 1947, p. 85.

technique qui consiste à faire une passe en avant avec le pied, au bon moment et dans le rythme même du mouvement développé.

– On ajoutera que le gain du ballon lui-même par les touches et les mêlées ne s'obtient que par l'opposition frontale des forces conjuguées du groupe des joueurs de l'avant. Il ne devient un pack d'avants que par un système de liaisons coordonnées de coopération dans l'affrontement dynamique contre les mêmes forces du groupe adverse. Ces corrélations énergétiques d'une haute technicité collective visent à l'harmonie propulsive des puissances pour dominer et s'imposer à son adversaire en le faisant reculer, ce qui est la manière rugbystique de s'avouer momentanément vaincu.

– Un adversaire ne peut être arrêté que ballon en main par un plaquage au sol. À la différence de tous les autres sports, le contact en face à face avec le corps de l'adversaire en mouvement est un impératif constitutif du jeu de rugby, ce corps à corps est le geste clef du rugbyman. Il implique de surmonter un interdit culturel : en dehors du rapport sexuel et du rapport discret de civilité, ne pas toucher le corps d'autrui, se tenir à distance respectable sont des conditions de survie collective des hommes. Plaquer est donc un geste non seulement risqué et parfois dangereux mais aussi difficile à acquérir et à maîtriser tant ce contact agonistique suscite à la fois crainte et répugnance à mettre en danger publiquement l'image symbolique de soi dont nous sommes revêtus pour bien vivre communément. Rater un plaquage ou se faire dépasser par son vis-à-vis est une des grandes menaces d'humiliation qui hante le rugbyman : il y perd son crédit et souvent sa place dans le chœur de l'équipe.

On ne peut assumer ce risque majeur qu'en y étant préparé grâce à un appareillage rituel de croyance en soi, un équipement psychique de confiance partagée qui vous crédite transitoirement comme d'un surcroît de puissance au service de l'équipe. Cette métamorphose émulatrice qui vous accroît est souvent douteuse et équivoque tant elle recèle de conditionnements suspects. Elle s'opère par l'éloquence d'un entraîneur qui parle dans les vestiaires cette voix tonitruante et tonique de l'idéal du nous qu'est une équipe. Cette autorisation par laquelle on devient joueur en se dénudant pour revêtir l'équipement sportif, traverse chaque individu, elle le convoque pour l'obliger à acquérir cette identité seconde qui lui vaudra la promotion d'appartenir à la cité des travailleurs de l'épreuve, comme dirait Bachelard.

En s'intégrant selon un rituel éprouvant de mise à nu et de survêtement selon des phases cérémonielles exigeantes et souvent redoutables à ce « *cogitamus* rugbystique », le joueur est ainsi élevé à la hauteur d'une autre existence publique que celle convenue des identités de la viscosité quotidienne. Cette voix symbolique de l'équipe lui parle en personne pour surmonter l'angoisse qui l'étreint d'être dominé et diminué dans ce corps à corps sans sexe ni chair où il éprouvera cependant la chaleur d'une reconnaissance s'il l'assume face à lui-même et surtout face aux autres joueurs soumis aux mêmes obligations d'excellence et de loyauté pour appartenir à une forme transitoire, limitée et révocable de cité politique.

– Le rugby est le seul sport collectif de combat se jouant en plein air en confrontation avec les éléments physiques de la terre et du ciel, la pluie, le vent et la boue en sont des ingrédients décisifs. La boxe par exemple est un sport individuel de combat par des coups au visage et à la poitrine, qui se joue en salle couverte. Les autres sports collectifs (football, basket-ball, hand-ball, etc.) sont des sports collectifs d'affrontement mais où la nécessité de dominer son adversaire dans un corps à corps collectif et individuel n'est pas requise comme elle l'est au rugby où les coups sont par ailleurs interdits. L'évitement de l'adversaire est évidemment possible au rugby par des gestes techniques comme par exemple le cadrage-débordement ou le changement de pied en vitesse accélérée, mais le plaquage au sol d'un corps en mouvement et la domination dans le face à face individuel et collectif d'une mêlée ouverte ou fermée sont inévitables à un moment ou à un autre hormis par quelques acrobates immédiatement suspects de tricherie, de dérobade ou de mystification et en conséquence, punis d'exclusion par l'équipe elle-même.

Le rugby requiert l'alliance des contraires en associant collectivement des vertus difficilement connexes. Il impose l'union individuelle et collective des extrêmes corporels. Le grand et le petit, le rapide et le lourd, le mobile et le stable etc. doivent se coordonner pour faire un ensemble bien armé. Il exige en effet la conjugaison dynamique de la force bien employée et de l'habileté manœuvrière, de l'intelligence tactique des moyens et de l'usage finalisé des dominations. Cette combinaison des qualités s'effectue sous pression d'une adversité combative, multiplement distribuée dans un espace clos et quadrillé comme un territoire déjà occupé. À charge aux joueurs d'en libérer des espaces tactiques de déplacement pour donner aux partenaires des intervalles ouverts à l'improvisation cohérente, proposer des alternatives et développer des mouvements d'accélération conquérants.

Le geste juste de transmission ou de pénétration, d'évitement ou d'affrontement, d'alternance du jeu au pied ou à la main, au large ou au près du regroupement est un choix immédiatement conséquent et pleinement lisible par tous car la décision promue par le joueur porteur du ballon ouvre ou ferme des possibilités d'enchaînement et de conclusion. L'équipe doit sur le champ s'y adapter en se réorganisant dans la continuité d'un redéploiement de ses forces pour résister en se défendant ou pour marquer en attaquant offensivement, non pas des buts mais plus modestement des essais qu'il faudra après coup transformer.

Cette inventivité sous contrainte et dans l'anxiété de l'incertitude s'opère en demeurant soumis à l'exhibition publique des capacités : le sport de rugby se joue en public, devant des spectateurs qui vous supportent à tous les sens du terme et il en est de redoutables. Chaque joueur dans l'équipe, chaque équipe par chaque joueur se livre ainsi aux jugements cruels des regards des partenaires, des adversaires et des spectateurs supporteurs ou intolérants. Les uns et les autres sanctionnent immédiatement la moindre défaillance en délivrant des accréditations transitoires et rémissibles. Sans nuance et souvent dans la vocifération, la sentence d'une appréciation jubile de sa sévérité sans recours. Il y a du tribunal populaire dans le spectacle sportif et ne pouvoir y échapper sans ridicule ou sentiment de trahison de ses engagements personnels est une des angoisses redoutables du jeu.

Partant ce qui plaît dans ce jeu de rugby et fait sa rareté, c'est sa contradiction dans les termes, le multiple en un qui le rend insaisissable et saisissant, une chimère dialectique : tout le jeu consiste à la poursuivre dans la liberté des règles en exprimant ensemble et en même temps des dimensions partout ailleurs hétérogènes et séparées pour obtenir un style collectif de jeu, une manière plastique d'unisson où chacun s'entend, joue au même diapason, se trouve dans le même ton.

Sans en dire plus, je demeure sidéré par ce qui est exigé d'un joueur de rugby : d'être à la fois et en même temps courageux et inventif, élégant et combatif, percutant et dynamique, intelligent et engagé, généreux et contrôlé, lucide et ludique, ardent et vigilant, vaillant et respectueux, explosif et concentré… Des réquisitions antagoniques pour une métamorphose exaltante qu'un certain philosophe appelait la joie ![1] Qui ne l'a pas connue ne sait pas ce qu'est le bonheur…

Certains matches, justement mémorables, nous font connaître cette exultation euphorique qui nous donne l'occasion si rare de s'aimer soi-même, d'aimer un soi-même meilleur que soi, au dessus parce qu'avec les autres et ensemble. Ils sont alors l'objet d'un récit souvent lyrique qui confine à la fiction romanesque tant la découverte des possibles est exaltante mais les matches ratés alimentent tout autant les narrations interminables de l'aventure : l'échec plus que le succès est porteur de l'histoire et nous donne à raconter la chronique de l'événement. Pourtant si nous avons

1. Voir Spinoza, *Éthique* III, définition des affections, II ; proposition XLI et suivantes.

tous vécus des « petites morts » en public, rien n'efface ces moments d'augmentation adéquate où tout nous semble accessible, le monde s'offre à notre puissance ainsi mise en forme, nous ouvre les portes, nous accueille élégamment comme dans du beurre, tout tourne rond et baigne dans l'huile...

Certains joueurs se révèlent porteurs de cette seule grâce recevable qu'est l'allégresse athlétique dans un combat rugbystique. Les Dieux en sont dans les vestiaires, et ils traversent quelques fois les stades et on s'en voudrait d'en confier le secret d'autant que l'alchimie s'en révèle heureusement inconnaissable et la liturgie intransmissible... Laissons donc là ces mystères qui nous dépassent et par quoi nous nous dépassons dans les transcendances menues de nos dimanches rugbystiques, passionnels et dérisoires.

La matrice sportive du rugby, dans cet utérus de substitution qu'est un vestiaire, accouche de transfigurations sécularisées où chacun se révèle à lui-même des potentialités ignorées. Cette sérieuse bagatelle est le moteur émotionnel d'une augmentation esthétique et éthique dans des structures d'obligation mutuelle et réciproque qui constituent proprement l'esprit d'une équipe. Des phénomènes de fraternité chorale qui donne chaud au cœur et fait chanter ensemble, expriment alors l'enthousiasme de métamorphoses collectives où se conjuguent intention, tension et intensité pour une improbable euphorie de la tonicité conjuguée d'un ensemble quasi chorégraphique, parfois orchestral.

On le voit, tout incite au silence et recommande l'abstention. Nous le regrettons aussi mais nous devons nous y tenir.

Pour autant nous ne pouvons pas ne pas inviter à la réflexion sur la situation actuelle du jeu. Personne ne peut nier qu'il s'est transformé de part en part. Son organisation comme ses fins et ses enjeux, ses implantations et ses modalités, son public comme ses règles, ses joueurs comme ses arbitres subissent les mêmes métamorphoses que d'autres institutions qui lui sont contemporaines, c'est-à-dire l'État, la Nation, la République, l'École ou la vie professionnelle sans parler des autres sports totalement modifiés par la télévisualisation marchande.

La même énergie qui les travaille y est à l'œuvre selon la même logique et la même force. On ne voit pas pourquoi le rugby échapperait plus que d'autres, aux effets d'une même cause : la logique marchande de l'économie libérale. Les rugbymen n'ayant pas la science infuse auraient-ils le privilège d'une lucidité sur un processus qui s'opère partout dans un aveuglement redoutable et réduit toute alternative ? Par ailleurs cette transformation peut indiscutablement se révéler positive en exploitant mieux le potentiel d'euphorie et de plénitude que recèle le jeu, en éliminant tout ce qui le paralyse et trop souvent le dénature. D'autant – n'est-ce pas ? – que la liberté des échanges permet la promotion des meilleurs et promet un jeu spectaculaire de qualité enfin libéré des traditions « marronnes » et qu'une hiérarchie des valeurs s'établira d'elle-même sans aucun contrôle extérieur ni loi supérieure pour réguler le marché car qui paie commande…

Je n'entrerai pas dans ce débat de fond qui visiblement n'intéresse personne car la question semble déjà résolue. À quoi bon un combat d'arrière-garde ? Il ne s'agit pas non plus d'entamer le lamento rancunier et de déplorer pour prétendre résister et conserver mais modestement de comprendre.

Pour cela, une seule question mérite d'être posée et peut faire problème : la spécificité du rugby. Qu'est-ce qui peut vraiment le différencier désormais ? Entre le rugby à sept (mobile, primauté à la circulation et à l'évitement), le rugby à treize (percussion stéréotypée dans les axes sans fixation) et le rugby américain (passe en avant, plaquage sans ballon, combinatoire et spécialisation des postes), le rugby à quinze a-t-il encore sa place ? Ce qui fait sa propriété à savoir les mêlées et les touches, le placage et le jeu à la main ne devient-elle pas un obstacle à sa transformation en spectacle retransmis ? On le voit, c'est l'identité du jeu qui se trouve contestée. On comprend que l'on puisse s'interroger sur sa survie et sur notre participation…

Robert DAMIEN

TROISIÈME PARTIE

# FIGURES

## GYMNASTIQUE ET CIVILISATION : L'EXEMPLE DES *LOIS* DE PLATON

Le lecteur qui s'intéresserait à la conception platonicienne de la gymnastique est naturellement tenté de se tourner vers la *République*, qui en traite expressément dans le cadre de l'éducation des gardiens de la cité modèle. Ce lecteur risque néanmoins d'être déçu : d'abord parce qu'après avoir annoncé qu'elle constitue une des deux grandes parties de cette éducation (II, 376e), Socrate développe longuement l'autre partie, la musique, et ne consacre à la gymnastique qu'un exposé beaucoup plus succinct (III, 403c-412b); ensuite parce que, à la différence de ce qu'il fait pour l'éducation musicale, il n'y dit à peu près rien du contenu (les genres d'exercices ordinairement pratiqués, ceux qu'il convient de retenir, leur nature exacte). En outre, les bénéfices que le corps peut retirer de la gymnastique n'est évoqué qu'en passant : en réaction contre l'opinion généralement exprimée (et à la différence de ce qu'il avait lui-même affirmé en commençant), Socrate, vers la fin de l'exposé (410c), défend l'idée que musique et gymnastique ont toutes deux été établies, non pour le corps, mais principalement pour l'âme. Conformément à l'intention générale de la *République*, l'excellence de l'âme reste la préoccupation dominante; et même s'il n'est question que des gardiens au livre III, c'est l'homme juste et le philosophe que Socrate et ses interlocuteurs ont en vue dans la discussion[1].

La gymnastique est de nouveau abordée dans les *Lois*, et elle y occupe une place tout aussi importante, quoique moins visible parce que les indications qui la concernent sont dispersées, mêlées à des considérations

1. Au livre VII (521d-522a), on rappelle que musique et gymnastique constituent la première étape de l'éducation du philosophe ; et au livre IX (591c-d), la culture du corps est évoquée dans le portrait du juste accompli.

diverses sur l'éducation, le corps, le jeu et la danse. Mais la conception que Platon s'en fait semble différente, et cette différence de traitement explique sans doute qu'on s'intéresse moins volontiers aux enseignements philosophiques que ces pages pourraient contenir. La perspective des *Lois*, on le sait, est ouvertement et premièrement politique; l'excellence visée par les dispositions constitutionnelles et législatives exposées dans l'ouvrage n'est plus celle de l'homme juste au sens strict, et encore moins celle du philosophe, mais plus modestement celle du citoyen ordinaire. La gymnastique, par suite, y retrouve une fonction plus familière, plus proche de ce que nous croyons savoir de la tradition grecque: reviennent ainsi au premier plan la discipline du corps, les gymnases et les étapes de l'« éducation physique », les concours athlétiques. Il serait faux pourtant de n'y voir que l'expression de la baisse générale du niveau d'exigence qu'on attribue aux *Lois*. Platon ne renonce pas au « souci de l'âme » qui hante son entreprise philosophique depuis le début, mais il se préoccupe plus qu'ailleurs de la manière dont l'humanité ordinaire peut atteindre l'excellence dont elle est susceptible. Si ses propositions paraissent alors moins radicales ou moins exigeantes, la tentative ne manque pourtant ni d'originalité ni d'ambition.

## LA PLACE DE LA GYMNASTIQUE

### *Le cadre éducatif*

Ce n'est pas une surprise de découvrir que les mentions les plus nombreuses de la gymnastique ont pour cadre, comme dans la *République*, l'éducation. Que l'homme ait besoin d'éducation n'est pas non plus une thèse originale, mais Platon ne se lasse pas de la répéter: avec une éducation convenable (et un bon naturel [1]), l'homme devient le plus divin de tous les êtres; mais si l'éducation est mal conduite, il sera le plus sauvage de tous ceux que la terre produit [2]. Toute âme humaine contient en effet une part divine, mais elle doit être convenablement orientée pour ne pas se mettre au service de la méchanceté [3]. – Cette thèse générale est omniprésente dans les

1. La *République* va jusqu'à dire qu'une éducation de bonne qualité est capable de former (ἐμποιεῖ) les bons naturels (IV, 424a).

2. *Lois*, VI, 766a. « Pour tout ce qui pousse, (…) c'est un bon départ (…) qui peut plus que tout porter sa nature à l'excellence et lui apporter l'achèvement approprié » (765e; trad. Brisson-Pradeau).

3. *Rép.*, VII, 518b-519a.

*Lois*. Dès le livre I, l'éducation apparaît comme condition de la formation du bon citoyen (643a), et son importance est solennellement proclamée : elle est l'origine des plus grands biens qui puissent arriver aux meilleurs des hommes (644a-b). Le livre II s'attarde longuement sur certains aspects de l'éducation musicale et gymnique avant même que la question de la constitution et des lois soit abordée. Le livre VI présente les autorités chargées de cette tâche, dont les contenus sont ensuite exposés en détail dans le livre VII. Le livre XII enfin s'attache plus précisément à l'éducation supérieure des membres du Conseil Nocturne (965b *sq.*). Rappelons enfin que l'action éducative elle-même s'inscrit dans un projet législatif qui a pour fin, à travers la constitution d'une cité harmonieuse et unie, la vertu la plus grande, la vertu totale[1], soit une excellence de nature éthique.

Mais il y a plus. On sait que les *Lois* attachent beaucoup d'importance aux préambules (ou préludes) qui précèdent et préparent les dispositions législatives proprement dites : il s'agit, pour en assurer ou en faciliter l'application[2], de *persuader* les citoyens, en apportant parfois les justifications dont l'énoncé des lois fait ordinairement l'économie, plus souvent en prodiguant exhortations et encouragements. On pourrait dire que l'éducation entière constitue un prélude, puisqu'elle forme les citoyens avant qu'ils participent à la vie de la cité, mais surtout parce qu'elle comporte naturellement des éléments de « persuasion » ou d'incantation, si l'on entend par là des voies et méthodes non strictement rationnelles. C'est ce que propose explicitement l'Athénien[3] en définissant initialement l'éducation comme « la première éclosion de l'excellence » (τὴν παραγιγνομένην πρῶτον παισὶν ἀρετήν), avant l'éveil de la raison (λόγος)[4]; il faut *habituer* l'enfant à ressentir correctement (ὀρθῶς) plaisirs et douleurs, en lesquels la vertu et le vice apparaissent d'abord, et qui vont jouer un si grand rôle dans la vie civique (*cf.* II, 659d). À quoi l'on rattachera – la suite immédiate du texte y invite – une autre thématique, destinée elle aussi à un rôle important dans l'ouvrage, celle des fêtes et des jeux : donnée par les dieux parce que l'éducation initiale fondée sur l'habitude risque de se relâcher, les fêtes sont l'occasion d'exercer périodiquement le sens du rythme et de l'harmonie par la pratique des chœurs et de la danse. Cette dernière, certes, réclame une *formation* gymnique « rationnelle » (ἔντεχνον, 673a) ; mais, on va le voir, la *pratique régulière* de la danse et de la gymnastique, lors des

1. Voir notamment, dès le début, I, 630b *sq.*
2. Voir *Lois*, IV, 718b ; 720a *sq.*
3. Le personnage anonyme qui dirige l'entretien dans le dernier ouvrage de Platon.
4. II, 653b.

fêtes et concours, relève plutôt de l'incantation, sans pour autant sacrifier l'excellence du citoyen.

*La gymnastique dans l'éducation*

La gymnastique retrouve dans les *Lois* une définition plus traditionnelle, puisque c'est en tant que manière de conduire le *corps* à l'excellence (II, 673a) qu'elle s'inscrit dans le cadre éducatif. Sa justification renvoie à une imperfection originelle de l'être humain : l'enfant commence par être indiscipliné, il crie et saute sans règles, et c'est de là que musique et gymnastique tirent leur origine (II, 672c ; *cf.* 653d et 664e). La tâche des éducateurs se révèle à la fois plus longue qu'on ne pourrait le croire et d'une extrême importance : les exercices corporels s'étendent sur une période qui va de la première enfance à l'adolescence, et ils réclament non seulement, comme il est normal, un personnel approprié, mais encore un ensemble de magistrats (ἄρχοντες) spécialisés. Avant même de détailler le programme de la formation au livre suivant, l'auteur aborde en effet l'organisation institutionnelle de la musique et de la gymnastique (VI, 764c-766c). Sont exposées en double parallèle les magistratures propres aux deux domaines, tant pour l'éducation proprement dite que pour les concours[1] : administration des gymnases et des écoles, surveillance des garçons et des filles, jurys des concours, le tout placé sous l'autorité d'un directeur général de l'éducation dont le statut exceptionnel est fortement mis en évidence (c'est l'ἀρχή la plus importante de toutes parmi les charges suprêmes, réservée à un homme d'au moins 50 ans).

Quant au programme lui-même (livre VII), et en ne retenant que ce qui concerne la gymnastique au sens large, on peut y distinguer trois étapes principales. Il existe d'abord des exercices destinés à la première enfance jusqu'à trois ans (788d *sq.*), pour lesquels Platon n'hésite d'ailleurs pas à parler de gymnastique[2] : à savoir les « fatigues » (πόνοι) et mouvements divers imprimés à l'enfant dès le sein maternel, puis appliqués sur lui par les nourrices. Dans l'étape suivante qui s'étend de trois à six ans (793e), la « gymnastique » cède la place aux jeux (παιδιαί), mais la vigueur corporelle n'est pas oubliée puisque les nourrices doivent veiller à combattre la mollesse, notamment en corrigeant les enfants. Après six ans enfin (794c), on sépare les garçons et les filles, et l'éducation devient instruction (ils abordent les μαθήματα). Cette notion mérite d'autant plus d'être

1. Ou « jeux », au sens où nous parlons de « jeux » olympiques par exemple.
2. VII, 789b et 791c.

soulignée qu'elle est immédiatement illustrée, pour ce qui est des exercices corporels, par l'équitation, le maniement de l'arc, du javelot et de la fronde pour les garçons, et, pour les filles, par le maniement des armes dont elles apprendront du moins la théorie (μάθησις), c'est-à-dire par des pratiques dans lesquelles la part du corps semble prédominante. Cette étape se clôt par une invitation pressante à développer l'usage des deux mains.

Les exercices du corps sont alors exposés plus longuement (795d); on en retiendra schématiquement les éléments suivants : 1. la gymnastique au sens habituel (mais toujours traitée comme ensemble de μαθήματα), divisée en danse et lutte; 2. une réflexion sur la stabilité des jeux, avec un intéressant passage sur l'adaptabilité du corps (797a *sq.*); 3. des précisions sur les gymnases et les écoles, et sur la participation des femmes aux exercices indiqués; 4. le programme complet de l'enseignement des écoles (809a), qui mentionne la gymnastique et la danse en troisième position (813b), à la suite des lettres et de l'étude de la cithare; 5. enfin, après le détail des études scientifiques (nombre, mesure, astronomie, 817e), un développement inattendu sur la chasse (822d), laquelle relève au moins en partie du corps puisque Platon parle de nouveau de « fatigues » (πόνοι), d'athlètes, et présente l'usage du corps comme un des critères de la forme la meilleure de la chasse.

*La gymnastique dans la vie adulte*

Le citoyen des *Lois* n'en a pas terminé avec la gymnastique une fois l'éducation achevée : dans sa vie d'adulte, il lui revient de mettre en pratique ce qu'il a appris. C'est à partir d'ici que la réflexion sur la gymnastique découvre son véritable intérêt, parce qu'à ce stade on ne peut plus éluder la question de sa véritable fin; on a noté, certes, qu'elle a pour but l'excellence du corps, mais on voit bien que ce point exige des précisions. – Qu'une des fins assignées aux exercices de la danse et de la lutte qu'on vient d'évoquer soit la guerre, cela ressort déjà de leur nature même (l'équitation, l'arc, etc.); dans le cas de la lutte, l'Athénien recommande explicitement de laisser de côté ce qui ne sert pas à la guerre (VII, 796a); et dans la danse, une des deux divisions principales concerne précisément les combats guerriers (815a : la danse pyrrhique). Il est naturel, d'autre part, si la cité doit se préparer à la guerre (VIII, 829 a-b), que ces exercices se poursuivent à l'âge adulte[1]. Ce qui en fournit l'occasion, ce sont les fêtes et concours principalement[2]. La cité organisera donc un très grand nombre de festivités de ce genre (une par jour![3]), et elle le fera d'autant plus aisément qu'elle dispose plus que toute autre de loisir et des ressources nécessaires (828d). Ces concours, nous le savons déjà, concernent la musique et la gymnastique. Pour ce qui regarde cette dernière, après plusieurs préambules – dont un sur la nécessité de pratiquer des combats aussi proches que possible des combats réels, avec risque de mort d'homme – trois genres d'exercices sont passés en revue (832e *sq.*) : 1) les courses, de préférence en armes, sur plusieurs distances[4], et réparties en trois catégories d'âge ; 2) le combat en armes ; 3) le combat à cheval.

Bien entendu, tout cela concerne les deux sexes. Et de même que la gymnastique qui fait partie de l'éducation s'adresse à l'ensemble des citoyens, il ne semble pas que ces jeux ou concours soient réservés à une élite de « sportifs de haut niveau » : une telle restriction contredirait leur finalité guerrière, et le texte indique explicitement que parmi les concours gymniques (ἀγῶνες) certains sont des compétitions préparant à la guerre[5].

Mais on aurait tort de penser que la préparation à la guerre soit la seule fin ou la seule justification de l'ensemble de ces exercices, et cette question conduit à examiner de plus près la philosophie du corps, implicite ou explicite, qui apparaît à travers la conception de la gymnastique des *Lois*.

## LES FINS DE LA GYMNASTIQUE

### *L'honneur dû au corps*

L'affirmation selon laquelle la gymnastique vise l'excellence du corps paraît à première vue anodine, et on ne la relève d'ordinaire que parce qu'elle semble exprimer une position différente de celle de la *République*.

1. La chose est annoncée dès le livre VII, dans le cadre de l'éducation (813e : les jeunes gens et les hommes, les jeunes filles et les femmes), et plus longuement exposée au début du livre VIII.

2. En 829b, on semble distinguer entre des entraînements proprement militaires *et* des exercices militaires dans le cadre des « jeux » et sacrifices religieux. Il est clair en tout cas que ces derniers comprennent des pratiques simulant les combats et y préparant.

3. Mais rien n'indique qu'elles comportent toutes des exercices physiques aussi exigeants que ce que nous entendons par compétitions sportives.

4. De 1 à 100 stades (soit environ 18 km pour la plus longue).

5. VIII, 832e. Le fait qu'il existe des concours pour les différents âges et pour les deux sexes (VIII, 833c) interdit aussi de les croire réservés à des « spécialistes ».

Mais l'ensemble des dispositions qui en précisent le contenu suggère qu'elle doit être prise au sens strict, ce qui est moins anodin. Sans rouvrir le débat autour du « mépris du corps » que certains croient déceler chez Platon, on observe en effet que les *Lois* plaident plutôt la cause opposée. – Un premier fait saute aux yeux : l'ensemble des règlements et recommandations qu'on vient de résumer conduisent l'auteur à parler des pratiques corporelles en termes plus abondants et plus précis qu'ailleurs, à entrer dans les détails d'un certain usage du corps[1], à développer les conditions (d'âge, de temps, de lieu) de la rectitude de cet usage. Il est normal, dira-t-on, qu'un programme éducatif qui fait grand cas de la gymnastique ne se contente pas d'énoncer des généralités. Il reste que la *République* qui se trouve dans la même situation est beaucoup plus expéditive, et qu'un pareil intérêt ne se rencontre pas si souvent chez les philosophes.

Plus révélateur encore de cette différence de point de vue, le fait que le corps soit expressément mentionné à une place honorable dans l'échelle des biens ou des valeurs que les interlocuteurs fixent comme buts à la cité. Le début du livre V en fournit un exemple d'ailleurs déconcertant : le passage commence par un exorde solennel, d'allure assez traditionnelle (qui du moins ne surprend pas dans la bouche de Platon), sur la primauté de l'âme, laquelle vient immédiatement après les dieux, et sur la nécessité de l'honorer comme il faut; puis l'Athénien affirme (728d) que le troisième rang, « n'importe qui le reconnaîtra », appartient à l'honneur du corps, avec cette précision : honorable est le corps non pour la beauté, la force, la rapidité et même la santé, ni évidemment pour les qualités opposées, mais pour le milieu par rapport à ces manières d'être – soit une manière d'être beau, fort, etc. qui ne s'attache pas à ces qualités pour elles-mêmes, mais les cultive en vue de l'équilibre et la sécurité qu'elles permettent. La restriction mériterait sans doute d'être explicitée et commentée, elle n'enlève rien à l'honneur dû au corps : τίμιον εἶναι σῶμα. Plus loin dans le même livre (743c *sq.*), toujours à propos des buts d'une bonne législation, l'Athénien redit les dangers que fait courir le soin des richesses, et enchaîne en affirmant que l'argent est fait pour l'âme et pour le corps (avec au passage une nouvelle évocation de la nécessité de la gymnastique) ; il rappelle enfin la seconde position du corps dans la hiérarchie des objets d'un zèle légitime.

1. *Cf.* l'allusion à l'adaptabilité du corps, le développement sur l'usage des deux mains, la référence au corps comme critère de la bonne chasse.

En toute rigueur, cette place ne témoigne d'aucune innovation : la *République* mentionne pareillement les soins du corps en deuxième lieu, lorsqu'à la fin du livre IX Socrate décrit les occupations de l'homme juste (ou sensé, νοῦν ἔχων, 591c). Et dans la hiérarchie des « réincarnations » évoquées dans le *Phèdre* (248d *sq.*), sur une échelle qui comprend neuf degrés, l'homme qui aime la gymnastique occupe le quatrième rang[1]. Mais ce que les *Lois* expriment plus nettement, c'est qu'il y a une *excellence* (ἀρετή) du corps, que cette excellence dépend de la gymnastique, et que l'on peut assigner à cette dernière un programme précis pour atteindre l'excellence en question. Pour la première affirmation, la plus originale, on se reportera par exemple au livre VII (788c) : l'éducation droite doit donner aux corps et aux âmes (dans cet ordre) le maximum de beauté et de perfection (κάλλιστα καὶ ἄριστα) ; la vie qui a le plus de droits d'être appelée une vie est celle qui se consacre absolument à l'excellence du corps et de l'âme (de nouveau mentionnés dans cet ordre)[2]. Dans ce genre de déclarations récurrentes sur les fins générales de la cité, on doit sans doute faire la part de l'exhortation, de la répétition rhétorique ; mais ces formules méritent d'être retenues, et même si elles surprennent plus d'un lecteur, personne ne peut prétendre qu'elles n'expriment pas la pensée de Platon. – Qu'il revienne à la gymnastique de s'acquitter de cette tâche, et de quelle manière, il est inutile de le redire, bien que la mise en rapport explicite de la gymnastique avec l'excellence du corps ne soit pas non plus, à tout bien considérer, une formule banale[3].

Une telle insistance sur le vocabulaire de l'excellence fait regretter que la discussion ne s'engage pas plus avant sur la nature de la perfection recherchée : l'ἀρετή du corps ne s'assimile pas à sa beauté, sa force..., ni même à sa santé, mais, on l'a vu, à un état intermédiaire entre ces qualités et leurs contraires. C'est laisser entendre, semble-t-il, et bien que le texte tourne court à cet endroit, qu'une forme de perfection purement corporelle n'est pas en soi un bien, que tout dépend en définitive de ses effets sur la seule chose qui importe vraiment, l'âme ; le parallèle avec le passage cité du

1. Dans la *République*, la série des occupations est la suivante : 1. les sciences qui élèvent l'âme ; 2. les soins du corps ; 3. les richesses ; 4. les honneurs ; 5. la politique. Dans le *Phèdre*, on a : 1. le philosophe, l'ami du beau, le cultivé, l'amoureux ; 2. le roi obéissant à la loi... ; 3. le politique et le financier ; 4. l'homme qui aime les exercices du corps ou soigne son corps ; 5. le devin ; 6. les poètes et les imitateurs ; 7. l'artisan et le cultivateur ; 8. le sophiste et le flatteur du peuple ; 9. l'homme tyrannique.

2. VII, 807 c-d.

3. Voir livre II, 673a.

livre IX de la *République* plaide en tout cas pour cette interprétation[1]. Par ce biais, la continuité est rétablie entre les deux ouvrages : la *République* évoque aussi l'excellence du corps (III, 403d), mais le bénéfice que l'âme retire des exercices gymniques est analysé en détail et avec une certaine subtilité. En résumé : la gymnastique a pour objet de développer le θυμοειδές, l'élément d'ardeur généreuse (410b)[2] ; pratiquée seule (c'est-à-dire sans musique ni philosophie, 411c), elle rend l'âme plus courageuse dans un premier temps, mais peu à peu brutale, violente, en même temps que l'amour du savoir s'étiole (410d ; 411 d-e) ; en sens inverse et implicitement, la gymnastique contrecarre les effets d'une pratique exclusive de la musique, qui affaiblirait l'ardeur généreuse et finirait par la rendre irascible. Rien de tel, à la lettre, dans les *Lois* ; on peut tout au plus supposer que l'Athénien (ou Platon) garde cette doctrine à l'esprit, et admettre que les deux conceptions de la gymnastique ne sont en définitive pas aussi éloignées qu'on l'a cru d'abord. Mais la référence à la *République* laisse entrevoir un autre rapprochement, qui confirme et nuance à la fois le parallèle entre les deux dialogues.

### *Musique et gymnastique*

Dans l'éducation bien menée des gardiens de la *République*, l'équilibre ou l'harmonie de l'âme repose, on l'a compris, sur le mélange « dans la juste proportion » de la gymnastique et de la musique (412a). Celle-ci favorise naturellement l'élément philosophe, et elle a notamment pour fonction – avec la philosophie – de contrebalancer l'action de la gymnastique en empêchant que l'ardeur généreuse se tourne en violence. Dans les *Lois*, la musique occupe globalement une place au moins aussi grande, avec cette importante différence qu'elle ne concerne plus une élite (gardiens ou philosophes), mais tous les citoyens ; en outre, si elle représente toujours une partie capitale de l'éducation, il est plus nettement indiqué qu'elle occupe la vie entière[3]. Ce double élargissement affecte-t-il sa fonction ? Trois traits méritent ici de retenir l'attention :

1. La ressemblance entre *Lois*, V, 728 d-e et *République*, IX, 591 c-d est frappante : sont récusées, dans les deux passages, la force, la santé et la beauté *si* elles ne servent pas la tempérance ou l'équilibre (σωφρονήσειν - σωφρονέστατα).

2. À ce moment de l'ouvrage, il n'est question que de deux éléments ou « parties » de l'âme : l'ardeur généreuse et l'élément philosophe. Sur l'analyse de la *République*, voir M. Dixsaut, *Le Naturel philosophe*, Paris, Vrin, 1985, 2ᵉ éd. 1994, p. 74 *sq.*

3. Dans la *République*, on ne parle que par allusion de ce que pourrait être la musique dans la vie des gardiens ou des philosophes après la période des études.

a) La musique est omniprésente dans la vie de la cité, notamment parce qu'elle accompagne les fêtes, dont a vu qu'elles étaient très nombreuses, et qu'elle constitue une partie essentielle des « jeux » ou concours. Pour les fêtes quotidiennes (VIII, 828b), l'Athénien ne parle que de sacrifices, mais on n'imagine guère ces derniers sans chants ni danses; pour les douze célébrations en l'honneur des dieux principaux, il est question expressément de chœurs ainsi que de concours de musique et de gymnastique. Si l'on ajoute les « répétitions », à savoir les exercices destinés à préparer les cérémonies et à se perfectionner[1], il ne paraît pas exagéré de dire que la cité des *Lois* baigne littéralement dans la musique[2], laquelle, par suite, est en mesure d'avoir une influence continue sur les citoyens. Dans la *République*, en outre, l'analyse de la musique comporte un examen approfondi de ses constituants (les *logoï* et *muthoï* d'abord; le chant et la mélodie ensuite, subdivisés à leur tour en *logos*, harmonie et rythme[3]), et elle consacre un long développement au premier aspect, au contenu et à la forme des *textes*, et aborde de façon assez technique le second. La musique y a par suite une signification large, conforme à l'idée que les Anciens s'en faisaient (l'art des Muses), c'est-à-dire qu'elle couvre en réalité toute une partie de la formation intellectuelle. Les *Lois* n'ignorent pas la question du contenu et des textes[4], ni les éléments plus techniques concernant le musical au sens restreint[5], mais elles en traitent globalement de façon moins précise et exigeante quand il s'agit de l'éducation des citoyens[6]. La musique a clairement partie liée avec la fête, la prière, la danse, c'est-à-dire avec la vie éthique, plutôt qu'avec la formation intellectuelle.

b) La nature de son action a manifestement, comme dans la *République*, partie liée avec l'« apprivoisement » de la nature humaine. L'objectif général et premier d'à peu près toutes les dispositions, institutions et règlements de la cité, nous le savons, est celui d'une excellence éthique aussi

1. Voir II, 670b *sq.* : nécessité d'une formation complémentaire pour au moins une partie des citoyens.

2. Ce qui ne semble pas avoir été exceptionnel dans le monde grec classique; *cf.* H.-I. Marrou, *Histoire de l'éducation dans l'Antiquité*, 1. Le monde grec, Paris, Le Seuil, 1948, rééd. « Points », p. 75-76; R. Flacelière, *La Vie quotidienne en Grèce*, Paris, 1959, rééd. Livre de Poche, p. 139.

3. *Rép.*, III, 376e et 398b *sq.* La première section a affaire aux *textes* en général, à leur contenu et à leur forme « littéraire »; la seconde à ce que nous appelons leur « mise en musique » au sens étroit.

4. Voir par exemple II, 660e; VII, 801c *sq.*

5. Certains passages étonnent même par leur précision ou par le niveau exigé des pratiquants (II, 669b *sq.* ; VII, 812 b-c).

6. *Cf.* VII, 812e.

parfaite que possible. La musique participe évidemment à cette fin essentielle, et ce n'est pas une surprise que Platon le rappelle ici et là[1]. Mais il apporte deux précisions supplémentaires : elle agit – au moins dans un certain nombre de cas[2] – sur le mode de l'incantation[3]; et son action s'exerce dans le domaine de la discipline ou de la maîtrise des mouvements (du corps et de l'âme). Ce deuxième point est introduit dès le livre II, où par trois fois l'auteur présente le rythme et l'harmonie comme autant de moyens donnés à la nature humaine pour passer du désordre des mouvements de l'enfance à l'ordre (τάξις) qui convient à l'individu raisonnable[4]; le désordre appartient naturellement aux autres vivants (653e), à des êtres ardents et incapables de repos (664e), atteints de folie, sans intelligence (672c). Dans le passage déjà cité sur la fonction du directeur général de l'éducation (VI, 765e *sq.*), apparaît plus nettement encore l'opposition entre la sauvagerie et le caractère apprivoisé, le second résultant d'une éducation suffisante et bien conduite : si on rapproche cette idée des textes du livre II (et sans parler de la *République*), il ne fait guère de doute que c'est à la musique que doit revenir l'essentiel de la tâche d'apprivoisement ou d'adoucissement des mœurs du citoyen.

c) Mais, justement, elle n'est pas seule. Le dernier trait remarquable des commentaires et instructions concernant la musique, aussi bien dans l'évocation des fêtes que dans les considérations sur son rôle adoucisseur, est son association régulière à la gymnastique, et ce d'une façon plus étroite que lorsqu'on l'envisage comme partie de l'éducation ou comme catégorie de concours. Il suffit de penser à la présence constante de la danse dans ces diverses manifestations, elle qui réunit si évidemment l'élément musical du rythme et la maîtrise corporelle des mouvements. Les chœurs religieux s'accompagnent normalement d'évolutions « chorégraphiques » (VII, 816c), et les deux choses vont si souvent de pair qu'il est difficile d'isoler ce qui relève de la musique et ce qui appartient à la gymnastique : dans les préliminaires du livre II, la pratique des chœurs ou *chorée* désigne le tout (σύνολον) composé de danse et de chant (654 a-b); dans le programme du livre VII, la danse – et plus particulièrement la danse en chœur – figure comme une des deux grandes subdivisions de la gymnastique (795d; 796a; 813b *sq.*); et l'on peut se demander si l'autre subdivision, la lutte, dans la

1. Par exemple en II, 670e.

2. On n'oubliera pas que la musique comprend des μαθήματα (VII, 795d).

3. Voir II, 664c (la persuasion par le chant du Péan); 665c (l'enchantement concerne explicitement tous les citoyens : adultes et enfants, libres et esclaves, hommes et femmes).

4. 653e; 664e; 672c.

mesure où elle a affaire au contrôle des mouvements, à leur enchaînement rythmé, ne participe pas à sa manière de la musique[1]. Cette imbrication n'a en soi rien d'extraordinaire, certes, mais elle brouille quelque peu le tableau : même s'il existe des exercices gymniques apparemment étrangers à la danse et à la musique[2], une association des deux aussi intime et aussi fréquente semble interdire de penser leur rapport en termes d'équilibrage ou de correction mutuelle.

## GYMNASTIQUE ET CIVILISATION

### *Une autre alliance entre gymnastique et musique*

On pourrait résumer ainsi la nature et la fonction de la gymnastique telle qu'elle nous est apparue jusqu'ici :

– la gymnastique vise à produire l'excellence du corps, en développant un certain nombre de qualités comme la beauté, la force, la rapidité…, et en veillant à assurer la maîtrise des mouvements (principalement par la danse);

– cette excellence ne vaut pas pour elle-même, elle est orientée en direction de la perfection éthique (ou de l'excellence de l'âme);

– le bénéfice que l'âme retire de la gymnastique concerne tous les citoyens, hommes et femmes, et intéresse la vie entière;

– son alliance particulièrement étroite avec la musique, enfin, sans sacrifier les bienfaits physiques ou corporels qu'elle procure d'abord (notamment en vue de la guerre), infléchit sa fonction éducative.

Cette dernière hypothèse ne repose pas seulement sur la collaboration de la gymnastique avec la musique, elle permet aussi de comprendre l'absence de la problématique de la compensation. Sur le principe de la collaboration, en effet, la *République* a ouvert la voie, nous le savons, en détournant la gymnastique de son rôle habituel pour l'employer au bénéfice de l'équilibre entre l'ardeur généreuse et l'élément philosophe de l'âme (ou pour mettre « l'harmonie du corps au service de l'accord de l'âme », *Rép.*, IX, 591d), parce que la pratique exclusive de l'une ou l'autre discipline a

1. La première espèce de *danse*, la pyrrhique ou guerrière, impose le rapprochement, puisque dans les deux cas il y a simulation de combats (VII, 796a et 815a). – On note que l'autre espèce, la pacifique, s'appelle « emmélie », un terme qui renvoie au vocabulaire de la musique.

2. On songe aux *concours* proprement dits, où la musique et la gymnastique sont séparées ; mais les concours de musique n'ont lieu qu'à intervalles plus éloignés (VIII, 834e).

des conséquences néfastes. Mais dans les *Lois* il n'est pas question des risques que ces disciplines isolées feraient courir aux deux « parties » de l'âme.

Dans la *République*, le danger de la gymnastique pratiquée seule consiste en un étiolement du goût pour le savoir, qui se tourne en violence quand il s'agit de persuader; pour lutter contre ce danger, elle fait intervenir la musique *et la philosophie* (III, 411c), conformément à la notion plus large de la musique que le dialogue développe. Est-ce parce que les *Lois* ne parlent pas des risques d'une pratique exclusive de la gymnastique qu'elles ne parlent pas non plus de philosophie ? Cette absence – qui ne concerne pas seulement la présente discussion, mais l'ensemble de l'ouvrage [1] – répond assurément à des raisons plus générales, qui tiennent au genre et à la destination de l'ouvrage : la formation du citoyen ordinaire. Mais elle s'explique sans doute aussi, en l'occurrence, par la double atténuation qui a pour effet de rapprocher les deux disciplines : une musique moins savante et plus proche de la pratique religieuse, une gymnastique moins centrée sur l'« ardeur généreuse » que sur la maîtrise des mouvements et l'aptitude guerrière [2]. La musique, par suite, est moins dirigée contre la violence d'individus se consacrant uniquement à la gymnastique que contre le désordre originel de l'animal humain. Réciproquement, la gymnastique n'a pas à empêcher le relâchement et la mollesse que produirait une culture musicale trop raffinée. Ce qu'il y aurait éventuellement à redresser dans les effets de la musique, ce serait une tendance à s'abandonner au pur plaisir [3], ou encore certains relâchements émotionnels [4]; mais, même si la chose paraît vraisemblable, le texte ne désigne pas précisément comme remède la gymnastique. Celle-ci ayant d'abord pour fin l'excellence du corps et la maîtrise des mouvements, elle n'a pas en principe à équilibrer la musique, mais se retrouve tout naturellement son alliée.

1. On trouve le verbe φιλοσοφεῖν en de rares occasions (IX, 857d; XII, 967c), mais utilisé de façon quasi accidentelle et sans insister. Tout au plus est-il question implicitement de la dialectique pour l'éducation « plus exacte » des gardiens parfaits (XII, 965 b-c).

2. Dès le début de l'ouvrage, le courage est présenté comme une vertu secondaire (I, 631a ; d), et il n'apparaît pas dans la suite que la gymnastique puisse développer de manière excessive l'élément d'ardeur généreuse.

3. II, 655d ; 657e *sq.* ; 667b *sq.* Il ne s'agit pas de condamner le plaisir, plusieurs passages en font au contraire l'éloge, mais à condition qu'il soit « droit » ; *cf.* R. Muller, « La Musique et l'imitation », dans M. Fattal (éd.), *La Philosophie de Platon*, I, Paris, L'Harmattan, 2001, p. 105, n. 3.

4. VII, 800d.

*Civilisation et philosophie*

Ce renforcement mutuel s'explique par le déplacement que subit la doctrine de l'éducation : la législation des *Lois* n'a pas pour ambition de produire une âme juste au sens précis que le terme a dans la *République*, mais un citoyen « apprivoisé » ou civilisé. Certes, Platon ne renonce nullement à l'excellence éthique ni à la justice, il y insiste fortement dès le début[1] et y revient régulièrement. Mais : 1) une législation, quelle qu'elle soit et aussi parfaite qu'on l'imagine, ne *produit* jamais la vertu morale au sens strict; elle peut au mieux créer les conditions favorables à son épanouissement[2]; 2) les *Lois* en particulier prennent à plusieurs reprises le parti de la « seconde navigation », c'est-à-dire d'objectifs ouvertement en retrait par rapport à ce qui serait souhaitable dans l'absolu, et ce repli s'applique aussi la vertu éthique[3]. On a maintes fois débattu de cette particularité du discours des *Lois*. Il nous semble qu'elle exprime la spécificité du politique proprement dit. Platon se montre beaucoup plus pessimiste que ses commentateurs quant à la possibilité de réaliser une bonne législation[4], et encore plus sur les chances qu'aurait une bonne législation d'assurer l'excellence éthique des individus[5] : le grand nombre ne sera jamais philosophe, et la justice authentique est difficile. Néanmoins, le politique requiert l'attention du philosophe parce qu'il n'est pas exclu que *quelque chose* puisse être fait, et parce que l'honneur de la philosophie réclame de ne pas abandonner l'homme ordinaire à son sort. Combattre la sauvagerie qui menace l'être humain, lui permettre d'accéder à cette forme passable de vertu éthique que représente une vie ordonnée et en conformité d'*opinion* avec les prescriptions légales, voilà un programme qu'un législateur avisé peut se proposer. Dans ces conditions, il est naturel que la subtile analyse de l'harmonie intérieure qui permet à l'âme d'« accomplir son œuvre propre », de même que l'examen des contributions respectives de la

1. Voir I, 630 b-c ; ou II, 660e *sq.*

2. La question mériterait un développement; *cf.* R. Muller, *La Doctrine platonicienne de la liberté*, Paris, Vrin, 1997, p. 207 *sq.* Que Platon néanmoins rappelle fréquemment la fin éthique de la législation s'explique sans peine si l'on donne à cette fin le sens plus « modeste » dont il va être question.

3. Il est question à plusieurs reprises d'une « deuxième » solution : V, 739a *sq.* ; 745e *sq.* ; VII, 807b. Pour une application à un problème éthique déterminé (la morale sexuelle), voir VIII, 839c et 840e.

4. Lire par exemple IV, 708e *sq.*

5. L'Athénien remarque qu'il est honteux de devoir en convenir, IX, 853b ; *cf.* 880e. Que les vertueux eux-mêmes n'atteignent peut-être qu'une vertu de second rang ou d'opinion, cela découle de ce qui précède. Comparer *Politique*, 309 c-d.

musique et de la gymnastique à cette harmonie, s'effacent au profit de l'opposition simple entre le désordre et l'ordre, entre la sauvagerie et le caractère apprivoisé ou « civilisé ».

On comprend enfin qu'une telle perspective mette au premier plan le thème de l'incantation et de l'enchantement dont les fêtes et les jeux fournissent l'occasion, en même temps qu'une certaine « promotion » du corps. Un passage troublant du livre VII (803b *sq.*), *parenthèse insérée précisément dans le programme éducatif entre la musique et la gymnastique*, propose une réflexion générale sur la condition humaine qui résume parfaitement cette nouvelle façon de voir. Les affaires humaines ne méritent pas d'être prises au sérieux, dit l'Athénien, mais notre infortune veut que nous soyons contraints de les prendre au sérieux. Or c'est Dieu, dans les mains de qui nous ne sommes pourtant que des jouets, qui mérite notre sérieux ; et pour être fidèle à *ce sérieux*, l'homme doit passer sa vie à *jouer* aux plus beaux jeux, qui consistent en sacrifices, chants et danses. Il y aurait beaucoup à dire sur ce texte, notamment sur les ambiguïtés du rapport entre la guerre et la paix, ou sur la manière dont Platon joue avec les divers sens du couple jeu-sérieux. Mais lorsque l'on prend en considération le ton et le contenu exact du passage – introduit sans préparation, alors qu'il n'était question que de l'enseignement de deux espèces de chants – il est difficile de ne pas croire que l'auteur tienne à attirer solennellement l'attention sur la musique et la gymnastique *réunies*, pour finalement leur assigner une fonction beaucoup plus grave que ce qu'on pouvait attendre : si « sacrifices, chants et danses » figurent dans un morceau qui s'interroge sur les moyens de mener sa vie le mieux possible jusqu'au bout, s'ils représentent la voie droite (ὀρθότης) pour répondre au sort que les dieux ont fixé aux êtres humains, on peut se demander si les fêtes et les jeux ne constituent pas, pour le citoyen ordinaire des *Lois*, le substitut le plus approprié (comme « seconde navigation ») de la voie philosophique.

*

Personne ne prétendra que la gymnastique tienne lieu de philosophie, encore moins que la culture du corps puisse en quelque manière l'emporter sur les disciplines intellectuelles : l'excellence du corps n'est pas une fin, et la gymnastique n'agit de toute façon pas seule. Les *Lois* incitent plutôt à approfondir les raisons pour lesquelles les pratiques corporelles propres à la gymnastique participent à l'entreprise d'*enchantement* destinée à civiliser le citoyen : la musique, si développée dans l'éducation et si présente dans toutes les cérémonies, n'y suffit-elle pas ? Est-ce parce que, quand le corps « entre dans la danse », au propre comme au figuré, c'est-à-dire mêle ses mouvements à la déclamation rythmée et mélodieuse des chants, l'enchantement redouble, accroît son efficacité? Sans exclure totalement cette supposition, c'est plutôt le contraire qu'on voudrait ici suggérer pour finir: que l'enchantement a moins besoin de s'intensifier que d'être tempéré. En effet, à trop insister sur le rôle de l'irrationnel – de l'émotion, de l'habitude – dans la formation et la vie des citoyens, on finit par oublier les aspects cognitifs et rationnels (les *mathèmes*) que comportent aussi bien l'éducation que la vie civique, et qui, malgré les apparences, n'occupent nullement une place marginale dans les *Lois*. Plusieurs passages le rappellent ici et là[1], et notamment un texte capital du livre XII, où la cité «civilisée» (ἥμερος) a pour condition expresse la réflexion (γνώμη) opposée à la simple habitude, et où c'est l'étude (θεωρία) et la recherche (ζήτησις) qui conservent la perfection de la cité[2].

Or si la musique comporte aussi une part d'études théoriques, son action dans l'éducation et la vie quotidienne ressortit davantage au charme, à l'incantation[3], avec le risque non pas tant d'amollir les âmes que d'affaiblir chez les individus la maîtrise lucide de leur conduite. Si l'on en croit le *Timée*, la gymnastique, précisément, pourrait corriger cet effet: parmi les mouvements du corps qu'il convient d'exécuter pour accompagner les activités intellectuelles, y lit-on, le meilleur est celui qui naît de soi (ἐν ἑαυτῷ ὑφ' αὑτοῦ), parce qu'il est conforme au mouvement de la pensée (et à celui du tout), le plus mauvais étant celui qu'imprime une cause étrangère; or ce meilleur mouvement est celui que produisent les exercices de la gymnastique[4]. Ces précisions décrivent en fait le mouvement exécuté par la gymnastique comme un mouvement *libre* (issu de soi, par opposition à l'action d'une cause extérieure). Si dans le contexte du *Timée* la gymnastique doit avant tout prévenir les risques d'une pratique exclusive des sciences, dans le contexte de son association avec la musique, c'est-à-dire

1. IV, 714a (νοῦς-νόμος). Par deux fois (IV, 720a *sq.* et IX, 857c *sq.*), l'auteur oppose deux médecins dans leur attitude face à leur malade : l'un ordonne, sans recevoir ni donner de raison (λόγος); l'autre examine méthodiquement, instruit, «adoucit» (ἡμερούμενον), *dialogue*, et utilise des *raisons* proches de la philosophie. L'intention est clairement de défendre la deuxième manière dans l'exposé des justifications des lois, donc de s'adresser à la raison des citoyens.

2. *Lois*, XII, 951 a-c.

3. Pour des rapprochements spécifiques entre *musique* et incantation, voir par exemple II, 659e (chant et incantation); 665c (incantation et plaisir); 670d (rythme, mélodie et plaisir); VII, 812 b-c (chant, émotions ou παθήματα, et incantation); 813a (mélodie et plaisir). En grec comme en français, *chant* et *incantation* (ou enchantement) sont étymologiquement proches.

4. *Timée*, 88b *sq.*

dans les *Lois*, elle pourrait, dans la mesure où l'on accepte de ranger ses gestes ordonnés et correctement exécutés dans la catégorie du « meilleur mouvement », apporter une contribution – modeste sans doute, mais non illusoire – à une maîtrise du comportement qui ne repose pas uniquement sur l'habitude et l'incantation, mais soit réellement libre, en prenant appui sur la pensée. Paradoxe, peut-être, mais qui donne une justification supplémentaire au τίμιον εἶναι σῶμα, « le corps est chose honorable ».

Robert MULLER

# « COUREZ POUR GAGNER » : LA COURSE À PIED SELON SAINT PAUL

Tout en présentant des textes de Paul de Tarse (saint Paul) consacrés à la course à pied, je voudrais tenter de faire partager mon intérêt *philosophique* pour cet auteur important dont les écrits ne font pas – ou plus – partie des lectures habituelles des philosophes et des sportifs. En second lieu, dans le prolongement des éléments mis en place par l'introduction et d'autres contributions du présent volume, je souhaiterais esquisser une réflexion sur le statut et la fonction des analogies ou des métaphores[1] sportives dans les textes philosophiques : il s'agira, sur le fond, d'examiner des textes, qui, à la façon de bien d'autres dans l'antiquité, rapprochent activité spirituelle et activité physique, et, méthodologiquement parlant, de réfléchir à la façon dont il convient d'interpréter ces rapprochements. Enfin la question de la place du corps, et plus topiquement de l'activité physique, dans le christianisme, sera à l'horizon de ma réflexion.

## PAUL DE TARSE

S'agissant ici d'éléments et d'informations qui tendent aujourd'hui à ne plus faire partie de la culture commune – c'est un constat, pas forcément un regret – un rappel succinct sur Paul de Tarse et les textes qui lui sont attribués sera peut-être utile[2].

1. Je ne différencierai pas ici image, comparaison, métaphore, analogie, voire allégorie. Une étude plus poussée réclamerait évidemment qu'on précise ces notions.

2. Les lecteurs pour lesquels ces rappels sont superflus peuvent directement passer au paragraphe suivant. La *Bible* sera citée d'après la traduction dite « TOB » (*Traduction*

Paul est un juif né vers l'an 10 de notre ère à Tarse (actuelle Turquie), dans ce monde méditerranéen qu'on appelle « hellénistique », dominé par l'Empire romain et imprégné de culture grecque. Il participa aux persécutions menées contre les premiers chrétiens, puis, sur le « chemin de Damas », se convertit au christianisme dont il devint le principal propagateur chez les non-juifs. Au cours de trois principaux voyages, il parcourut l'Asie mineure et la Grèce en s'arrêtant dans les grandes villes pour tenter d'y fonder, avec plus ou moins de succès, des communautés chrétiennes. Un texte fameux des *Actes des Apôtres* (ch. 17), qui indique que les rapports entre le christianisme et la philosophie grecque furent d'emblée existants et délicats, le montre à Athènes, discutant avec des philosophes sur la colline de l'aréopage. Il mourut à Rome, décapité, vers l'an 65. Son importance est incontestable : historiquement, il a promu puis mis en œuvre l'annonce du christianisme au-delà du seul cercle des juifs dont étaient issus les premiers chrétiens. Doctrinalement, ses textes, qui figurent à la fin des bibles chrétiennes[1], présentent une sorte de première élaboration théorique du christianisme à un tel point que, de façon discutable mais suggestive, on a pu dire qu'il était, plus que le « Jésus » dont parlent les *Évangiles*[2], le véritable « inventeur du christianisme »[3].

Quatorze courts textes rédigés en grec – des lettres mêlant conseils pratiques et réflexions théoriques, adressées à des communautés que Paul a fondées ou à des disciples – lui ont été traditionnellement attribués. On sait toutefois depuis le XIX<sup>e</sup> siècle que certains sont de ses proches, et non directement de sa main[4]. Même s'il faut noter que les contemporains de

*œcuménique de la Bible*, Paris-Pierrefitte, Le Cerf-Société biblique française) parfois modifiée.

1. Avec certaines différences entre catholiques et protestants, que je n'envisage pas ici.

2. On prendra garde en ce sens à certaines subtilités chronologiques : quand ils parlent de Jésus-Christ, les textes de Paul renvoient à des événements antérieurs à leur rédaction mais qui nous sont connus par des *Évangiles* qui, sous la forme que nous possédons, ont été rédigés après ces textes.

3. Voir par ex. Nietzsche, *Aurore*, I, § 68. Alain Badiou (voir note 2 page suivante) voit en Paul « un Lénine dont le Christ aurait été le Marx équivoque ».

4. Selon un décompte qui ne fait pas l'unanimité, on considère souvent comme authentiquement pauliniennes les lettres *aux Romains* (Rom.), les deux *aux Corinthiens* (1 Co et 2 Co), *aux Galates* (Gal.), *à Philémon* (Phm), *aux Philippiens* (Phil.), et la *Première lettre aux Thessaloniciens* (1 Th.); et comme « deutéropauliniennes » (attribuées à des disciples de Paul) les lettres *aux Colossiens* (Col.), *aux Éphésiens* (Eph.), les deux *à Timothée* (1 Tim. et 2 Tim.), *à Tite* (Tt), et la *Deuxième lettre aux Thessaloniciens* (2 Th.). L'inauthenticité de la *Lettre aux Hébreux* (Héb.) est indiscutée. Les abréviations indiquées entre parenthèses sont celles utilisées dans le présent texte.

Paul les considéraient déjà comme des textes ardus[1], ces lettres sont aujourd'hui spécialement difficiles d'accès, non seulement parce que, davantage encore que les *Évangiles*, elles utilisent un vocabulaire et des catégories qui ne sont plus les nôtres, mais aussi parce que leur(s) rédacteur(s) a (ont) une façon d'enchaîner les idées assez éloignée de celle à laquelle nous sommes habitués. Une bonne façon d'entrer dans ces textes consiste à les considérer comme une sorte de phénoménologie de l'expérience de la foi, de tentative pour décrire, avec un lexique et des méthodes qui ne sont d'ailleurs pas les mêmes dans toutes les lettres, les effets produits en une personne (Paul) par la croyance chrétienne[2].

## LES TEXTES

Pourquoi étudier ces textes de Paul dans un volume intitulé *Activité physique et exercices spirituels* ? Il se trouve que de façon inattendue – le christianisme n'offrant pas de prime abord un terrain privilégié pour se mettre à « parler sport » – on rencontre dans ces textes d'assez nombreuses références à la pratique sportive : un passage porte sur la gymnastique[3], d'autres sur le pugilat ou la lutte[4], d'autres enfin sur la course à pied. Seuls ces textes sur la course seront ici analysés, pour deux raisons : ils sont assez nombreux pour fournir matière à une étude ; de plus, la procédure d'interprétation des textes que je mettrai en œuvre suppose que l'interprète ait expérimenté la situation sportive dont il parle. Or je pratique, en amateur, la course à pied d'endurance, mais pas la lutte[5].

Dans les lettres de Paul, authentiques ou non, les principaux textes où il est explicitement[6] question de course à pied sont les suivants.

Le plus frappant, développé et connu se trouve dans un passage de la *Première lettre aux Corinthiens* (9, 24-27) où l'image du coureur se mêle à

1. Voir ce qu'écrit l'auteur de la *Deuxième lettre de Pierre*, 3, 16 : « Il s'y trouve [dans les lettres de Paul] des passages difficiles dont les gens ignares et sans formation tordent le sens ».

2. Dans une bibliographie évidemment gigantesque, on peut recommander au lecteur intéressé par une réflexion récente, philosophique et abordable sur la doctrine paulinienne *Saint Paul* de S. Breton, Paris, P.U.F., 1988 et *Saint Paul. La fondation de l'universalisme* de A. Badiou, Paris, P.U.F., 1997.

3. *I Tim.* 4, 7-8.

4. Par ex. *2 Tim.* 2, 5.

5. En ce sens, le présent texte appelle un complément interprétatif de la part des lecteurs lutteurs ou pugilistes. *Eph.* 6, 11-15 évoque peut-être l'*hoplites*, une course en armes.

6. Pour les éventuelles références implicites, voir V.C. Pfitzner, *Paul and the Agon Motif. Traditional Athletic Imagery in the Pauline Literature*, Leyden, Brill, 1967, p. 76-77.

celle du lutteur. Le texte n'intervient pas dans un contexte d'exposé théorique mais plutôt à la suite d'une exhortation critique adressée aux chrétiens de Corinthe. Comme le notent les commentateurs, le lien entre ces images et ce qui précède et suit dans l'épître est loin d'être évident[1], ce qui confère à ces lignes sportives une forme d'autonomie expliquant en partie la fascination qu'elles exercent et l'envie qu'on peut avoir de les analyser pour elles-mêmes.

> Ne savez-vous pas que dans le stade les coureurs courent[2] tous mais qu'un seul gagne le prix? Courez donc pour gagner. Tous les athlètes s'abstiennent de tout; eux, c'est pour une couronne corruptible, nous pour une couronne incorruptible. Moi, donc, je cours ainsi : je ne vais pas à l'aveuglette; et je boxe ainsi : je ne frappe pas dans le vide. Mais je traite durement mon corps, et le tiens assujetti de peur qu'après avoir proclamé le message aux autres, je ne sois moi-même disqualifié.

Ce passage fameux attire l'attention sur d'autres textes moins développés où le thème de la course apparaît également.

Par commodité et sans que la classification soit pleinement satisfaisante, on peut les séparer en deux catégories. Dans la première, l'image de la course est utilisée pour évoquer le travail d'apôtre de Paul et son trajet personnel, qui sont comparés au parcours du coureur qui déploie son effort : « ...de peur de courir ou d'avoir couru en vain » (*Gal.* 2, 2); « je n'aurai pas couru pour rien » (*Phil.* 2, 16); « ...je m'élance pour tâcher de le saisir, parce que j'ai été saisi moi-même par Jésus-Christ. Frères, je n'estime pas l'avoir déjà saisi. Mon seul souci : oubliant le chemin parcouru et tout tendu en avant, je m'élance vers le but en vue du prix attaché à l'appel d'en haut que Dieu nous adresse en Jésus-Christ » (*Phil.* 3, 12-16). Ailleurs, Paul propose un bilan où l'on retrouve le rapprochement entre course et combat : « J'ai combattu le beau combat, j'ai achevé ma course, j'ai gardé la foi; dès maintenant m'est réservée la couronne de justice que me donnera le

1. Voir le bilan de J.L. Sumney, « The Place of 1 Corinthians 9 : 24-27 in Paul's Argument », *Journal of Biblical Literature*, 2000, p. 329-333. À la fin du chapitre 9, Paul critique les chrétiens de Corinthe pour leur tendance à être contents d'eux et à estimer qu'ils peuvent bénéficier de droits spéciaux. Il leur explique qu'au contraire, le fait d'être chrétien ne confère aucun droit particulier, et donne deux exemples : lui-même, dans son activité d'apôtre; les athlètes qui savent se priver de beaucoup de choses, au lieu d'en réclamer, pour atteindre leur but. Le début du chapitre 10 (après la comparaison avec les athlètes) explique que les Corinthiens ont une leçon à tirer de l'histoire du peuple juif.

2. Dans ce texte comme dans ceux cités par la suite, courir = *trecô*; course = *dromos*. Comme en français, « courir » a en grec à la fois un sens concret (courir avec ses pieds) et un sens abstrait (courir un danger, progresser vers un but).

Seigneur »[1]. Les *Actes des Apôtres* (20, 24), qui ne sont pas de Paul mais parlent de lui, rapportent enfin qu'il aurait dit : « Je n'attache aucun prix à ma propre vie ; mon but, c'est de mener à bien ma course et le service que le Seigneur Jésus m'a confié ».

Le deuxième groupe de textes comprend ceux où, à l'occasion de reproches ou de conseils adressés par Paul à ses interlocuteurs, le thème de la course apparaît pour évoquer la vie chrétienne en général. Outre les passages déjà cités et qu'on peut aussi lire en ce sens, c'est le cas quand Paul demande *aux Galates* (5, 7) qui se sont mal conduits « vous couriez bien ; qui [en vous barrant la route], vous empêche d'obéir à la vérité ? » et lorsqu'il explique *aux Romains* (9, 16) « [que Dieu fasse miséricorde] ne dépend ni de celui qui veut, ni de celui qui court, mais de la miséricorde de Dieu ». La *Lettre aux Hébreux* enfin (12, 1), quoi qu'il en soit de son authenticité paulinienne, s'inscrit dans la continuité métaphorique des textes précédents : « rejetons tout fardeau et le péché qui sait si bien nous entourer, et courons avec endurance l'épreuve qui nous est proposée ». Le mot grec (*upomonè*) traduit par « endurance » dans ce dernier passage et le verbe qui lui correspond (*upomenô*, endurer) apparaissent plus de quarante fois dans le Nouveau Testament[2]. La diversité des contextes et des situations où cette notion est utilisée justifie qu'on en propose des traductions différentes : constance, persévérance, patience, fermeté, etc. Mais dans le contexte « sportif » de ces passages et plus encore lorsqu'il est question de course, « endurance » est à l'évidence une traduction correcte.

## LECTURES

Courts et peu nombreux, ces textes produisent néanmoins un effet de récurrence marquant dans un *corpus* de quelques dizaines de pages. De là peut venir le désir de les regarder de plus près, ce qui constitue déjà une sorte de décision d'interprétation, d'autant plus qu'il existe au moins un passage dans lequel Paul semble dénier, ou minimiser, l'intérêt de l'exercice corporel. Il s'agit d'un conseil donné à Timothée (*I Tim.* 4, 8) :

1. 2 Tim., 4, 7. Cf. *I Tim.* 6, 12. Dans les termes de la *Lettre aux Hébreux*, 6, 20, le Christ apparaît de ce point de vue comme le pré-curseur (*pro-dromos*), celui qui a *couru devant* pour montrer le chemin.

2. Par ex. *Évangile de Luc* 8, 15 et 21,19. Hors contexte « sportif », ces mots sont très présents dans les épîtres pauliniennes par ex. *Rom.* 2, 7 ; 5, 3-4 ; 8, 25 ; *I Co* 13, 7 ; *2 Co* 1, 6 ; 6, 4 ; 12, 12 ; *Col.* 1, 11 ; *1 Th.* 1, 3 ; *2 Th.* 1, 4 ; 3, 5 ; *1 Tim.* 6, 11 ; *2 Tim.* 2, 10 et 12 ; 3, 10 ; *Tt*, 2, 2 ; *Héb.*, 10, 36 et 12, 1-7.

« Exerce-toi plutôt à la piété : l'exercice corporel (*somatike gumnasia*) en effet, est utile à peu de choses, tandis que la piété, elle, est utile à tout ». Si ce passage explique incontestablement qu'il y a dans la vie des choses plus importantes que l'exercice physique, il n'affirme pas toutefois que cet exercice est totalement vain, et il laisse ouverte la possibilité d'une utilité liée à une sorte de finalité supérieure. Pris en ce sens, ces textes pauliniens sont donc analogues à la quasi-totalité des textes de philosophes consacrés au sport mentionnés dans le présent volume : la gymnastique, le sport ou l'activité physique n'y sont pratiquement jamais étudiés en eux-mêmes et pour eux-mêmes, mais dans leur rapport à un autre type d'activité qu'ils préparent, favorisent, contrarient, métaphorisent, etc.

Dans le cas des textes pauliniens comme dans d'autres, l'interprète qui décide d'interroger ces images sportives rencontre alors (au moins) trois questions : l'appel à ces images est-il autre chose qu'une commodité rhétorique ? Que signifient-elles, et comment les décrypter ? Ont-elles une simple fonction d'illustration d'une théorie déjà toute constituée par ailleurs, ou sont-elles au contraire en quelque façon constitutives d'une thèse qui ne leur préexisterait pas entièrement ?

Comme il se doit, ces textes de Paul ont suscité chez les théologiens de nombreux commentaires savants[1], et quelques désaccords. Hors des questions classiquement disputées sur la théologie paulinienne, on débat par exemple pour savoir si ces images appellent une interprétation d'ensemble et si dans ce cas le passage de *I Co* 9 doit jouer un rôle central, ainsi que pour déterminer si coureur (et combattant) désignent dans ces textes le chrétien en général ou bien Paul en particulier. Dans le premier cas, la métaphore serait d'ordre « parénétique » et concernerait le parcours spirituel de tout un chacun. Dans le second, elle serait plus réflexive et figurerait spécifiquement la situation de Paul dans sa mission d'apôtre.

Au-delà de leurs divergences et abstraction faite de leurs contenus proprement théologiques qui ne nous intéressent pas ici, ces commentaires ont en commun deux traits marquants et d'inégale importance. Le premier

1. Outre les études signalées ailleurs dans cet article et en laissant de côté les commentaires intégraux des épîtres pauliniennes, voir R.R. Chambers, *Greek Athletics and the Jews*, PhD, Miami University, 1980; S. Freyne: « L'Antiquité chrétienne et l'idéal athlétique grec », *Concilium* 225, 1989, p. 111-119 ; A. Papathomas : « Der Agonistische Motiv 1 Kor 9, 24ff im Spiegel Zeitgenössischer Dokumentarischer Quellen », *New Testament Studies*, 43, 1997, p. 222-241 ; O. Schwankl : « "Lauft so, dass ihr gewinnt". Zur Wettkampfmetaphorik in Kor. 1 9 », *Biblische Zeitschrift*, 41, 1997, p. 174-191 ; C. Spicq : « L'Image sportive de II Co IV, 7, 9 », *Ephemerides Theologicae Lovanienses*, 14, 1937, p. 209-229 et « Gymnastique et morale, d'après I Tim IV, 7-8 », *Revue biblique*, 119, 1947, p. 229-242.

paraît anecdotique mais n'est sans doute pas insignifiant : les interprètes de ces images se préoccupent peu de la nature des activités sportives et *a fortiori* du type de course dont il est question, si bien qu'après avoir signalé les pratiques sportives auxquelles il est historiquement envisageable que Paul fasse allusion, ils ne retiennent dans leurs lectures que de rares éléments rattachés par la conscience commune aux thèmes de la « compétition » ou du « sport » en général. Ce premier trait apparaît comme un symptôme du second : une tendance à estimer que la fonction de ces images se cantonne à une illustration faible des théories de Paul. Le mouvement qui guide ces commentateurs est en effet le suivant : partant des thèses pauliniennes établies ou identifiées par ailleurs, ils cherchent à rejoindre les textes sur la course en montrant comment ils rappellent ou évoquent ces thèses. Cette façon de procéder n'a rien d'illégitime, mais elle conduit inévitablement à démonétiser ces images en réduisant leur puissance suggestive et à considérer que leur présence s'explique avant tout par des considérations externes : elles seraient de l'ordre de la *captatio benevolentiae*, de l'artifice rhétorique utilisé pour attirer l'attention des destinataires en évoquant des activités sportives qu'ils connaissent et apprécient, comme ces fameux « jeux » grecs qui n'étaient d'ailleurs pas exempts de significations religieuses[1] ; leur présence se justifierait par une assimilation ou une récupération d'éléments largement utilisés dans les textes philosophiques et sapientiaux de l'époque, par exemple chez les stoïciens[2] et dans la littérature juive hellénistique[3]. Dans tous les cas, l'idée demeure que ces comparaisons sportives apparaissent avant tout pour des raisons de convenance, qu'elles ont au mieux une valeur illustrative si bien qu'il serait

1. Il n'est pas indifférent que le passage le plus marquant se trouve dans une lettre aux habitants de Corinthe, où tous les deux ans se tenaient des jeux importants (les « jeux isthmiques » auxquels Paul assista peut-être, puisqu'il passa au moins dix-huit mois à Corinthe entre 50 et 52). Voir O. Broneer, « The Apostle Paul and the Isthmian Games », *The Biblical Archaeologist*, 25, 1962, p. 2-31. Plus généralement, sur le sport dans l'antiquité, voir H.-I. Marrou, *Histoire de l'éducation dans l'antiquité*, Paris, Seuil, 1948, chap. 3 ; J. Ulmann, *De la Gymnastique aux sports modernes…*, Paris, Vrin, 1982-3, chap. 1 ; J.-P. Thuillier et W. Decker, *Le Sport dans l'Antiquité*, Paris, Picard, 2004; W. Decker, *Sport in der griechischen Antike*, Munich, Beck, 1995.

2. Les philosophes anciens, et notamment les stoïciens, étaient eux-mêmes des sportifs et appliquaient fréquemment des images sportives à des thèmes moraux et spirituels : voir V.C. Pfitzner, *op. cit.*, chap. 2 et les références données dans l'*Introduction* du présent volume, p. 35. Parmi les textes stoïciens qui utilisent l'image de la course, voir Marc-Aurèle, *Pensées*, 4, 18 ; Sénèque, *Lettres à Lucilius*, 109, 6. On sait que Chrysippe était coureur de fond (Diogène Laërce, *Vie des philosophes illustres,* VII, 179) et que Sénèque pratiquait la course à pied (*Lettres à Lucilius*, 83, 3-5).

3. Voir V.C. Pfitzner, *op. cit.*, chap. 3.

inutile, voire erroné, de les prendre trop au sérieux en précisant davantage leur portée ou en les détachant momentanément du contexte qu'elles illustrent pour les faire fonctionner de façon autonome.

Le nombre des références pauliniennes à la course peut toutefois inviter à donner un peu plus de poids à ces textes. Sans dénier la validité des démarches et lectures qui viennent d'être évoquées, on tentera ainsi une approche à la fois plus concrète et plus naïve, en allant non plus des thèses aux images mais des images aux thèses, en prenant pour point de départ l'image elle-même et en tenant compte des particularités de la situation ou de l'expérience qu'elle évoque, pour déterminer quelle thèse elle constitue alors. On esquissera donc comme une version « paulino-sportive » de ces « paris interprétatifs » qu'on est parfois amené à faire en rencontrant ce genre d'images ou de comparaisons dans des textes à dominante philosophique ou sapientielle où leur présence peut de prime abord étonner[1] : postulant que l'image du coureur fut soigneusement sélectionnée par un rédacteur qui savait de quoi il parlait, qu'elle a donc été choisie non seulement pour rejoindre le bagage culturel des destinataires du texte mais aussi en raison des convictions, voire des pratiques, de son émetteur, et qu'elle mérite en tant que telle un décryptage attentif – bref, dans les termes de Paul Ricœur, que la métaphore est « vive » et peut « donner à penser » – on la prendra au sérieux en lui conférant, l'espace de quelques pages, le statut de « modèle ».

L'opération comporte des risques. Il faut d'abord garder conscience que, comme on disait au XVIIe siècle, « toute comparaison cloche »[2] inévitablement, c'est-à-dire possède des limites puisqu'elle rapproche, au nom de leurs points communs, des éléments par ailleurs dissemblables[3]. Paul

1. La question se pose en fait dans tous les textes philosophiques comportant des images ou des comparaisons un peu développées : faut-il prendre au sérieux ces images, dans quelle mesure est-il intellectuellement justifié, voire fructueux, de les décrypter de façon précise ? On trouvera un exemple d'interprétation d'une image cartésienne (le voyageur égaré dans la forêt qui désire marcher droit : *Discours de la méthode*, IIIe part.) dans l'*Introduction* du présent volume, p. 36-39.

2. Malebranche, *Réflexions sur la prémotion physique* § 18, *Œuvres complètes*, Paris, Vrin, 1974, t. 16, p. 86.

3. En l'absence de ces dissemblances, on n'a plus affaire à une comparaison (« a est comme b ») mais à une tautologie (« a est comme a »). Voir les analyses de J. Cohen, *Structure du langage poétique*, Paris, Flammarion, 1966, notamment chap. 3 et 4. Dans un autre contexte Antoine Arnauld, le rigoureux co-auteur de la *Logique* dite « de Port-Royal », a bien analysé le risque de ce qu'il appelle le « sophisme des discours figurés » en suggérant comment c'est pour avoir ignoré les dissemblances des termes de la classique comparaison entre Dieu et un architecte (c'est-à-dire quelqu'un dont la puissance, financière par ex., est limitée) que l'oratorien Nicolas Malebranche a été conduit à affirmer (de manière inadmissi-

lui-même signale une de ces limites en distinguant les deux « couronnes ». Il est aisé d'en trouver d'autres : la compétition des jeux désigne un unique vainqueur alors que selon Paul il y aura de nombreux lauréats à la course du salut[1], le coureur sait où s'achève l'épreuve dans laquelle il est engagé alors que nul ne connaît le jour et l'heure de sa mort, etc. En second lieu, cette démarche conduit à abstraire provisoirement les comparaisons de leur contexte, si bien qu'il faudrait, pour valider l'interprétation, contrôler ses résultats *a posteriori* en vérifiant qu'ils ne contredisent pas les schèmes centraux de la pensée paulinienne. Enfin, il faut se méfier d'une sorte d'enthousiasme (au sens de la *Schwärmerei* dont parle Kant) ou de griserie interprétatives qui, accordant trop d'importance à ces images et aux significations qu'on en peut extraire, tendraient à faire penser que si Paul n'avait pas apprécié la course à pied, sa doctrine, et par voie de conséquence la théologie chrétienne, ne seraient pas ce qu'elles sont. Néanmoins, les idées humaines – fussent-elles celles d'un auteur que certains tiennent pour divinement « inspiré » – ne sortent pas de nulle part, et il n'y a pas de raison d'exclure qu'elles entretiennent certains rapports avec les situations matérielles, somatiques, pratiques auxquelles la personne qui les a formulées s'est intéressée ou dans lesquelles elle s'est trouvée – plus encore lorsque cette personne elle-même dans ses textes attire l'attention sur les situations en question. Sans prétendre donc que la piste ou le stade furent comme la fabrique de toute la doctrine de Paul, on peut estimer que certains aspects de sa pensée ont un rapport étroit avec la pratique des activités physiques qu'il évoque (§ 4); et dans un cas au moins (§ 5), l'hypothèse d'une origine spécifiquement athlétique d'un trait important de la doctrine paulinienne semble plausible, voire éclairante.

## DÉCRYPTAGE

Dans l'optique choisie, on distinguera trois niveaux de lecture, compatibles entre eux : au niveau général, on considère que dans les textes pauliniens où apparaît la métaphore de la course, l'essentiel est la référence au « sport », sans s'interroger davantage sur la nature de ce sport; à un

ble du point de vue d'Arnauld) que « Dieu est impuissant » : « on se laisse emporter à la lueur d'une belle comparaison et, la poussant au-delà des bornes, on se trouve insensiblement engagé dans l'erreur » (*Réflexions philosophiques et théologiques* ..., III, chap. 11, p. 751 *sq.* du t. 39 des *Œuvres* d'Arnauld, Paris et Lausanne, Sigismond d'Arnay, 1775-1783).

1. Voir par ex., en contexte « sportif », *I Tim.*, 4, 10.

niveau intermédiaire – qui ne sera pas développé faute de place – on insisterait sur le fait qu'il ne s'agit pas de n'importe quel « sport », mais « d'athlétisme » au sens moderne de l'expression, c'est-à-dire d'une pratique sportive spécifique (on n'y a pas, par exemple, de contact physique avec l'adversaire); à un niveau particulier enfin, on tient compte du type de course dont parlent ces textes.

Le niveau général identifie dans ces textes, pour les appliquer à l'élucidation de la condition chrétienne dont parle Paul, des significations présentes dans la plupart des activités sportives et qu'on retrouverait *mutatis mutandis* dans les passages pauliniens évoquant d'autres sports. Le sport suppose ainsi des comportements et des attitudes (visée d'un but, nécessité d'entraînements sérieux et réguliers, acceptation de l'épreuve) qu'on retrouve dans la vie spirituelle et qui fournissent des termes de comparaison pour expliciter l'idéal chrétien. Il fait notamment apparaître l'intérêt de certaines privations ou de certaines formes d'ascèse, non pas pour elles-mêmes mais en vue du but qu'on s'est fixé, et suggère donc que toute douleur n'est pas forcément « mauvaise », inutile ou insensée, qu'il y a parfois une puissance et une justification du sacrifice ou de la peine. Selon certains du moins, le sport véhicule mieux que d'autres activités des « valeurs positives », développe des vertus et des exigences d'ordre moral (patience, courage, espérance, honnêteté avec soi-même et avec les autres, loyauté, force morale, persévérance, esprit de collaboration, sociabilité, magnanimité, générosité, etc.) qui correspondent *grosso modo* à celles du christianisme. Il fait aussi apparaître de façon spécialement vive une thèse à laquelle souscrivent aussi bien Jésus-Christ que les innombrables amateurs de sport qu'on voit « refaire le match » au comptoir des bars et qui dissertent sur le rôle de ce qu'on appelle trivialement le « mental » dans la performance[1] : nos croyances (« le mental »), ou du moins certaines d'entre elles, sont efficaces parce qu'elles modifient la façon d'agir (le « comportemental ») de celui qui y adhère et ont ainsi pour conséquence des modifica-

1. Si on en croit ce que rapportent les *Évangiles*, le premier, avec sa tendance coutumière à l'hyperbole, a en effet insisté à plusieurs reprises sur l'importance des effets susceptibles d'être produits par la foi : « si un jour vous avez de la foi gros comme une graine de moutarde, vous direz à cette montagne "passe d'ici là-bas" et elle y passera. Rien ne vous sera impossible » (*Matthieu*, 17, 20-21 voir aussi, 21, 21-22 et *Marc*, 11, 23). Les seconds savent tous que, quelles que soient par ailleurs les qualités et la condition physiques « objectives » d'un sportif, s'il entame une compétition en étant totalement démotivé et, comme on dit, sans « y croire », ses chances d'accomplir une bonne performance sont réduites. Pour une approche philosophique de ce thème de l'efficace des croyances, voir par ex. W. James, *The Will to Believe*, 1897, trad. fr. *La Volonté de croire*, Paris, Flammarion, 1916, rééd., Paris, Les Empêcheurs de penser en rond-Le Seuil, 2005.

tions de la réalité, lesquelles contribuent parfois à faire advenir dans cette réalité ce sur quoi porte la croyance (la victoire, le salut); bref, on est meilleur, plus performant, quand on « y croit » car, comme l'ont dit de nombreux auteurs contemporains d'horizons idéologiques fort divers en reprenant une catégorie à John L. Austin, la foi possède un caractère « performatif »[1]. Comme lieu d'expérience privilégiée d'une union très étroite d'un esprit et d'un corps « confondus et mêlés »[2], le sport interdit enfin toute compréhension durement dualiste de l'être humain[3], attire l'attention sur ce qu'on peut appeler notre condition incarnée – on sait que le thème de l'incarnation est central dans le christianisme – et invite en tant que tel à ne pas *dévaloriser le corps*, à s'*intéresser* à lui.

Paul avait donc quelques bonnes raisons, qui n'étaient pas seulement d'ordre circonstanciel ou rhétorique, pour user de ces comparaisons sportives. On en est cependant resté jusqu'ici à un niveau de lecture très général et à des trivialités valables pour de très nombreux types de pratiques sportives.

Pour passer au troisième des niveaux d'interprétation que j'ai distingués, il faut tenter de préciser si Paul pense non seulement au sport en général, mais aussi à un type de course particulier. Se basant sur la « tension » (l'*epekteinomenos*) de *Philippiens* 3, 13-14, certains commentateurs ont suggéré qu'il s'agissait des épreuves de « sprint » disputées lors des jeux antiques[4], ce qui conduit à faire de cette « tension », c'est-à-dire de la brève, brutale et homogène explosion d'énergie du sprinter concentré sur les quelques secondes de sa course et obnubilé par le but qu'il aperçoit, les axes dominants dans le décryptage de cette image. La présence d'une épreuve d'endurance aux jeux[5], l'idée récurrente que la course dont il est question se déploie dans la longue durée d'une vie, l'insistance paulinienne

1. Voir par exemple M. Onfray, *Traité d'athéologie*, Paris, Grasset, 2005, p. 158 : « Le genre évangélique est performatif – pour le dire dans le terme d'Austin : l'énonciation crée la vérité. Les récits testamentaires révèlent une puissance du langage qui, en affirmant, crée ce qu'il énonce » ; J. Ratzinger/Benoît XVI, *Sauvés dans l'espérance*, Paris, Le Cerf *et alii*, 2007, § 2 (« le message chrétien n'est pas seulement informatif, mais performatif ») et § 10.

2. Descartes, *Sixième méditation*, AT, t. 9, p. 64.

3. Voir quelques précisions sur ce point dans l'*Introduction* du présent volume, p. 20-24 et 31-34.

4. Des courses d'environ 190 ou 380 m. Voir par ex. R. Metzner « Paulus und der Wettkampf; Die Rolle des Sports in Leben und Verkündigung des Apostels (1 Kor 9.24-27; Phil 3.12-16) », *New Testament Studies*, 2000, 46, p. 565-583, p. 577-578.

5. Le *dolichos*, dont la longueur semble avoir varié, mais qui pouvait aller jusqu'à près de 5000 m. Des épreuves plus longues ont également existé dans l'antiquité : dans *Les Lois* 833a, Platon parle d'une course d'environ 18 km.

sur *l'upomonè*-endurance, et enfin l'expérience que Paul avait inévitablement, au moins en tant que marcheur, des efforts physiques au long cours, permettent d'envisager que la « course » en question soit plutôt ce que nous appellerions aujourd'hui une course de fond[1]. Et si ce sont les caractéristiques propres de cette pratique sportive qui justifient son choix comme élément de la comparaison et véhiculent des significations particulières, il faut pour interpréter ces textes pauliniens prendre pour point de départ les particularités de l'expérience qu'ils évoquent, c'est-à-dire étudier les témoignages de coureurs d'endurance, ou mieux encore, pratiquer soi-même la course d'endurance, puis tenter de voir en quoi cette expérience rejoint ce qu'on sait, ou pense savoir, du christianisme.

Le lecteur étudiant ce type de témoignage ou pratiquant ce type d'effort trouvera tout d'abord confirmation de choses dont il se doute : progression et réussite supposent régularité, méticulosité, organisation de l'entraînement; on n'obtient pas de succès sans être passé par un moment d'ascèse et quelques privations; chacun possède des limites déterminant sa marge de progression et les buts qu'il peut raisonnablement chercher à atteindre, en proscrivant d'autres dont la poursuite mènerait à coup sûr à l'échec. Cette progression révèle une sorte d'efficacité de la monotonie, de l'humble et patiente accumulation d'actes banals, répétitifs, de peu enthousiasmante apparence.

Le coureur d'endurance apprend que tout ne dépend pas de lui, qu'aussi rigoureuse qu'aient été sa préparation et méticuleuse sa planification de la course, quelque chose lui échappe au jour de l'épreuve, non seulement en raison des facteurs extérieurs (conditions atmosphériques) sur lesquels nous n'avons pas de prise, mais aussi parce que la course d'endurance est une longue confrontation avec nos propres limites et nos inévitables insuffisances, bref avec ce que nous sommes, et qui ne coïncide pas avec ce que nous souhaiterions être. Le combat pour réussir la course nous situe ainsi dans un entre-deux : il n'est ni la soumission passive à une nécessité ou une destinée souveraines dont nous serions les jouets (une « prédestination » totale, le *fatum mahometanum* des philosophes de l'âge classique[2]), ni l'affirmation orgueilleuse (« pélagienne » dirait un théologien) d'une maîtrise complète de notre cheminement.

1. H.A. Harris, *Greek Athletes and Athletics*, Londres, Hutchison, 1964, p. 129-136 juge probable que Paul ait pratiqué la course de fond à Tarse, où avaient lieu des compétitions d'athlétisme : c'est au mieux une conjecture, en tout état de cause impossible à étayer.

2. Par ex. Leibniz, *Essais de théodicée*, Préface.

Ici comme dans les alinéas qui suivent, je laisse au lecteur le soin d'effectuer s'il lui plaît une éventuelle transposition de ces données dans le domaine spirituel et plus spécifiquement chrétien.

Si la course (du salut) demeure en dernier recours une affaire individuelle, elle se déploie néanmoins dans une dimension communautaire qui n'a rien d'inessentiel. La remarque vaut par exemple pour l'utilité des conseils reçus de « ceux qui savent » – les entraîneurs et les vétérans – et peuvent donc diriger le coureur mieux qu'il ne le ferait lui-même; pour cette joie, si frappante au départ des épreuves populaires, qu'engendre le fait d'être rassemblés dans la course; et pour l'étonnante efficacité des secours procurés par ces petits gestes ou mots de solidarité et d'encouragement que les coureurs partagent quand s'installent la fatigue et la peine.

L'effort fourni en endurance n'est pas homogène, la durée où il s'inscrit n'est pas un flux continu d'instants tous semblables. Une course est scandée par des variations qualitatives et des moments remarquables, qui par conséquent réclament, ou prohibent, des comportements particuliers.

Le coureur apprend donc à se méfier des départs impétueux et de l'ivresse enthousiaste des commencements, de l'assurance de la « belle-âme » estimant que prendre une décision suffit à garantir son efficacité[1]. Il sait qu'un départ trop rapide débouche immanquablement sur un échec, et que les moyens de déployer la décision dans la durée comptent autant sinon plus que la décision elle-même.

Il se rend compte que la spontanéité est mauvaise conseillère, que l'essentiel d'une course réussie se passe sur un rythme qui n'est pas celui que l'inspiration du moment dicte d'adopter : il faut savoir se freiner au début, lorsqu'on possède pourtant l'envie, et en apparence les moyens, d'aller vite, et se forcer à la fin, quand il devient pénible de conserver l'allure choisie. C'est là un point qui spécifie la course à pied d'endurance et laisse penser (en des termes assurément anachroniques) que pour dire ce qu'il avait à dire, Paul ne pouvait pas choisir de parler de bicyclette. On entend souvent en effet des sportifs, cyclistes notamment, se réjouir d'une bonne performance obtenue en « courant aux sensations » c'est-à-dire en réglant leur effort sur leur propre conscience immédiate de leurs possibilités physiques. En course de fond, la règle d'or est pour ainsi dire : *surtout*

1. C'est ainsi qu'on peut essayer de comprendre ce qui suit le texte de *I Co* sur la course (*I Co* 10, 1-6) : Paul expliquerait que les Hébreux, après la libération d'Égypte, sont *partis trop vite*, ont trop fait confiance à l'enthousiasme des débuts, n'étaient pas assez préparés à l'épreuve d'*endurance* que constitua la traversée du désert, et ont donc eu du mal à *tenir la distance*.

*ne jamais courir aux sensations*. En effet, lors d'une compétition de longue distance, les sensations des premiers kilomètres sont le plus souvent trompeuses. Un départ trop rapide compromet la fin de la course et peut même empêcher de franchir la ligne d'arrivée. Ce type d'épreuve demande au contraire un contrôle critique des sensations, une sorte de méfiance méthodique envers les informations fournies par la conscience de soi (notamment dans la période d'euphorie du départ), une prise de distance par rapport à soi pour organiser l'effort sur un rythme raisonné qui n'est pas celui que dicte le rapport réflexif spontané que nous avons à nous-mêmes.

Contrairement à ce qu'on dit souvent, une autre spécificité de la course d'endurance est qu'il ne faut pas y rechercher la souffrance comme un but ou une condition nécessaire à la réussite. Dans ce type d'effort d'endurance, et abstraction faite des derniers moments de l'épreuve, avoir mal ou « se faire mal » signale que la course est mal engagée, voire perdue. Cette considération conduirait donc à reconsidérer ce qu'on dit parfois du rôle, voire du culte, de la souffrance délibérément recherchée dans la spiritualité chrétienne.

Le coureur d'endurance sait que la course idéale se réalise en *negative split*, c'est-à-dire en courant la seconde moitié de l'épreuve légèrement plus vite que la première, de façon à éviter les phénomènes d'épuisement qui conduisent à l'abandon, ou à ne pas perdre bien davantage de temps que celui qu'on avait cru gagner en partant (trop) vite. On peut y puiser l'espoir d'avoir encore de belles et importantes choses à accomplir passé le mitan de sa vie.

Le coureur d'endurance sait l'importance des *derniers instants* : une des caractéristiques de la fin du parcours est qu'aux ultimes instants de la course, tout ce qui a été accompli auparavant peut se trouver remis en question quand on s'effondre, épuisé, ou immobilisé par les crampes. La fin de vie apparaît de ce point de vue comme un moment de vérité, qui peut remettre en cause tout ce qui a déjà été accompli.

Ces derniers moments de la course procurent également une expérience qui peut évoquer ce qu'on a parfois appelé la « création continuée »[1]. Quand l'épuisement guette et qu'avancer devient difficile, un pas n'implique plus l'autre, on se dit au contraire de chaque foulée qu'elle pourrait être la dernière avant l'effondrement. La continuité qui relie les instants de la vie ordinaire est alors comme cassée, et il ne va plus *de soi* que le moment présent soit solidaire de ceux qui le suivront. Apparaît alors que notre

1. Voir par exemple l'exposé de cette thèse – classique au demeurant chez les médiévaux – par Descartes, *Principes de la philosophie*, I, art. 21.

persistence dans l'être ne va pas davantage de soi, que la continuation de nos existences constitue, dans l'optique de Paul, une sorte de (re)création perpétuelle.

## CORPS DE GLOIRE

Le « décryptage » précédent s'est accompagné d'un changement plus ou moins subreptice de la méthode d'interprétation, qui a peut-être conduit au « sophisme des discours figurés ». On a en effet accordé une forme d'autonomie de plus en plus importante à l'élément sportif de la comparaison entre course d'endurance et vie chrétienne telle que la conçoit Paul, en procédant le plus souvent selon un schéma du type : « il se passe telle chose en course d'endurance, on en infère que la vie du chrétien selon Paul a telle caractéristique ». On ne peut évidemment pas s'en tenir à une telle démarche, dont les résultats appelleraient, au moins, une validation par constat de conformité doctrinale avec les éléments fondamentaux d'une pensée paulinienne évidemment constituée par d'autres voies et que la comparaison ne ferait que rejoindre[1]. Mais à l'intérieur de ce cadre doctrinal, il est tentant de laisser le référent sportif se développer librement. On retrouve alors la question posée plus haut : jusqu'où aller dans cette voie, peut-on identifier un ou plusieurs aspects de la vision paulinienne du christianisme dont il serait envisageable qu'ils aient été directement constitués par une réflexion sur le modèle de la course d'endurance ?

En un lieu au moins, on peut soupçonner qu'une telle opération s'est produite : la théorie dite des « corps glorieux ». Rappelons ici, en simplifiant autant que possible des questions théologiques complexes, les éléments doctrinaux nécessaires à l'intelligence de ce point. Il est notoire

1. De ce point de vue, une interprétation n'est donc considérée comme recevable qu'après un double contrôle destiné à déceler ses éventuels manquements : un contrôle interne, c'est-à-dire soucieux de la cohérence propre de ce qui est affirmé, et un contrôle externe qui vérifie la compatibilité de l'interprétation avec le contexte d'élaboration (ici la doctrine chrétienne) de l'œuvre interprétée. Dans la partie de la « controverse de Davos » qui porta sur des questions de méthode, je me serais ainsi trouvé aux côtés de Cassirer et Panofsky, contre Heidegger. Voir la synthèse de ce débat par E. Panofsky, § 4 de « Contribution au problème de la description d'œuvres appartenant aux arts plastiques et à celui de l'interprétation de leur contenu », dans *La Perspective comme forme symbolique*, Paris, Minuit, 1975, p. 235-255 ; et, pour une synthèse du débat sur l'interprétation de Kant, E. Cassirer, « Kant et le problème de la métaphysique. Remarques sur l'interprétation de Kant proposée par M. Heidegger », dans E. Cassirer, M. Heidegger, *Débats sur le kantisme et la philosophie (Davos, mars 1929) et autres textes de 1929-1931*, P. Aubenque (éd.), Paris, Beauchesne, 1972, p. 53-84 (surtout 77-84).

que les chrétiens estiment que la mort n'est pas le terme ultime de la vie humaine. On sait moins que, pour des raisons qui tiennent à la fois aux contenus de la Bible[1] et à la réflexion sur le thème de l'identité personnelle[2], la doctrine chrétienne affirme que cette vie d'après la mort n'est pas, ou pas seulement, celle d'un pur esprit, qu'elle n'est pas dénuée de toute dimension corporelle, mais qu'il y a, ou aura, une « résurrection des morts »[3] ou « de la chair »[4]. Les théologiens ont donc traditionnellement estimé que, dans la plénitude de cette forme de vie trivialement désignée comme le « paradis »[5], l'esprit ou l'âme qui survivent à l'anéantissement de leur corps terrestre retrouvent quelque chose d'analogue à un corps, mais en mieux, une sorte de « super-corps », doté de capacités de tous ordres très supérieures à celle de nos corps actuels[6]. Les textes théologiques consacrés

1. Dans l'Ancien Testament, on trouve par ex. en *Job* 19, 25 : « au dernier jour je ressusciterai de la terre, je serai à nouveau recouvert de ma peau, je verrai Dieu dans ma chair ». Surtout, les Évangiles prétendent qu'après sa résurrection, Jésus-Christ aurait eu un corps qu'on pouvait voir et toucher (par ex. *Jean* 20, 24-29), même s'il était de nature différente d'un corps humain « standard ».

2. La doctrine chrétienne de la rétribution *post-mortem* semble impliquer que ce qui « survit » à la mort, c'est un « moi » responsable de ses actes, c'est-à-dire qu'il y a une continuité de l'identité personnelle (ou, si l'on préfère, de la possibilité de dire « je » en étant conscient de le dire), entre la vie telle que nous l'expérimentons présentement et ce qui advient après la mort. Or il semble difficilement contestable que le fait d'avoir un corps est une dimension essentielle de notre identité en cette vie. Dès lors, si on admet que « je » survis après la mort (ce qui ne va évidemment pas de soi !), il semble d'une certaine façon plus *logique* d'admettre qu'il y a une dimension corporelle dans cette survie que de penser que c'est celle d'un esprit seul : être un pur esprit ne correspond pas vraiment à ce que *je* suis, ou expérimente être, présentement. Cet argument est par exemple développé par Thomas d'Aquin dans la *Somme contre les Gentils*, IV, 79, § 10.

3. Elle est expressément mentionnée à la fin du « credo » des Conciles de Nicée et Constantinople (325 et 381) qui constitue une sorte de synthèse des élément essentiels de la foi chrétienne.

4. Selon le « Symbole des Apôtres », une autre forme du « credo ».

5. Le thème vaut aussi pour cette autre forme de vie *post-mortem* qu'on appelle parfois l'enfer, mais je n'ai pas en parler ici.

6. La réflexion théologique a souvent porté sur la distinction à établir entre ce thème de la résurrection des morts/de la chair et une théorie de l'immortalité de l'âme qui, à la façon de certaines philosophies grecques ou de la conscience commune, présenterait la « vie éternelle » comme la survie *post mortem* de la seule composante spirituelle (« âme » ou « esprit ») de l'être humain. Une solution classique, mais contestée et posant un certain nombre de problèmes du point de vue de la théorie de l'identité personnelle, consiste à dire qu'après la mort s'ouvre une période de subsistance de l'âme séparée de son corps, et que c'est à la fin des temps, lors du « jugement dernier », qu'intervient la résurrection, comprise comme le retour aux deux dimensions, corporelle et spirituelle, qui caractérisent pleinement l'être humain. La réflexion chrétienne contemporaine tend à réduire l'écart entre ces deux

à la question de la nature de ces corps de ressuscités construisent ainsi d'intéressants modèles de corporéité euphorique, idéale, débarrassée des imperfections et des manques de nos corps actuels, qui évoquent parfois certains aspects des œuvres de science-fiction contemporaine[1].

Revenons à Paul. Les réflexions chrétiennes qui viennent d'être évoquées tirent leur origine de deux de ses textes[2] où il entreprend de décrire ce qu'il appelle les « corps de gloire », ou « corps glorieux », des ressuscités : « notre corps humilié sera transformé en corps glorieux », des corps qui seront « incorruptibles », « pleins de force », « spirituels », « éclatants ». Cette description quelque peu inattendue, voire déroutante, suscite la perplexité de la plupart des commentateurs, qui se demandent d'où Paul peut bien tirer tout cela. Je propose l'hypothèse suivante : cette description est une sorte de transposition d'une expérience qu'on pourra désigner comme celle de « l'extase du coureur de fond »[3]. Ceux qui l'ont vécue savent ce dont il s'agit, il sera difficile de la décrire aux autres : c'est un état de plénitude et de facilité, une sensation de puissance et de légèreté, le sentiment que les problèmes et les limites inhérents à la condition incarnée disparaissent non parce que la composante matérielle de notre existence s'estompe, mais parce qu'on atteint une dimension de corporéité supérieure, esprit et matière se trouvant parfaitement harmonisés en un « corps spirituel », éclatant, parachevé et euphorique – bref, il s'agit d'un « état de grâce » existentiel spécialement intense[4], qui donne un contenu concret à la catégorie de « corps glorieux ». Dans ces moments d'exception que procure l'effort d'endurance, un chrétien trouvera donc comme une jouissance anticipée du corps de gloire que sa foi lui promet pour l'autre vie. Et plus prosaïquement, il est envisageable qu'une pratique effective de la course d'endurance ait fourni à Paul son concept de corps glorieux et certains des

aspects de la survie après la mort, dont l'articulation, s'il y a lieu de l'opérer, ne doit sans doute pas être présentée comme une succession qui obéirait à une rigoureuse chronologie.

1. Voir par exemple Thomas d'Aquin, *op. cit.*, IV, 83-90.

2. *I Co* 15, 35-53 ; *Phil.* 3, 21.

3. Physiologiquement ce phénomène correspond à une production d'endorphines dont la fonction est de masquer la douleur et qui peut, dans certaines circonstances, susciter un état d'euphorie. Atteindre cet état suppose un certain entraînement, dans la mesure où il ne se déclenche qu'après une durée de course relativement longue (plus d'une heure), lorsque l'effort fourni n'a pas été trop difficile. Voir les tentatives de description de R. Pichon, *La Course de ma vie*, Paris, Le Cerf, 1992, p. 44-45 et 63 et B. Leboucq, « Je cours… Je vole », *Études*, juin 2004, p. 812-814.

4. On pourrait aussi parler de l'expérience d'une forme supérieure de joie : voir sur ce point J.-L. Chrétien, « Les Coureurs dilatés du Psaume 118 », dans *La Joie spacieuse, essai sur la dilatation*, Paris, Minuit, 2007, p. 89-118.

éléments qui le constituent. On aurait là un exemple d'usage non plus seulement illustratif, mais bel et bien constitutif, d'une image sportive.

Je reconnais que cette hypothèse est improbable. Elle ne semble néanmoins pas incohérente. Et puis-je demander à ceux qu'elle étonnerait, voire choquerait, de bien vouloir, s'ils ont le bonheur d'en avoir la possibilité, faire un peu de course à pied ?

## Conclusion

Trois remarques serviront de conclusion.

La première va pour ainsi dire de soi, mais son explicitation pourra néanmoins éviter certains malentendus. Ce n'est pas parce qu'on trouve à la fin de *L'Être et le néant* (IV, II, § 2) de belles pages sur la mise en situation phénoménologique procurée par la pratique du ski qu'on devient *ipso facto* sartrien en dévalant les pistes ; de même, je n'ai en aucune façon prétendu qu'une dimension religieuse est inévitablement présente dans toute pratique de la course d'endurance, ni que tous les coureurs à pied sont des chrétiens qui s'ignorent. Les réflexions ici proposées constituent une possibilité interprétative, non une série d'affirmations logiquement contraignantes qui découleraient nécessairement d'une analyse du concept de course et nieraient la possibilité de l'endurance en tant qu'exercice physique inscrit dans une vision du monde rigoureusement immanente. Mais cela n'interdit pas de signaler une forte congruence entre la course d'endurance et des traits importants de l'existence chrétienne, c'est-à-dire d'estimer que Paul avait de bonnes raisons de choisir cette image-là plutôt que d'autres : la structure d'une course d'endurance modélise certains aspects du déroulement d'une vie humaine telle que le christianisme la conçoit ; ce type d'exercice place dans des situations privilégiées où peuvent se présenter de manière abstraite, comme filtrés, des éléments et des concepts importants du christianisme plus difficiles à repérer dans leur pureté au cours la vie ordinaire ; enfin, indépendamment des questions de psychologie individuelle et de foi personnelle que je n'ai pas à envisager ici, le mouvement de va-et-vient, et même de compénétration, entre d'une part la course (exercice physique) qui contribue à présenter et clarifier des idées, et d'autre part ces idées dont la méditation (exercice spirituel) enrichit la pratique de la course, montre comment l'activité sportive peut, dans ce cas de figure doctrinal ou dans d'autres, se constituer en lieu de saisie, voire d'élaboration, d'une expérience spirituelle.

Les résultats obtenus confirment en second lieu la légitimité et l'intérêt du « pari interprétatif » qui prend au sérieux et tente de déchiffrer les images et comparaisons des textes philosophiques ou sapientiels. Il faudrait à présent s'intéresser davantage aux nombreuses questions de méthode ici à peine évoquées[1] : les limites de cette approche, l'écart qui doit être maintenu entre comparant et comparé pour éviter le « sophisme des discours figurés », la nécessité de principes de contrôle « externes » de l'interprétation.

Enfin, ces résultats invitent à quelques considérations plus générales sur la place et la valeur accordées au corps, en particulier au corps sportif, en contexte chrétien. On rappellera tout d'abord qu'il n'existe pas à proprement parler de « doctrine chrétienne » du corps, si on entend par là un ensemble organisé et conceptuellement élaboré de thèses explicites ayant précisément le corps pour objet et qu'on trouverait dans les textes fondateurs et les dogmes centraux du christianisme. En revanche, certains de ces textes et dogmes délimitent assez nettement un cadre envisageable pour une réflexion sur le corps s'inscrivant dans l'horizon de pensée chrétien. Le contraste est de ce point de vue frappant entre :

– une série d'éléments qui manifestent que le corps est un thème important pour le christianisme, paraissent interdire toute condamnation sans nuance et tout jugement catégoriquement péjoratif porté sur lui, en indiquant au contraire que la corporéité est une dimension essentielle de la vie chrétienne : le récit du début de la *Genèse* où Dieu crée le monde matériel, voit que « cela est bon » puis place Adam et Ève au jardin d'Éden en les dotant d'un corps; le *Cantique des Cantiques* et ses audacieuses images érotiques; le dogme de l'incarnation, qui affirme que Dieu s'est fait pleinement homme, c'est-à-dire qu'il a possédé un vrai corps humain; le thème de la résurrection de la chair; les comportements et les paroles de Jésus lui-même tels qu'ils sont rapportés par les *Évangiles*[2]; la déclaration eucharistique « ceci est mon corps » lors du dernier repas de Jésus avec ses disciples; Paul affirmant que « le corps est pour le Seigneur » et recommandant de « glorifier Dieu par [n]otre corps » (*I Co* 6, 13 et 20).

1. Nombreux éléments pour nourrir cette réflexion dans H. Blumenberg, *Paradigmes pour une métaphorologie* [1998], trad. fr. Paris, Vrin, 2006.

2. Il lui est reproché de n'être pas un ascète, de manger et de boire (*Matthieu* 11, 18), il a faim (*Matthieu* 4, 2), soif (*Jean* 4, 7) et sommeil (*Marc*, 4, 38), ses prescriptions concernent parfois le soin des corps (*Matthieu*, 25, 35-46), ses « miracles » sont fréquemment des guérisons de malades.

– les indéniables *somatophobie* ou « mépris du corps » qu'on identifie, et le cas échéant dénonce[1], chez de nombreux auteurs chrétiens, notamment ceux de l'âge classique ou de la période moderne.

En schématisant à l'extrême une histoire extrêmement complexe, ce contraste peut apparaître comme le résultat d'un processus historique inscrit dans la longue durée : la reprise par les penseurs chrétiens des premiers siècles d'un certain (néo)platonisme durement dualiste, qui pensait la relation entre l'esprit et le corps en termes de distinction, voire d'opposition, aurait fini par conduire à une sorte de dévalorisation générale du corps. Le fait bien établi du « mépris du corps » ne serait donc pas la conséquence inévitable des fondements doctrinaux du christianisme, mais le résultat d'une interprétation, voire d'un contresens, commis par les chrétiens eux-mêmes.

De façon topique, un rapide repérage des références à la pratique sportive chez les auteurs chrétiens confirme ce diagnostic aujourd'hui banal. Il est frappant en ce sens de constater que, dans le sillage des passages pauliniens ici examinés, de très nombreux textes d'auteurs chrétiens des premiers siècles proposent, de façon généralement non critique[2], des comparaisons entre la recherche du salut et les activités corporelles, notamment sportives. Sans aucune prétention à l'exhaustivité, signalons Clément de Rome (fin Ier siècle) qui compare les apôtres et les athlètes, les martyrs et les champions, et insiste sur le thème de l'endurance physique et spirituelle[3]; Ignace d'Antioche (fin Ier siècle) qui insiste sur le thème de la course et recommande « sois sobre comme un athlète de Dieu. (…) Tiens ferme, c'est d'un grand athlète de se laisser meurtrir de coups, et de vaincre »[4]; Athanase d'Alexandrie (IVe siècle) qui appelle « athlète » l'ascète en lutte contre le démon[5]; Grégoire de Nysse (IVe siècle) qui, après avoir longuement glosé le thème de la course[6], interprète l'affirmation « je suis la voie » (*hodos*) attribuée au Christ par les *Évangiles* (*Jean* 14, 6) en « je suis

1. Parmi d'autres et de façon exemplaire, Nietzsche : *L'Antéchrist*, § 21 ; Le *Crépuscule des idoles*, « Flâneries d'un inactuel », § 47.

2. Il existe néanmoins un courant qui critique les activités physiques, au nom d'une condamnation plus générale du « spectacle » qui peut évoquer celle de bien des auteurs actuels : c'est par ex. le cas de Tertullien (IIe-IIIe siècle), *Sur les spectacles*, « Sources Chrétiennes » n°332, Paris, Le Cerf, 1986.

3. *Lettre aux Corinthiens*, « Sources Chrétiennes » n°167, Paris, Le Cerf, 1971. Voir par exemple § 5-7, 62, 64.

4. *Lettre à Polycarpe*, « Sources Chrétiennes » n°10 bis, Paris, Le Cerf, 1998-4, p. 149.

5. *Vie d'Antoine*, 12, 1, « Sources Chrétiennes » n°400, Paris, Le Cerf, 1994, p. 167.

6. *Histoire de Moïse*, « Sources Chrétiennes » n°1bis, Paris, Le Cerf, 1968-3, § 242-249.

la piste de la course »[1]; et enfin, de façon particulièrement frappante, Jean Chrysostome (IVe siècle), chez qui les références sportives sont spécialement développées et abondantes, qui présente la préparation au baptême comme le temps de l'entraînement avant la compétition[2], explique que le but d'une éducation chrétienne est de former des « athlètes pour le Christ »[3], et enjoint « ce qu'est la vie de l'âme, apprends-le par celle du corps »[4].

Par contraste, il est également remarquable de constater que ces comparaisons deviennent rares chez les auteurs médiévaux et classiques. Dans leurs commentaires de saint Paul, ces auteurs sont certes confrontés à cette sorte de « passage sportif obligé » que représente l'exégèse de la fin du chapitre 9 de la *Première lettre aux Corinthiens*. Mais les quelques sondages que j'ai effectués dans ces commentaires[5] montrent que ces lignes pauliniennes sont généralement survolées, en insistant dans certains cas sur la portée spirituelle du passage mais sans prêter grande attention à la « similitude » sportive en elle-même, comme si l'image avait fini par perdre de sa signification et de son importance. On peut invoquer deux principales explications – qui ne s'excluent pas – à cette sorte d'épuisement de cette

1. *Ibid.*, § 249.

2. *Huit Catéchèses baptismales*, III, 8, « Sources Chrétiennes » n°50, Paris, Le Cerf, 1957, p. 155. Les § 9-12 accumulent les images sportives,

3. *Sur la vaine gloire et l'éducation des enfants*, 19, « Sources Chrétiennes » n°188, Paris, Le Cerf, 1972, p. 103.

4. *Homélies sur la Deuxième lettre aux Corinthiens*, 6, 3, Migne, PG, t. 61, col. 439.

On trouvera de nombreuses autres références dans Ch. Kannengiesser : « Une leçon d'athlétisme. Saint Paul commenté par les Pères », *Christus*, 85, 1975, p. 22-35.

5. Soit Pseudo-Jérôme (VIe siècle), Migne, PL, t. 30, col. 745 ; Raban Maur (IXe siècle), PL, t. 112, col. 85-87 ; Haymon d'Auxerre (IXe siècle), PL, t. 117, col. 555-557 ; Lanfranc du Bec (XIe siècle), PL, t. 150, col. 187 ; Bruno le Chartreux (XIe siècle), PL, t. 153, col. 171 ; Hervé du Bourg-Dieu (XIIe siècle) PL, t. 181, col 904-905 ; Pseudo Hugues de Saint Victor (XIIe siècle) Migne, PL, 191 (ne commente pas du tout le passage) ; Pierre Lombard (XIIe siècle), PL, 191, col. 1615-1617 ; Alulfe de Tournai, (XIIe siècle), PL, t. 79, col. 1322 ; Pierre de la Tarantaise, (XIIIe siècle), dans l'éd. du commentaire de Thomas d'Aquin citée ci-dessous, ; Cajetan, *Epistolae Pauli et aliorum apostolorum (...) juxta sensum literalem enarratae* [1531], Paris, Guillard, 1540, p. 132-133, qui survole le plus souvent le passage à coups de *sententia clara est* ou *differentia manifesta est*, mais propose une intéressante remarque sur la différence des deux images sportives proposées en I Co 9 ; Estius (fin XVIe siècle) *In Omnes Beati Pauli...*, Paris, F. Leonard, 1679, t. I, p. 284-285.

Sur l'histoire des commentaires de *I Co* voir la synthèse de G. Dahan, *Introduction au Commentaire de la première épître aux Corinthiens de Thomas d'Aquin*, Paris, Le Cerf, 2002, p. III-XXX) et quelques éléments sur « la lecture de saint Paul par les clercs médiévaux » dans B. Merdrignac, *Le Sport au Moyen Âge*, Rennes, PU de Rennes, 2002, p. 57-68 et M. Lemoine, « Le Sport chez Hugues de Saint Victor », dans *Jeux, sports et divertissements au Moyen Âge et à l'âge classique*, Paris, CTHS, 1993, p. 131-142.

image ou de disparition du crédit théorique accordé au modèle sportif en contexte chrétien : ils sont sans nul doute corrélés à ce phénomène culturel plus global qu'est une certaine éclipse des activités sportives dans l'Occident médiéval, mais ils signalent aussi que sont alors à l'œuvre, à l'intérieur même du christianisme, les processus qui conduiront à l'oubli et au mépris du corps si souvent dénoncés par notre modernité [1].

Denis MOREAU

1. Une première version, notablement différente, de ce texte, est parue dans un numéro consacré au sport de la revue *Communio* (mars-avril 2006). Je remercie son directeur de la publication, Jean-Robert Armogathe, d'en avoir autorisé la reprise.

# « SE CRÉER UN CORPS PLUS ÉLEVÉ » (NIETZSCHE) EXERCICES PHYSIQUES, PRATIQUES « PHYSIO-PSYCHOLOGIQUES », ESSAIS PHYSIOLOGIQUES

Nietzsche recommande des exercices physiques (*körperliche Übungen*) pour tous les âges[1]. Dans le cadre de la lutte que l'humanité doit entreprendre pour favoriser sa propre santé, il préconise notamment des exercices de gymnastique (*gymnastische Übungen*), « qui devront être aussi courants, aussi désirés que le pain quotidien »[2]. Cette santé ne se résume pas à l'équilibre de fonctions strictement corporelles dans la mesure où elle peut faire appel à l'âme (*Seele*), susceptible par exemple d'éviter certaines maladies chroniques au moyen « d'innombrables petits exercices [*kleine Übungen*] »[3] respiratoires, qui sollicitent donc le corps de manière très concrète[4]. Mais, sous la plume de Nietzsche, l'idée d'exercices physiques révèle une étonnante plasticité, d'un texte à l'autre. À titre d'illustration, Zarathoustra s'exprime effectivement en ces termes :

> J'ai appris à me tenir debout, à marcher, à courir et à sauter et à grimper et à danser.
> Mais voici ce que j'enseigne : celui qui un jour veut apprendre à voler, celui-là doit d'abord apprendre à se tenir debout et à marcher et à courir, à

1. Fragment posthume (FP) automne 1883, 16 [50], dans Nietzsche, *Œuvres philosophiques complètes* (OPC), t. IX, Paris, Gallimard, 1997, trad. fr. A.-S. Astrup et M. de Launay, p. 535.

2. FP fin 1876-été 1877, 23 [151], dans OPC, t. III 1, Paris, Gallimard, 1988, trad. fr. R. Rovini revue par M. de Launay, p. 512.

3. *Aurore*, § 462, dans OPC, t. IV, Paris, Gallimard, 1980, trad. fr. J. Hervier, p. 245.

4. Il s'agit « de cultiver insensiblement d'autres habitudes, par exemple en se donnant pour règle de prendre chaque jour, tous les quarts d'heure, une forte et profonde inspiration (si possible étendu à plat sur le sol : il faut alors choisir pour nous accompagner dans la vie une montre qui sonne les quarts d'heure) » (*ibid.*).

grimper et à danser – ce n'est pas du premier coup d'aile que l'on conquiert l'envol ![1]

Comment lire pareil extrait autrement que dans la perspective d'un usage métaphorique des exercices physiques ? On répondra sans doute que le style de *Ainsi parlait Zarathoustra*, véritablement atypique, doit être distingué de celui des autres œuvres, mais le sens de l'expression « exercices physiques » doit indéniablement être clarifié de manière plus globale. Or la tâche est véritablement ardue car les frontières que présuppose le dualisme initial de l'âme et du corps se révèlent poreuses. Cette distinction première, résorbée ne serait-ce que partiellement par la possibilité d'une interaction de type causal, est ainsi battue en brèche par un Nietzsche soucieux de dire l'âme dans la langue du corps (« Si quelqu'un ne vient pas à bout d'une "douleur de l'âme" [*seelischen Schmerz*], cela *ne* tient *pas*, pour le dire grossièrement, à son "âme" [*Seele*] ; probablement plutôt à son ventre, à tout prendre »[2]), et réciproquement (« Notre corps [*Leib*] n'est en effet qu'une structure sociale composée de nombreuses âmes [*Seelen*] »[3]). Dans ces conditions, parler d'exercices *physiques* est-il vraiment pertinent ? Cela dit, même si tel était le cas, la notion d'*exercice* serait à son tour sujette à caution car « s'exercer » présuppose le bien-fondé d'un schéma causal or, d'un point de vue nietzschéen, la causalité est *interprétation* causale (*Causal-Auslegung*[4], *Causal-Interpretation*[5]) ou même « pulsion causale [*Ursachentrieb*] »[6], c'est-à-dire traduction en fictions et non élucidation ou identification. On comprend alors que Nietzsche doute de la pertinence de la notion d'exercice dans la mesure où, d'après lui, ce terme simplement indicatif n'explique rien[7]. Manifestement vacillante, l'idée d'exercices physiques peut malgré tout être considérée comme la pierre angulaire de la méthode nietzschéenne qui, en matière de travail sur soi affirme qu'« il faut commencer par convaincre le *corps* [Leib] »[8]. Cette

1. *Ainsi parlait Zarathoustra*, III, « De l'esprit de pesanteur », Paris, Librairie Générale Française, 1972, trad. fr. G.-A. Goldschmidt, p. 276.

2. *Éléments pour la généalogie de la morale*, III, § 16, Paris, Librairie Générale Française, 2000, trad. fr. P. Wotling, p. 226.

3. *Par-delà bien et mal*, § 19, Paris, GF-Flammarion, 2000, trad. fr. P. Wotling, p. 67.

4. *Éléments pour la généalogie de la morale*, III, § 16, *op. cit.*, p. 226.

5. Le *Crépuscule des idoles*, « Les quatre grandes erreurs », § 4, Paris, GF-Flammarion, 2005, trad. fr. P. Wotling, p. 155, utilise cette expression au pluriel.

6. *Ibid.*

7. FP automne 1885-printemps 1886, 1 [86], dans OPC, t. XII, Paris, Gallimard, 1978, trad. fr. J. Hervier, p. 41.

8. *Crépuscule des idoles*, « Incursions d'un inactuel », § 47, *op. cit.*, p. 213.

idée est par conséquent tout à la fois menacée d'être vidée de sa substance et réclamée par une pensée qui entend constituer le corps en « fil conducteur [*Leitfaden*] »[1], si bien que la nature et le statut des exercices physiques dans la philosophie de Nietzsche sont à éclaircir.

Dans cette philosophie, les exercices physiques devraient occuper une place de choix car il serait « nietzschéen » de réhabiliter le corps, afin de faire pièce à la condamnation morale que fait peser sur lui l'idéalisme en général et le christianisme en particulier. Généalogiquement, ces deux termes renvoient à des configurations pulsionnelles « faibles » en cela qu'elles ne parviennent pas à acquiescer au monde tel qu'il est, dans sa crudité amorale, et y substituent le désir régressif[2]. Par « idéalisme », il convient ainsi d'entendre non pas simplement une théorie de la connaissance, mais plus généralement la négation de la réalité sensible au profit d'arrière-mondes métaphysiques (le Bien, le Vrai, le Beau) qui ont pour fonction de camoufler le caractère tragique du monde afin de tenter de le rendre plus paisible, tandis que « christianisme » renvoie moins, dans le vocabulaire de Nietzsche, à une doctrine constituée qu'à un certain type d'évaluations à la fois timorées et revanchardes, issues de la foi comme illusion qui nie la vie au point de pousser à « mépriser le corps [*Leib*] »[3]. Le détail des textes est néanmoins plus retors, de sorte que nature et fonction des exercices physiques sont difficiles à figer.

La « réhabilitation » du corps ne peut signifier le « laisser-aller »[4] fréquemment fustigé au nom de la critique de la grossièreté de l'hédonisme vulgaire. Une discipline est requise, ce qui légitime le recours à la notion d'exercice. Le fameux prêtre ascétique dépeint dans le troisième traité des

1. FP été-automne 1884, 26 [432] et 27 [70], *in* OPC, t. X, Paris, Gallimard, 1982, trad. fr. J. Launay, respectivement p. 294 et p. 325; FP juin-juillet 1885, 36 [35] et 37 [4], dans OPC, t. XI, Paris, Gallimard, 1982, trad. fr. M. Haar et M. de Launay, respectivement p. 297 et p. 312; FP août-septembre 1885, 39 [13], 40 [15], 42 [3], *ibid.*, respectivement p. 357, p. 372, et p. 432; FP automne 1885-automne 1886, 2 [68], 2 [70], et 2 [91], dans OPC, t. XII, *op. cit.*, respectivement p. 100, p. 101, et p. 113.

2. *Crépuscule des idoles*, « Incursions d'un inactuel », § 32, *op. cit.*, p. 194 : « Rien ne heurte plus le goût d'un philosophe que l'homme *sitôt qu'il désire*… (…) le philosophe méprise l'homme qui désire, l'homme "que l'on désire" aussi – et de manière générale, tous les objets de désirs, tous les *idéaux* de l'homme. »

3. *L'Antéchrist*, § 21, Paris, GF-Flammarion, 1994, trad. fr. E. Blondel, p. 65. Voir aussi : *Crépuscule des idoles*, « Incursions d'un inactuel », § 47, *op. cit.*, p. 213 : « Le christianisme, qui méprisa le corps [*Leib*], fut jusqu'à présent le plus grand malheur de l'humanité. – »

4. *Par-delà bien et mal,* § 188, *op. cit.*, p. 142-144; *Crépuscule des idoles,* « Incursions d'un inactuel », § 41, *op. cit.*, p. 206-207; FP printemps 1888, 15 [67], dans OPC, t. XIV, Paris, Gallimard, 1977, trad. fr. J.-Cl. Hémery, p. 210.

*Éléments pour la généalogie de la morale* ne peut effectivement détourner à son profit l'intégralité de la signification de la notion d'ascèse (*askesis*, exercice), car il existe par exemple un ascétisme gai (*heiter*) décrit au moyen du vocabulaire corporel de l'envol[1], que Nietzsche appelle de ses vœux dans le sillage d'une « renaturalisation » de l'ascétisme dès lors à concevoir comme « gymnastique [*Gymnastik*] de la volonté »[2], les mouvements déliés du souple gymnaste servant de paradigme afin de reconquérir l'aptitude à vouloir. Il apparaît donc que l'exercice physique est moins réhabilité que constitué en problème, notamment parce que le prêtre ascétique l'utilise lui aussi, mais dans le registre diamétralement opposé de la recherche de l'inhibition, ce qui présuppose bien une fine connaissance du domaine corporel et non sa négation aussi abstraite que brutale.

Tel est le sens de l'image du « training »[3] des « sportsmen »[4] – littéralement, de l'entraînement des « sportifs » ou des athlètes – de la « sainteté » qui, sous la plume de Nietzsche, permet de préciser ironiquement l'apport du prêtre ascétique. Avec certaines pratiques de pénitence pensées dans la perspective de la rédemption, ce dernier mobilise en effet l'exercice physique non dans le but de favoriser l'activité voire d'accroître la performance, mais afin de neutraliser le plus possible le potentiel corporel, dans l'économie de ce que l'on nomme « hibernation » pour les animaux et « estivation » pour les plantes[5]. Loin de stimuler, les exercices physiques ont alors pour vocation d'œuvrer à une stagnation voire à une régression globale, et Nietzsche s'amuse de l'impressionnante quantité d'énergie qu'il convient de déployer pour parvenir à ce but. Le caractère assez insaisissable de ces exercices s'accentue encore si l'on s'efforce d'embrasser leur portée métaphorique.

Prolongeant l'analyse de la métaphore centrée sur l'idée de transfert ou de transport[6], Nietzsche considère que cette dimension est celle du langage dans son ensemble, en un passage célèbre de *Vérité et mensonge au sens*

1. *Éléments pour la généalogie de la morale*, III, § 8, *op. cit.*, p. 197.

2. FP automne 1887, (66) 9 [93], dans OPC, t. XIII, Paris, Gallimard, 1976, trad. fr. P. Klossowski et H.-A. Baatsch, p. 57.

3. *Éléments pour la généalogie de la morale*, III, § 17, § 18, et § 21, *op. cit.*, respectivement p. 230, 233, 245 ; *L'Antéchrist*, § 51, *op. cit.*, p. 111.

4. *Éléments pour la généalogie de la morale*, III, § 17, *op. cit.*, p. 230.

5. *Ibid.*, p. 229-230.

6. Aristote, *Poétique*, 1457 b, Paris, Les Belles Lettres, 1932 (rééd. 1985), trad. fr. J. Hardy, p. 61 : « La métaphore est le transport à une chose d'un nom qui en désigne une autre, transport ou du genre à l'espèce, ou de l'espèce au genre, ou de l'espèce à l'espèce ou d'après le rapport d'analogie. »

*extra-moral*[1]. Cette particularité est redoublée par un procédé d'écriture inhabituel en philosophie, fondé sur la traduction[2]. Le monde est effectivement considéré comme un texte qui peut être transposé dans de multiples langues, issues de foyers évaluatifs initiaux d'inégale probité, comme en témoigne l'opposition massive entre le lexique de l'idéalisme comme ensemble de fictions[3] et le vocabulaire volontairement plus cru du réalisme[4]. Mais ces transcriptions ne sont pas toujours strictement hiérarchisées, et il est par exemple possible de dire les exercices physiques dans la langue de l'activité psychique, et réciproquement. Cette entreprise métaphorique au sens littéral est un jeu irréductible à un dispositif stylistique simplement ornemental et donc un peu vain, car la traduction fait violence à des convictions premières, qu'elle ouvre à une certaine altérité. Autrement dit, elle les force à évoluer, dans l'ordre du perspectivisme en acte. À titre de conséquence, le dualisme usuellement instauré entre physiologie et psychologie se fissure, au profit de ce que Nietzsche appelle « physio-psychologie »[5], ce qui ne signifie pas pour autant un total abandon des principes de causalité ou de causalité réciproque au profit de la notion de signe. Tel est l'enseignement de l'examen de l'activité du gymnaste et plus pleinement encore de celle du marcheur, qui incitent le commentateur à substituer progressivement à l'expression « exercices physiques » celle, plus large, de « pratiques physio-psychologiques ».

Dans le vocabulaire de Nietzsche, la gymnastique renvoie aux antiques jeux du stade (*gymnastische Festspiele*)[6] ou au monde d'Homère qui invite à « transposer [*übertragen*] »[7] les pulsions les plus immédiatement violentes dans la bonne *Eris* d'Hésiode, la gymnastique jouant par là même

1. *Vérité et mensonge au sens extra-moral*, § 1, dans OPC, t. I 2, Paris, Gallimard, 1973, trad. fr. M. Haar et M. de Launay, p. 280 : « Qu'est-ce qu'un mot [*Wort*] ? La transposition [*Abbildung*] sonore d'une excitation nerveuse. (…) Transposer [*übertragen*] une excitation nerveuse en une image ! Première métaphore [*Metapher*]. L'image à son tour transformée [*nachgeformt*] en un son ! Deuxième métaphore [*Metapher*]. Et chaque fois, saut complet d'une sphère à l'autre, tout à fait différente et nouvelle. »

2. Voir sur ce point P. Wotling, « La théorie des fautes de lecture et la philosophie comme traduction » (Les actes du colloque international organisé par P. Wotling (Université de Reims) et J.-F. Balaudé (Université de Paris X-Nanterre) les 19-21 octobre 2006 et intitulé « *L'art de bien lire* » ; *Nietzsche et la philologie* sont à paraître).

3. *L'Antéchrist*, § 15, *op. cit.*, p. 58-59.

4. Par exemple : *Par-delà bien et mal*, § 230, *op. cit.*, p. 206.

5. *Ibid.*, § 23, *op. cit.*, p. 71.

6. *La Philosophie à l'époque tragique des Grecs*, § 10, dans OPC, t. I 2, trad. fr. M. Haar et M. de Launay, *op. cit.*, p. 245.

7. FP été 1871-printemps 1872, 16 [15], dans OPC, t. I 1, Paris, Gallimard, 1977, trad. fr. M. Haar et J.-L. Nancy, p. 463.

le rôle d'une « guerre idéalisée [*idealisierte Krieg*] »[1], dans le sillage de la « joute [*Wettkampf*] »[2]. Comme lutte codifiée, ce type spécifique d'exercice physique canalise une sorte d'énergie originaire violente, au sens où il la réoriente dans le but d'une pérennisation de l'équilibre politique, précisément parce que l'expression déréglée d'une telle énergie est porteuse du risque d'atomisation[3]. Certes, cette recherche des « honneurs guerriers et athlétiques [*gymnastischen*] »[4] se déplace progressivement dans la civilisation mais, dans le lexique nietzschéen, « gymnastique » signifie la perspective athlétique qui mime, en la spiritualisant, la réalité comme conflit, en un mouvement général de lutte contre une possible tendance à l'amollissement. Un deuxième noyau de sens est isolable, celui d'une série d'exercices visant l'assouplissement du corps ; il apparaît alors que la gymnastique favorise la santé, dans un registre à la fois physique et psychique[5] pensable sur le mode du parallélisme qui permet l'analogie. Ainsi, l'activité du gymnaste est au corps ce que la connaissance est à l'esprit[6], ce qui permet de dire *corporellement* ce dernier, et donc de le donner à sentir[7]. Il est cependant notable que cette mise en relation intègre ponctuellement le sens agonal initialement aperçu :

> La philosophie à la manière de Platon se définirait plutôt comme une joute érotique, comme un perfectionnement et une intériorisation de l'ancienne gymnastique agonale [*agonalen Gymnastik*] et de ses *présupposés*… Qu'a fini par faire éclore cette érotique philosophique de Platon ? Une nouvelle forme artistique de l'*agon* grec, la dialectique[8].

L'analogie n'élimine donc pas la dimension de spiritualisation, qui participe d'une hiérarchie en construction, irréductible à un simple parallélisme entre éléments figés et à la valeur strictement égale. Nietzsche se fait par là même le défenseur de « *la langue abstraite de la grande culture* »[9],

1. *Ibid.*
2. *Ibid.*
3. *Le Voyageur et son ombre*, § 226, dans OPC, t. III 2, Paris, Gallimard, 1988, trad. fr. R. Rovini revue par M. de Launay, p. 278-279.
4. *Le Gai savoir*, § 23, Paris, GF-Flammarion, 1997, trad. fr. P. Wotling, p. 84.
5. FP fin 1876-été 1877, 23 [151], dans OPC, t. III 1, *op. cit.*, p. 512 (déjà cité).
6. *Humain, trop humain*, § 252, dans OPC, t. III 1, *op. cit.*, p. 195.
7. On peut sur ce point renvoyer à trois exemples : *Le Cas Wagner*, § 6, Paris, GF-Flammarion, 2005, trad. fr. E. Blondel, p. 45 : « La passion – ou la gymnastique [*Gymnastik*] du laid sur la corde de l'enharmonie. » ; FP avril-juin 1885, 34 [89], dans OPC, t. XI, *op. cit.*, p. 177-178 ; FP novembre 1887-mars 1888, 11 [285], dans OPC t. XIII, *op. cit.*, p. 294-295.
8. *Crépuscule des idoles,* « Incursions d'un inactuel », § 23, *op. cit.*, p. 190 (*cf.* également « Le problème de Socrate », § 8, *op. cit.*, p. 134).
9. *Humain, trop humain,* § 266, *op. cit.*, p. 205.

éminemment spirituelle, en tant que « gymnastique supérieure [*hohe Gymnastik*] du cerveau [*des Kopfes*] »[1]. Le terme « gymnastique » contribue pourtant à fragiliser le dualisme immédiatement instauré par le sens commun entre psychisme et physiologie car, à l'instar de la « gymnastique [*Gymnastik*] de la volonté »[2] déjà rencontrée, « *la gymnastique la plus nécessaire* [Nöthigste Gymnastik] »[3] désigne une pratique du contrôle de soi indissociablement corporelle et spirituelle, seule garante de l'effective maîtrise de soi.

La dimension de problème subsiste et même s'accroît si l'on considère par exemple les bonnes manières (*Manieren*), que Nietzsche invite à reconsidérer et à redéfinir dans la perspective de « l'exercice gymnastique [*gymnastische Übung*] modifié pour s'associer aux belles heures de loisir, la réflexion [*Nachdenken*] accrue et désormais plus rigoureuse, donnant au corps [*Körper*] lui-même subtilité [*Klugheit*] et souplesse »[4]. Ce passage appelle un bref commentaire : alors que les premiers extraits précédemment répertoriés contribuaient à signifier corporellement le domaine du psychisme, il s'agit dans ce contexte d'œuvrer à la production d'un corps « spiritualisé », au sens où d'éminentes qualités intellectuelles doivent s'y concrétiser. Le transfert ou le transport, autrement dit la traduction ou la transposition, s'effectueraient donc d'un pôle à l'autre, sans trajet privilégié. Dans la citation considérée, l'utilisation du substantif *Klugheit* concentre ces difficultés dans la mesure où ce terme, qui signifie « bon sens », « intelligence », « discernement », « perspicacité » ou « finesse », pourrait en définitive être restitué par « esprit », au moment même où c'est du corps qu'il est question. L'utilisation nietzschéenne de l'expression « gymnastique » excède donc le champ sémantique des exercices strictement physiques. La considération de la marche conduit à prolonger ce mouvement qui invite à parler de « pratiques physio-psychologiques ».

Nietzsche était un grand marcheur, comme en témoignent sa correspondance et un certain nombre de fragments posthumes. *Ecce homo* le confirme, en précisant le contexte qui favorisa la naissance de son œuvre majeure, *Ainsi parlait Zarathoustra* :

> L'hiver suivant[5], je vécus dans la charmante et calme baie de Rapallo près de Gênes, qui se découpe entre Chiavari et le promontoire de Portofino.

1. *Ibid.*
2. FP automne 1887, (66) 9 [93], dans OPC, t. XIII, *op. cit.*, p. 57.
3. *Le Voyageur et son ombre*, § 305, *op. cit.*, p. 309.
4. *Humain, trop humain*, § 250, *op. cit.*, p. 193.
5. Il s'agit de l'hiver 1882-1883.

> (...) ce fut cet hiver-là et ces conditions défavorables qui virent naître mon *Zarathoustra*. – Le matin, je montais [*stieg*] vers le sud par la route magnifique qui conduit à Zoagli, le long des pins et dominant du regard très loin la mer; l'après-midi, je faisais le tour [*umgieng*] de la baie de San Margherita jusqu'à Porto fino par derrière. (...) – C'est sur ces deux chemins que m'est venue toute la première partie du *Zarathoustra*, surtout Zarathoustra lui-même comme type: plus exactement, il *m'est tombé dessus* [*er* überfiel mich] ... [1]

Au début de ce même paragraphe, Nietzsche avait établi le contexte d'émergence de sa pensée majeure :

> La conception fondamentale de l'œuvre, *la pensée de l'éternel retour*, cette formule suprême de l'affirmation la plus haute qui puisse être atteinte, – remonte au mois d'août de l'année 1881 : cette pensée a été jetée sur une feuille avec cette suscription : « à 6000 pieds au-delà de l'homme et du temps »[2]. Ce jour-là, je marchais [*gieng*] dans la forêt au bord du lac de Silvaplana; près d'un puissant bloc dressé comme une pyramide non loin de Surlei, je fis halte. C'est là que me vint cette pensée[3].

Irréductible à la notion de révélation (*Offenbarung*)[4], une « intuition »[5] de ce genre ne peut non plus s'expliquer par le *mécanisme* selon lequel le mouvement corporel serait censé « causer » la qualité des productions du psychisme. Ni la conception de la première partie de *Ainsi parlait Zarathoustra*, ni la mise au jour de la pensée de l'éternel retour ne permettent de concevoir pareil schéma car leur gestation s'effectua dans la durée, de l'aveu de Nietzsche lui-même[6]. Il est pourtant vrai que ce dernier articule marche et possibilité d'inventivité intellectuelle (« Chaque jour, 4 heures de marche [*unterwegs*]. (avec carnet) »[7]), au point de fustiger la station assise :

1. *Ecce homo*, « Pourquoi j'écris de si bons livres », Ainsi parlait Zarathoustra, § 1, Paris, GF-Flammarion, 1992, trad. fr. E. Blondel, p. 125.
2. Il s'agit du FP printemps-automne 1881, 11 [141], dans OPC, t. V, Paris, Gallimard, 1982, trad. fr. P. Klossowski revue par M. de Launay, p. 363.
3. *Ecce homo*, « Pourquoi j'écris de si bons livres », Ainsi parlait Zarathoustra, § 1, *op. cit.*, p. 123.
4. FP printemps-automne 1881, 11 [142], dans OPC, t. V, *op. cit.*, p. 364-365.
5. Cette expression est un pis-aller. Une analyse de l'éternel retour comme « interprétation du corps » est proposée dans B. Benoit, « Le Quatrième livre du *Gai savoir* et l'éternel retour », *Nietzsche-Studien*, Band 32, Berlin-New York, Walter de Gruyter, 2003, p. 1-28.
6. *Ecce homo*, « Pourquoi j'écris de si bons livres », Ainsi parlait Zarathoustra, § 1, *op. cit.*, p. 123-125.
7. FP 1876, 16 [15], dans OPC, tome III 1, *op. cit.*, p. 344.

On ne peut penser et écrire qu'assis. » (G. Flaubert) – Ton compte est bon, nihiliste ! Rester vissé à sa chaise [*Das Sitzfleisch*], voilà le *péché* contre le Saint Esprit. Seules ont de la valeur les pensées venues en marchant [*ergangenen*][1].

Rester *assis* [sitzen] le moins possible ; n'accorder foi à aucune pensée qui ne soit née en plein air et en prenant librement du mouvement, - où les muscles ne fassent également la fête. Tous les préjugés viennent des tripes. – Rester vissé à sa chaise [*Das Sitzfleisch*] – je l'ai déjà dit – c'est le véritable *péché* contre le Saint Esprit[2].

Mais d'autres textes font office de contrepoids, si bien que cette valorisation de la marche ne peut être tenue pour une sorte d'apologie du mouvement corporel perpétuel. La dispersion ou l'agitation constituent une forme d'errance, et il convient notamment de savoir interrompre sa déambulation, pour méditer, immobile, pendant des heures[3]. Il existe de même un usage de la marche, hélas trop présent chez les Allemands, que Nietzsche déplore : « Définition du Germain : obéissance et longues jambes… »[4] Trop facilement séduite par la discipline militaire, la race allemande « n'a pas d'*esprit* [en français dans le texte] dans les pieds et ne sait même pas marcher [*gehen*]… Les Allemands, finalement, n'ont pas de pieds, ils n'ont que des jambes »[5].

Cela dit, quand bien même la marche resterait irréductible à cette sorte d'enrégimentement, la représentation sous-jacente d'un rapport de causalité stricte entre cette espèce de mouvement et la finesse de la pensée est fort problématique, en raison de la critique générale de la relation causale proposée par Nietzsche. Cette relation n'explique pas le devenir, elle le transpose en images[6], à la manière du rêveur qui invente après coup une cause à une sensation initiale[7]. « Cause » et « effet » désignent par conséquent des fictions issues du besoin de simplifier le devenir par le biais de la dissociation, alors qu'il doit être pensé à une échelle plus vaste :

1. *Crépuscule des idoles*, « Maximes et flèches », § 34, *op. cit.*, p. 127.
2. *Ecce homo*, « Pourquoi je suis si avisé », § 1, *op. cit.*, p. 74 (trad. modifiée).
3. *Le Gai savoir*, § 6, *op. cit.*, p. 64-65.
4. *Le Cas Wagner*, § 11, *op. cit.*, p. 59.
5. *Ecce homo*, « Pourquoi j'écris de si bons livres », Le cas Wagner, § 4, *op. cit.*, p. 148.
6. *Le Gai savoir*, § 112, *op. cit.*, p. 167-168 ; *Aurore*, § 121, dans OPC, t. IV, *op. cit.*, p. 102. Voir sur ce point C. Denat, « Par-delà l'iconoclasme et l'idolâtrie : sens et usages de la notion d'image dans l'œuvre de Nietzsche », *Nietzsche-Studien*, Band 35, Berlin-New York, Walter de Gruyter, 2006, p. 166-194.
7. *Humain, trop humain*, § 13, *op. cit.*, p. 39-41 ; *Crépuscule des idoles*, « Les quatre grandes erreurs », § 4, *op. cit.*, p. 155-156 ; FP été-automne 1884, 26 [35], dans OPC, t. X, *op. cit.*, p. 180.

> Cause et effet : probablement n'existe-t-il jamais une telle dualité, – en vérité nous sommes face à un *continuum* dont nous isolons quelques éléments. (…) Un intellect qui verrait cause et effet comme un *continuum*, non à notre manière, comme une partition et une fragmentation arbitraires, qui verrait le flux du devenir, – rejetterait le concept de cause et d'effet et nierait tout conditionnement [1].

La dualité extorquée est cécité à l'égard de la multiplicité foisonnante, d'où la volonté nietzschéenne non pas d'abandonner tout schéma de causalité, mais de ne poser cette relation que pour montrer sa complexification croissante, sans pour autant prétendre atteindre l'introuvable point de vue synoptique (« *il n'y a rien en dehors du tout!* » [2]). Par exemple, Nietzsche s'amuse du régime préconisé par un certain Cornaro, qui recommandait la frugalité afin de vivre plus longtemps. Il y aurait là une inversion typique, dans la mesure où « Ce brave Italien voyait dans son régime la *cause* de sa longue vie : alors que la condition préalable de la longue vie, l'extraordinaire lenteur du métabolisme, l'économie dans la consommation, était la cause de son régime frugal. » [3] Cette remarque ne dispense cependant pas Nietzsche de réfléchir à l'alimentation qui lui convient le mieux, et donc de considérer les effets de tel ou tel plat ou de telle ou telle boisson sur son métabolisme [4], mais dans l'ordre de la mise au jour d'un faisceau de causes qui inclut la question du lieu et du climat [5], et celle du type de délassement [6] adopté. La marche est également considérée sous l'angle d'une causalité d'emblée fermement établie et paradoxalement pensable sur le mode de la ligne de fuite :

> *Encore un problème de régime.* – Les moyens par lesquels Jules César se protégeait des états maladifs et des migraines : des marches formidables [*ungeheure Märsche*], le mode de vie le plus simple, le séjour continu au grand air, des fatigues constantes – ce sont, dans les grandes lignes [*in's Grosse gerechnet*], les mesures de conservation et de protection contre l'extrême vulnérabilité de cette machine subtile fonctionnant sous une pression maximale qui s'appelle génie [7].

1. *Le Gai savoir*, § 112, *op. cit.*, p. 168.
2. *Crépuscule des idoles*, « Les quatre grandes erreurs », § 8, *op. cit.*, p. 160.
3. *Ibid.*, § 1, *op. cit.*, p. 151-152.
4. *Ecce homo*, « Pourquoi je suis si avisé », § 1, *op. cit.*, p. 71-74.
5. *Ibid.*, § 2, *op. cit.*, p. 75-77.
6. *Ibid.*, § 3 à 7, *op. cit.*, p. 77-85.
7. *Crépuscule des idoles*, « Incursions d'un inactuel », § 31, *op. cit.*, p. 194.

D'après cet aphorisme, la marche n'est pas tant la cause dont l'effet serait le déploiement d'une pensée subtile, que la condition d'une préservation de la santé, cette notion ne signifiant pas dans le vocabulaire de Nietzsche l'absence de maladie, mais son dépassement. Là encore, le dualisme cause/effet se complexifie car l'effet recherché est produit par un entrelacement de causes (marches, simplicité du mode de vie, exposition au grand air, fatigues), sans que se manifeste de surcroît une prétention à l'exhaustivité dans le descriptif de ce « régime » (« dans les grandes lignes »). Sans parler de mécanisme aussi strict que figé et transparent, la pensée en son sens éminent est stimulée par le mouvement réglé du corps, qui ne s'épanouit que dans un contexte assez composite :

> Nous ne sommes pas de ceux qui n'arrivent à penser qu'au milieu de livres, sous l'impulsion de livres – nous avons pour habitude de penser au grand air, en marchant [*gehend*], en sautant, en escaladant, en dansant, de préférence sur des montagnes solitaires ou tout au bord de la mer, là où même les chemins deviennent pensifs [1].

La marche excède par conséquent l'exercice pour autant qu'il s'inscrit dans l'ordre de l'activité machinale [2], codifiée et de répétitive. Le commentateur peut la considérer comme une « pratique » aux multiples manifestations, dans la mesure où la primauté accordée au mouvement du corps comme complexe somatique se fragilise fréquemment au profit d'une conception « physio-psychologique » plus vaste. Ainsi, la succession des pas qui constitue la marche n'implique pas nécessairement le seul registre de l'exercice simplement porteur de réitération voire d'uniformité car, aux « longues jambes », Nietzsche oppose la démarche altière [3], la promenade ou la flânerie, mais également l'incursion aventureuse. Ces deux dernières dimensions se condensent dans le terme *Streifzug*, utile pour bien saisir en quoi la marche a un sens fluent – de la désignation d'un moyen élémentaire de locomotion à une sorte d'ascèse spirituelle jamais coupée du corps – qui justifie le recours à la notion de « pratique ».

Ce vocable est présent dans le titre de la section la plus développée du *Crépuscule des idoles*, « *Streifzüge eines Unzeitgemässen* », locution polysémique diversement restituée par les traducteurs qui ont par exemple opté pour « Raids d'un intempestif » (Eric Blondel), « Flâneries d'un inactuel »

1. *Le Gai savoir*, § 366, *op. cit.*, p. 327.

2. Nietzsche associe par exemple « *training* » et « *activité machinale* [machinale Thätigkeit] » dans les *Éléments pour la généalogie de la morale*, III, § 18, *op. cit.*, p. 233 (cette dimension est rappelée en III, § 19, *op. cit.*, p. 236).

3. *Le Gai savoir*, § 282, *op. cit.*, p. 230.

(Henri Albert), ou « Incursions d'un inactuel » (Patrick Wotling). Ce passage du *Crépuscule des idoles* est un parcours, ou une sorte de déambulation dans la culture, qui permet de pointer ses insuffisances, ses errements, mais également ses figures les plus hautes. Ainsi, à première vue, « *Streifzüge eines Unzeitgemässen* » est une section qui peut être considérée comme guerrière, du fait que l'investigation est conduite comme un raid en territoire ennemi. Nietzsche se confronte alors chemin faisant à un certain nombre d'adversaires clairement identifiés et dénoncés comme tels[1]. Mais cet itinéraire débouche également sur la rencontre d'incarnations de l'homme de type supérieur, comme Jules César[2], César Borgia[3], Napoléon[4] et Gœthe[5], comme si le raid se métamorphosait en promenade voire en flânerie dans des contrées chères à Nietzsche. L'investigation proposée n'a cependant rien du simple délassement un peu gratuit car ces représentants d'une certaine noblesse sont mobilisés à titre d'antidotes précieux[6], puisque c'est bien du devenir de la civilisation qu'il s'agit. Pour reprendre le vocabulaire militaire, Nietzsche tente quelques « sorties » dans ce monde qui exprime la montée en puissance du nihilisme ; il aborde la culture sur le mode de l'excursion ou de l'expédition pleines de risques sans se priver de l'attaque éclair, d'où la fécondité de la traduction de *Streifzug* par « incursion », qui condense les champs sémantiques du périple et de la guerre.

*Streifzug* renvoie donc aussi bien à la marche dans son expression militaire – en un sens diamétralement opposé à l'obéissance et aux « longues jambes » des Germains envoûtés par Bismarck et sa petite politique – qu'à la curiosité exigeante de l'explorateur. L'« incursion » emprunte alors aussi bien à la *vita activa* irréductible à l'agitation qu'à la *vita contemplativa* envisagée comme « promenade [*Spazierengehen*] avec des pensées et des amis »[7], et c'est donc à ce titre que la marche est une *pratique* à la vaste signification, de l'effective épreuve athlétique à la métaphore de l'activité intellectuelle libre, novatrice, et sans pitié pour les initiateurs de

1. Dès le début, dans les § 1 à 7, mais également par la suite.

2. *Crépuscule des idoles*, « Incursions d'un inactuel », § 31, *op. cit.*, p. 194 ; *ibid.*, § 38, *op. cit.*, p. 202-204 ; *ibid.*, § 45, *op. cit.*, p. 210-212.

3. *Ibid.*, § 37, *op. cit.*, p. 199-202.

4. *Ibid.*, § 44, *op. cit.*, p. 208-210 ; *ibid.*, § 48, *op. cit.*, p. 213-214 ; *ibid.*, § 49, *op. cit.*, p. 214-215.

5. *Ibid.*, § 16, *op. cit.*, p. 185 ; *ibid.*, § 21, *op. cit.*, p. 188 ; *ibid.*, § 48-51, *op. cit.*, p. 213-216.

6. Le lecteur remarque que ces figures valorisées par Nietzsche sont plus particulièrement développées à la fin de la section, comme si une issue favorable s'esquissait malgré l'initiale présentation d'un tableau assez sombre.

7. *Le Gai savoir*, § 329, *op. cit.*, p. 265.

fausses pistes. Dans cet horizon de signification, tout se passe comme si Nietzsche accentuait l'importance de cette pratique en se réappropriant la célèbre image de l'homme perdu dans la forêt. Pour illustrer la nécessité du caractère ferme et résolu de nos actions, Descartes a en effet rédigé ces lignes fameuses :

> (…) Imitant en ceci les voyageurs qui, se trouvant égarés en quelque forêt, ne doivent pas errer en tournoyant tantôt d'un côté tantôt d'un autre, ni encore moins s'arrêter en une place, mais marcher toujours le plus droit qu'ils peuvent vers un même côté, et ne le changer point pour de faibles raisons, encore que ce n'ait peut-être été au commencement que le hasard seul qui les ait déterminés à le choisir : car par ce moyen, s'ils ne vont justement où ils désirent, ils arriveront au moins à la fin quelque part où vraisemblablement ils seront mieux que dans le milieu d'une forêt [1].

Loin de partager l'optimisme relatif de ce passage, Malebranche a réutilisé cette image pour en infléchir la portée générale :

> Quand un voyageur a pris par malheur un chemin pour un autre, plus il avance, plus il s'éloigne du lieu où il veut aller. Il s'égare d'autant plus, qu'il est plus diligent, et qu'il se hâte davantage d'arriver au lieu qu'il souhaite [2].

Mais, d'un point de vue nietzschéen, pareille éventualité ne concerne que le vulgaire car « qui a complètement perdu son chemin dans la forêt, mais s'efforce de gagner la rase campagne en suivant avec une énergie exceptionnelle une direction quelconque, découvrira parfois un chemin nouveau que personne ne connaît ; c'est ainsi que naissent les génies dont on célèbre l'originalité. » [3] Par là même, à la force de la volonté dépeinte par Descartes doit s'adjoindre le goût de l'exploration indissociable du risque, ce que manifeste pleinement une pratique « physio-psychologique » plus vaste, celle du voyage qui à la fois intègre et parachève la dynamique propre à la marche.

Le voyageur (*Wanderer*) fréquemment dépeint par Nietzsche [4] est le philosophe nomade [5], traduction corporelle de ce que l'on peut

1. Descartes, *Discours de la méthode*, troisième part., AT, t. VI, p. 24-25.

2. Malebranche, *De la recherche de la vérité*, Livre II, IIe part., chap. III, dans *Œuvres*, t. I, « Bibliothèque de la Pléiade », Paris, Gallimard, G. Rodis-Lewis (éd.) avec la collaboration de G. Malbreil, 1979, p. 211.

3. *Humain, trop humain,* § 231, *op. cit.*, p. 181.

4. Rappelons par exemple que la deuxième section de *Humain, trop humain*, vol. II, s'intitule « Le voyageur et son ombre ».

5. Voir par exemple sur ce point : *Humain, trop humain*, § 638, *op. cit.*, p. 335.

intellectuellement appeler perspectivisme en acte. Le marcheur s'accomplit plus précisément dans la figure du navigateur représentée de manière éminente par Christophe Colomb, dont l'ombre plane sur l'ensemble du livre quatre du *Gai savoir*. En particulier, le § 289 intitulé «*Aux navires!*» se termine ainsi :

> (…) de nouveaux philosophes ! La terre morale aussi est ronde ! La terre morale aussi a ses antipodes ! Les antipodes aussi ont droit à l'existence ! Il reste encore un autre monde à découvrir – et plus d'un ! Aux navires, philosophes ! [1]

Autrement dit, la navigation permet de changer d'échelle : au voyageur qui s'inquiète de se perdre dans telle ou telle forêt, il est fécond de substituer le goût de l'aventure indissociable du sens de la grandeur propre au navigateur qui sillonne les mers en quête de nouveaux mondes. Dès lors, le marin audacieux personnifie le *Versuch*, c'est-à-dire l'investigation nietzschéenne spécifique en ceci qu'elle est « essai » ou « tentative » d'une perspective à expérimenter pleinement, non dans l'optique de la pure spéculation intellectuelle, mais comme point de vue à incorporer, fût-il périlleux :

> (…) le secret pour retirer de l'existence la plus grande fécondité et la plus grande jouissance, c'est : *vivre dangereusement!* Bâtissez vos villes sur le Vésuve ! Lancez vos navires sur des mers inexplorées ! [2]

Le philosophe qui accepte ce défi vit l'expédition sans la tenir à distance, car l'équipée n'a rien d'une hypothèse d'école que l'on pourrait révoquer à la première difficulté rencontrée. Il s'embarque, il rompt les amarres :

> *Dans l'horizon de l'infini.* – Nous avons quitté la terre et nous sommes embarqués [*sind zu Schiff gegangen*] ! Nous avons rompu les ponts derrière nous, - plus encore, nous avons rompu la terre derrière nous ! Et désormais, petit vaisseau ! Prends garde ! Autour de toi s'étend l'océan, c'est vrai, il ne rugit pas toujours, et quelquefois il s'étend comme soie et or et rêverie de bienveillance. Mais il viendra des heures où tu reconnaîtras qu'il est infini, et qu'il n'y a rien de plus effrayant que l'infinité. Oh quel pauvre oiseau qui s'est senti libre et qui désormais se heurte aux murs de cette cage ! Malheur si la nostalgie de la terre te saisit, comme s'il y avait eu là-bas plus de *liberté*, – il n'y a plus de « terre » ! [3]

1. *Le Gai savoir*, § 289, *op. cit.*, p. 235.
2. *Ibid.*, § 283, *op. cit.*, p. 231.
3. *Ibid.*, § 124, *op. cit.*, p. 176.

« Embarquer », c'est préférer la mer à la terre, et donc le monde du mouvant à celui de la stabilité : le *Versuch* est dans ce contexte – si l'on relie « *Dans l'horizon de l'infini* » à l'aphorisme du livre cinq intitulé « *Notre nouvel "infini"* »[1] – l'épreuve du perspectivisme coupé par principe de tout point de vue synoptique. Conformément à cette méthode, une manière de voir est donc testée sur le mode de l'engagement actif avant de céder la place à une autre si elle devient littéralement *invivable* (« Jusqu'à quel point la vérité supporte-t-elle l'incorporation [*Einverleibung*] ? – voici la question, voilà l'expérimentation [*Experiment*]. »[2]). La pratique « physio-psychologique » est ainsi le *Versuch* lui-même[3], comme « souffle » qui anime en permanence la philosophie de Nietzsche. Il convient par conséquent de revenir sur les sens respectifs de « corps » et « physiologie ».

Nietzsche tient le corps pour le « socle » avéré de la pensée, sans pour autant céder au réductionnisme physiologique. Il demeure donc « le plus strict adversaire de tout matérialisme »[4], car le corps désigne sous sa plume aussi bien ce que l'on a déjà appelé « complexe somatique », dans la perspective des scientifiques de son temps revisitée à la lumière de l'hypothèse de la volonté de puissance[5], que le site des pulsions *infra*-conscientes, à savoir le « Soi »[6] de la « grande raison »[7]. La physiologie nietzschéenne déborde donc la distinction usuelle entre psychologie et physiologie, ces deux points de vue se traduisant l'un l'autre[8] tout en traduisant le corps comme « socle », à entendre comme origine labyrinthique sans cesse en devenir et non comme fondement constitué accessible à l'investigation rationnelle. En ce sens, ces exercices physiques que sont d'emblée la gymnastique, la marche et la navigation sont des pratiques indifféremment « physio-psychologiques » ou « psycho-physiologiques » c'est-à-dire, en

1. *Ibid.*, § 374, *op. cit.*, p. 340-341.
2. *Ibid.*, § 110, *op. cit.*, p. 166.
3. En ce qui concerne par exemple la marche, Zarathoustra s'exprime en ces termes : « Une tentative [*Versuchen*] et une interrogation, voilà ce que fut ma marche [*Gehen*] » (*Ainsi parlait Zarathoustra*, III, « De l'esprit de pesanteur », *op. cit.*, p. 276).
4. *Éléments pour la généalogie de la morale*, III, § 16, *op. cit.*, p. 227.
5. Voir sur ce point W. Müller-Lauter, *Nietzsche, physiologie de la volonté de puissance*, « L'organisme comme lutte intérieure. L'influence de Wilhelm Roux sur Friedrich Nietzsche », Paris, Allia, 1998, trad. fr. J. Champeaux, p. 111-164.
6. *Ainsi parlait Zarathoustra*, I, « Des contempteurs du corps », *op. cit.*, p. 42.
7. *Ibid.*, p. 41-42.
8. Voir sur ce point E. Blondel, *Nietzsche, le corps et la culture*, Paris, P.U.F., 1986, p. 308, rééd. « La Librairie des Humanités », Paris, L'Harmattan, 2006, p. 242 : « chacun des deux termes sert de métaphore à l'autre » ; voir également P. Wotling, *La Pensée du sous-sol*, Paris, Allia, 1999, p. 49-54.

termes nietzschéens, des essais (*Versuche*) *physiologiques*. Ces « tentatives » ont pour vocation de « se créer [*sich schaffen*] un corps plus élevé [*einen höheren Leib*] »[1], aux contours à éclaircir.

À ce stade de l'enquête, la notion de « pratique » s'estompe, car elle présuppose la distinction entre *praxis* et *poiésis* que Nietzsche malmène. Métaphoriquement, l'homme d'action doit par exemple être forgé avant qu'à son tour il ne sculpte le monde, dans le sillage de l'artiste ou de l'artisan qui fait bon usage de son marteau. Les « essais » ou « tentatives » physiologiques au sens nietzschéen sont alors d'une grande diversité. Contre l'excessive distinction du travail[2] et plus particulièrement du négoce[3] qui exalte l'esprit boutiquier[4], l'*otium* est valorisé[5] de sorte que, paradoxalement, l'« essai » peut s'exprimer par une relative inactivité, ou plutôt par l'activité redéfinie dans le sens du loisir et de l'oisiveté[6], toujours préférables à la dispersion frénétique de l'homme moderne[7]. Mais la « tentative physiologique » se manifeste également sur le mode de l'activité débridée dans l'ordre de la reconquête de son propre corps comme complexe somatique. Le style délibérément métaphorique est alors utilisé pour donner à penser une libération inventive, c'est-à-dire soucieuse d'accroître le champ des possibilités corporelles :

> La démarche révèle si quelqu'un déjà marche dans *sa* voie : aussi regardez-moi marcher ! Mais celui qui s'approche de son but, celui-là danse.
> Et en vérité, ce n'est pas une statue que je suis devenu, je ne suis pas devenu fixe, atone, de pierre, une colonne ; j'aime la course rapide.
> Et même s'il existe sur terre aussi marais et épaisse tristesse : celui qui a les pieds légers, celui-là court même sur la boue et y danse comme sur de la glace solide.
> Haut les cœurs, mes frères, haut, plus haut encore ! Et tâchez aussi de ne pas oublier les jambes ! Haut les jambes aussi, bons danseurs que vous êtes et mieux encore : sachez vous tenir sur la tête ![8]

À l'échelle de l'œuvre, ce type de passage centré sur de véritables performances athlétiques est traduit non pas simplement dans la langue de

1. *Ainsi parlait Zarathoustra*, I, « Des prêcheurs d'arrière-mondes », *op. cit.*, p. 40 (trad. modifiée).
2. *Aurore*, § 173, *op. cit.*, p. 136.
3. *Ibid.*, § 175, *op. cit.*, p. 137 ; *ibid.*, § 186, *op. cit.*, p. 141.
4. *Ibid.*, § 308, *op. cit.*, p. 199.
5. *Le Gai savoir*, § 329, *op. cit.*, p. 264-266.
6. *Humain, trop humain*, § 284, *op. cit.*, p. 215.
7. *Ibid.*, § 283 et § 285, *op. cit.*, p. 214-215.
8. *Ainsi parlait Zarathoustra*, IV, « De l'homme supérieur », § 17, *op. cit.*, p. 419.

l'esprit, sur le mode d'une translation d'un lexique à l'autre qui présupposerait un parallélisme entre secteurs d'emblée bien étanches, mais dans le vocabulaire indifféremment « physio-psychologique » ou « psycho-physiologique », c'est-à-dire *physiologique* au sens nietzschéen, tant la perspective du dualisme est inapte à saisir le caractère protéiforme de la réalité :

> (...) la pensée s'apprend, comme la danse s'apprend, *en tant que* manière de danser... Qui, parmi les Allemands, connaît d'expérience ce délicat frisson que les *pieds légers* en matière spirituelle répandent dans tous les muscles ! – La balourdise rigide du geste spirituel, la main qui saisit *gauchement* – ceci est à tel point allemand qu'à l'étranger, on le prend pour la germanité en général. (...) On ne peut pas écarter la *danse* sous toutes ses formes de l'*éducation noble*, le fait de savoir danser avec les pieds, avec des concepts, avec des mots (...) [1].

Afin de « se créer un corps plus élevé », une éducation est donc requise pour favoriser l'émergence de cette légèreté, condition d'un surcroît de finesse dans la construction de la relation que nous entretenons avec le monde. Précisément, la relation nouée entre gymnastique et musique [2] s'accomplit dans la danse, comme mise en mouvement d'un certain rythme. Contre la musique de Wagner, Nietzsche écrit ainsi :

> Le « fait » est pour moi que je ne respire plus avec aisance lorsque cette musique exerce son effet sur moi ; qu'aussitôt mon *pied* s'irrite et se révolte contre elle – il a besoin de cadence, de danse, de marche, il exige d'abord de la musique les enchantements que comporte l'*agilité* de l'allure, de la marche, du saut, de la danse. – Mais mon estomac ne proteste-t-il pas également ? et mon cœur ? ma circulation sanguine ? mes entrailles ? Ne suis-je pas en train de m'enrouer imperceptiblement avec cette musique ? – Et je me demande donc : qu'est-ce que mon corps tout entier *attend* au juste de la musique ? Son *allégement* [Erleichterung], me semble-t-il : comme si toutes les fonctions animales devaient être activées par des rythmes [*Rhythmen*] légers [*leichte*], audacieux, exubérants, sûrs d'eux ; comme si

1. *Crépuscule des idoles,* « Ce qui abandonne les Allemands », § 7, *op. cit.*, p. 173.

2. *Richard Wagner à Bayreuth*, § 5, dans OPC, t. II 2, Paris, Gallimard, 1988, trad. fr. P. David, p. 122-123 ; FP septembre 1870-janvier 1871, 5 [14] (à propos des *Lois* de Platon), dans OPC, t. I 1, *op. cit.*, p. 226-227 ; FP été-fin septembre 1875, 12 [24], dans OPC, t. II 2, *op. cit.*, trad. fr. C. Heim, p. 483.

la vie d'airain, de plomb devait être dorée par des harmonies en or, bonnes et tendres[1].

Notre corps *est* par conséquent un certain rythme, qu'il peut tenter de modifier dans l'ordre d'une incorporation lente d'un rythme distinct, parfois sur « deux, trois générations »[2]. Autrement dit, sans commune mesure avec une conception de l'être qui privilégierait l'identité à soi la plus statique, le réel est interprété comme devenir ou plus précisément comme rythme, dans l'ordre d'une filiation héraclitéenne revendiquée[3]. Effectivement, si les pulsions ont tendance à se modifier sans cesse, sur le mode de l'affaiblissement ou de l'intensification, certaines régularités se manifestent, au point que l'on peut même détecter la présence de l'ordre dans ce que l'on identifie à première vue au chaos. Par-delà l'impression d'irréductible dispersion, le rythme est alors retour périodique de certaines séquences pulsionnelles, d'où la possibilité de penser aussi bien l'idiosyncrasie que le type. Mais si le tempo peut s'accélérer[4], il peut également se ralentir[5], de sorte que « rythme » désigne également une certaine vitesse de changement. Les « essais physiologiques », aussi divers d'emblée que la marche, la course, la danse ou la création poétique ou musicale[6] ont alors pour vocation d'influer sur le « donné » comme rythme initial, quitte à tenter de le modifier parfois de manière significative, au moyen du style. Certes, ce dernier a pour mission l'expression d'un complexe pulsionnel posé comme une sorte de préalable à bien restituer[7], mais ce que Nietzsche

1. *Le Gai savoir,* § 368, *op. cit.*, p. 330. On trouve un texte très proche dans *Nietzsche contre Wagner*, « Où je fais des objections », Paris, GF-Flammarion, 1992, trad. fr. E. Blondel, p. 184-185.

2. *Crépuscule des idoles*, « Incursions d'un inactuel », § 47, *op. cit.*, p. 213.

3. *La Philosophie à l'époque tragique des Grecs*, § 5, dans OPC, t. I 2, *op. cit.*, p. 229 : Héraclite « a nié l'être [*das Sein*] en général. Car ce monde unique qu'il a conservé – ce monde protégé par des lois éternelles et non écrites, animé par le flux et le reflux obéissants à la cadence d'un rythme [*Rhythmus*] d'airain – ne révèle en aucune manière une permanence, une indestructibilité, une digue barrant son cours ».

4. À titre d'exemple, Balzac est de l'espèce des « travailleurs effrénés, presque autodestructeurs à force de travail » selon Nietzsche dans *Par-delà bien et mal*, § 256, *op. cit.*, p. 242.

5. *Le Gai savoir,* § 376, *op. cit.*, p. 342 ; *Par-delà bien et mal*, § 242, *op. cit.*, p. 221 ; *Éléments pour la généalogie de la morale*, III, § 25, *op. cit.*, p. 259.

6. Ou le simple fait de leur prêter une oreille attentive, bien dans le sillage de l'écoute « hospitalière » précisée dans le § 334 du *Gai savoir* (*op. cit.*, p. 268-269).

7. *Ecce homo,* « Pourquoi j'écris de si bons livres », § 4, *op. cit.*, p. 97 : « *Communiquer* par des signes un état, une tension intérieure propre à un état affectif, y compris par le tempo de ces signes – voilà le sens de tout style. (…) Est *bon* tout style qui communique

appelle le « grand style » a pour tâche de contraindre les pulsions à épouser une forme qui leur est immédiatement extérieure et donc étrangère[1]. Parfois reproduit, le rythme initial peut donc être également bonifié ou altéré. Séduisante, la musique de Wagner est ainsi physiologiquement déprimante dans la mesure où elle propage la « dégénérescence du sens du rythme [*rhythmischen*] »[2], d'où la présentation de Wagner comme maladie[3]. Au contraire, accueillir le *presto* d'auteurs comme Machiavel, Pétrone[4], ou Stendhal[5], écouter la musique de Bizet qui « donne des ailes à la pensée »[6], retrouver la souplesse du gymnaste, l'endurance du marcheur, l'allégresse du danseur ou l'audace du navigateur permet paradoxalement de faire émerger le *lento*, c'est-à-dire le tempo pulsionnel propre au corps supérieur de l'homme conçu par Gœthe, « hautement cultivé, doué pour toutes les activités impliquant le corps »[7]. La lenteur visée consiste donc dans la maîtrise de dispositifs pulsionnels portés à une certaine surabondance. Régulation interne d'une propension à la fécondité, elle ne peut par conséquent être confondue avec le rythme propre à la vie épuisée, qui subit la fatigue comme un destin. Cette discipline produit « l'œil lent »[8], et plus généralement la prudence et la patience des sens[9] qui, selon Nietzsche, « abandonnent » dramatiquement les Allemands :

> – Apprendre à *voir* – habituer l'œil au calme, à la patience, au laisser-venir-à-soi ; différer le jugement, apprendre à faire le tour du cas particulier et à le saisir de tous les côtés. Telle est la *première* préparation à la vie de l'esprit : *ne pas* réagir d'emblée à une excitation, mais au contraire contrôler les instincts qui entravent, qui isolent. Apprendre à *voir*, comme je l'entends, est presque ce que la manière non philosophique de parler appelle la volonté forte : son trait essentiel est justement de *ne pas* vouloir, de *pouvoir* suspendre la décision. Toute absence d'esprit, tout ce qui est commun

effectivement un état intérieur, qui ne se méprend pas sur les signes, sur le tempo des signes, sur les *gestes* – toutes les lois de la période oratoire relèvent de l'art du geste. »

1. Voir sur ce point le FP printemps 1888, 14 [61], dans OPC, t. XIV, *op. cit.*, p. 48, où Nietzsche définit ainsi le grand style : « Maîtriser le chaos que l'on est : contraindre son chaos à devenir forme ; devenir nécessité dans la forme : devenir logique, simple, non équivoque, mathématique ; devenir *loi* – c'est là la grande ambition. »

2. *Le Cas wagner,* « Post-scriptum », *op. cit.*, p. 65.

3. *Ibid.*, § 5, *op. cit.*, p. 41.

4. *Par-delà bien et mal,* § 28, *op. cit.*, p. 79.

5. *Ibid.*, § 254, *op. cit.*, p. 238.

6. *Le Cas Wagner,* § 1, *op. cit.*, p. 34.

7. *Crépuscule des idoles,* « Incursions d'un inactuel », § 49, *op. cit.*, p. 215.

8. *Par-delà bien et mal*, § 213, *op. cit.*, p. 186.

9. *Ibid.*, § 192, *op. cit.*, p. 147-149.

> repose sur l'inaptitude à opposer une résistance à une excitation – on *doit* réagir *de toute nécessité*, on suit chaque impulsion. Dans bien des cas, une telle nécessité est déjà disposition maladive, déclin, symptôme d'épuisement, – presque tout ce que la grossièreté non philosophique désigne du nom de « vice » est purement et simplement cette inaptitude physiologique à *ne pas* réagir. – Application du fait d'avoir appris à voir : quand il s'agira d'apprendre en général, on sera devenu lent [*langsam*], méfiant, récalcitrant[1].

Une fois conquise et donc incorporée, cette lenteur est celle du philologue[2] qui à la fois établit et déchiffre le texte du monde avec le sens altier de la nuance. Mais le paradigme philologique n'est pas univoque dans la mesure où, s'il se fonde sur l'idée de traduction, celle-ci est à définir comme *interprétation*, c'est-à-dire pour Nietzsche comme imposition d'une forme et d'un sens[3]. Ainsi conçue, l'interprétation est appropriation active sur le mode radical de la sculpture voire de l'absorption et non du simple glissement mécanique d'un ensemble de signes à un autre qui verrait chacun de ces ensembles subsister tel quel. Par là même, « se créer un corps plus élevé » est la tâche des hommes qui vivent et donc incorporent le *Versuch*, autrement dit de ces *Versucher*[4] qui proclament : « Nous voulons être nous-mêmes nos expériences [*Experimente*] et nos cobayes [*Versuchs-Thiere*]. »[5] Les « essais physiologiques » ont alors pour mission d'*interpréter* les *tempi* différents qui constituent chacun d'entre nous[6], de les discipliner et de les orienter vers une certaine unité afin de « devenir soi-même »[7]. Dans le sillage de la physiologie redéfinie par Nietzsche, le corps plus élevé (*höher*), au sens conjoint de « supérieur » et de « plus haut » (d'où la métaphore de l'envol de l'oiseau[8]) est en définitive un corps qui se sculpte non pas pour dominer le monde mais pour mieux y acquiescer, en sa totalité (« aller par-delà « moi-même » et « toi-même », ressentir de manière cosmique ! »[9]). Le corps du surhumain est donc transfiguration

1. *Crépuscule des idoles,* « Ce qui abandonne les Allemands », § 6, *op. cit.*, p. 171-172.
2. *Aurore,* Préface, § 5, *op. cit.*, p. 18.
3. *Éléments pour la généalogie de la morale*, II, § 12, *op. cit.*, p. 152-156.
4. *Par-delà bien et mal,* § 42, *op. cit.*, p. 93.
5. *Le Gai savoir*, § 319, *op. cit.*, p. 259.
6. *Ibid.*, § 369, *op. cit.*, p. 331.
7. Formule de Pindare souvent cité par Nietzsche.
8. Voir sur ce point B. Benoit, « Favoriser l'*envol* de la « bête blonde » (Nietzsche, l'homme, l'animal, et le surhumain) », dans J.-L. Guichet (éd.), *Usages politiques de l'animalité*, « La Librairie des Humanités », Paris, L'Harmattan, 2008, p. 183-201.
9. FP printemps-automne 1881, 11 [7], dans OPC, t. V, *op. cit.*, p. 315 (trad. modifiée).

effective de l'existence, dans la perspective des dieux épicuriens[1]. Les « essais physiologiques » conduisent ainsi à la joie sereine (*Heiterkeit*) de celui qui, attaché à la perspective cosmique, a réussi à imposer le *lento* à un « socle » pulsionnel d'emblée bouillonnant. Cette vision alcyonienne de l'existence culmine dans le paradigme de la pétrification (« Durcir lentement [*Langsam*], lentement [*langsam*], comme une pierre précieuse – et rester finalement là, tranquille, pour la joie de l'éternité. »[2]), comme horizon paradoxal des « essais physiologiques ».

L'idée d'« exercices physiques » est à la fois présente et fuyante dans l'œuvre de Nietzsche car le dualisme corps/esprit y est malmené, si bien que la possibilité d'un entraînement purement physique est difficilement envisageable. Si l'on décide malgré tout d'examiner les relations entre le corps et l'esprit, on constate alors rapidement que les liens sont réversibles car, à « Tout esprit [*Geist*] devient corporellement [*leiblich*] visible »[3], répond par exemple « le corps philosophe [*Der Leib philosophirt*] »[4]. Sans être complètement laissée de côté, la notion de dérivation causale est absorbée par celles, plus vastes, de traduction et même d'interprétation appropriante, ce qui incite à favoriser l'emploi de l'expression « pratiques physio-psychologiques », ou plutôt l'idée d'« essais physiologiques », dans la perspective conjointe du *Versuch* et de la physiologie redéfinie par Nietzsche. Dans ce contexte, « se créer un corps plus élevé », c'est-à-dire se forger un dispositif pulsionnel qui à la fois accueille et spiritualise les pulsions sur le mode du *lento* devient une possibilité éminente. En d'autres termes, les « essais physiologiques » désignent certaines possibilités de régulation ou de réorientation strictement immanentes du cours de la volonté de puissance, considéré comme rythme de changement.

Blaise BENOIT

1. FP mai-juillet 1885, 35 [73], dans OPC, t. XI, *op. cit.*, p. 270.

2. *Aurore*, § 541, *op. cit.*, p. 271. Voir aussi la fin du § 280 du *Gai savoir*, *op. cit.*, p. 229.

3. *Aurore*, § 60, *op. cit.*, p. 54 (trad. modifiée). Voir également *Humain, trop humain*, § 543, *op. cit.*, p. 303 : « *Incarnation de l'esprit*. Quand on pense beaucoup et avec intelligence, ce n'est pas seulement le visage, mais tout le corps [*Körper*] qui prend un air d'intelligence ».

4. FP novembre 1882-février 1883, 5 [32], dans OPC, t. IX, *op. cit.*, p. 235 (trad. modifiée).

# REPÈRES BIBLIOGRAPHIQUES

Cette bibliographie ne prétend en aucun cas à l'exhaustivité. Comme nous avons eu l'occasion de le préciser, d'un point de vue disciplinaire et si on s'en tient aux textes en langue française, peu de choses existent en philosophie du sport, et beaucoup en sociologie, STAPS, etc. Nous avons donc choisi de privilégier les ouvrages qui nous ont été les plus utiles et ont su nourrir notre réflexion dans les champs les plus divers. La subjectivité d'un choix forcément restreint pourra aisément être corrigée à l'aide des nombreuses indications fournies par les ouvrages de J. Defrance, P. Duret, I. Queval, N. Bancel et J.-M. Gayman, et P. Yonnet cités ci-dessous. Pour ce qui est des ressources en ligne, on pourra consulter, sur le site de l'Institut National du Sport et de l'Éducation Physique, le catalogue de la médiathèque et, plus particulièrement, la base « Héraclès » (pour les ouvrages parus avant 2005).

ANDRIEU G., *Les Jeux olympiques, un mythe moderne*, Paris, L'Harmattan, 2004.

ATTALI M., LYOTARD P., SAINT-MARTIN J., CHAPRON T., *Le Sport et ses valeurs*, Paris, La Dispute, 2004.

AUGÉ M., « Football. De l'histoire sociale à l'anthropologie religieuse », *Le Débat,* n°19, février 1982.

BAILLETTE F., « Le Sport, gestion des pulsions », dans *Anthropologie du sport, perspectives critiques*, Actes du Colloque Paris Sorbonne, J. Ardoino et J.-M. Brohm (dir.), Paris, ANDSHA/Marice, Quel Corps ?, 1991, p. 78-99.

– « Les Arrière-pensées réactionnaires du sport », *Quasimodo* n°1 (« Sport et nationalisme »), Montpellier, octobre 1996, p. 19-25.

BANCEL N. et GAYMAN J.-M., *Du guerrier à l'athlète, éléments d'histoire des pratiques corporelles*, Paris, P.U.F., 2002.

BASLEZ M.-F., « Le Christianisme antique face à la culture sportive du monde gréco-romain », *Communio*, 2006-2 (« Le Sport »), p. 15-23.

BONHOMME G., *De la paume au tennis*, Paris, Gallimard, 1991.

BROHM J.-M., *Critiques du sport*, Paris, Christian Bourgeois, 1976.

– « La Religion sportive. Éléments d'analyse des faits religieux dans la pratique sportive », *Actions et Recherches Sociales*, n°3, 1983, p. 101-117.

– *Les Meutes sportives, critique de la domination*, Paris, L'Harmattan, 2001.
— et PERELMAN M., *Le Football, une peste émotionnelle,* Paris, Gallimard, 2006.
BROMBERGER C., *Football, la bagatelle la plus sérieuse du monde*, Paris, Bayard, 1998.
CAILLAT M., *L'Idéologie du sport en France*, Paris, Éditions de la Passion, 1993.
– *Le Sport*, Paris, Le Cavalier Bleu, 2002.
CAILLOIS R., *Les Jeux et des hommes*, Paris, Gallimard, 1958.
CORNELOUP J., *Les Théories sociologiques de la pratique sportive*, Paris, P.U.F., 2002.
DE COUBERTIN P., *Pédagogie Sportive*, Paris, Vrin, 1972 [1922].
DECKER W., *Sport in der griechischen Antike*, Munich, Beck, 1995.
DEFRANCE J., *Sociologie du sport*, Paris, La Découverte, 2003.
DURET P., *Sociologie du sport*, Paris, Payot, 2004.
EHRENBERG A., *Le Culte de la performance,* Paris, Calmann-Lévy, 1991.
— et CHARTIER R., AUGÉ M., « Sport. Religion. Violence », *Esprit*, avril 1987 (« Le Nouvel âge du sport »), p. 63-70.
ELIAS N. et DUNNING E., *Sport et civilisation. La violence maîtrisée*, Paris, Fayard, 1994.
FAURE J.-M., *Le Sport et la culture populaire*, Nantes, Lersco, 1990.
— et SUAUD C., *Le Football professionnel à la française*, Paris, P.U.F., 1999.
— « Des marathoniens à la poursuite du temps », dans G. Amado, M. Bolle de Bal (éd.), *Le Sport à corps et à cris,* Paris, ESKA, 2003, p. 101-119.
GALASSO P.J. (ed.), *Philosophy of Sport and Physical Activity Issues and Concepts*, Toronto, Canadian Scholars Press, 1988.
GELDBACH E., *Sport und Protestantismus, Geschichte einer Begegnung*, Wuppertal, Brockhaus, 1975.
– « Protestantism – Capitalism – Sports », *Journal of Sport History*, vol. 4, n° 3, 1977, p. 285-294.
GERBER E.W. et MORGAN W.J. (eds.), *Sport and the Body: A Philosophical Symposium,* Philadelphie, Lea and Febiger, 1979-2.
GUAY D., *La Culture sportive*, Paris, P.U.F., 1993.
GIRAUDOUX J., *Le Sport*, Paris, Grasset, 1977.
HÉBERT G., *Le Sport contre l'éducation physique*, Paris, Vuibert, 1925.
HYLAND D.A., *Philosophy of Sport*, Maryland, University Press of America, 1994.
IRLINGER P., LOUVEAU C., MÉTOUDI M., *Les Pratiques sportives des français,* Paris, INSEP, 1988.
JEU B., *Analyse du sport*, Paris, P.U.F., 1987.
– « L'Exploitation du mimodrame tragique », dans R. Hubscher (dir.), *L'Histoire en mouvements. Le sport dans la société française (XIX*^e^*-XX*^e^ *siècle)*, Paris, Armand Colin, 1992.
LAMOURE C., *Petite philosophie du tennis*, Toulouse, Milan, 2004.
LE TARGAT H. et LELEYRE J.-C., *Anthologie de la littérature du sport*, Lyon, Presses Universitaires de Lyon, 1988.

LE POGAM Y., « Passions sportives, identités et modernité », *Quasimodo*, Montpellier, printemps 1997 (« Nationalismes sportifs »), p. 33-46.
LENK H. (dir.), *Aktuelle Probleme der Sportphilosophie*, Schorndorf, Hofmann, 1983.
MARION Jean-Luc, « La Chair volontaire et l'incarnation », *Communio*, 2006-2 (« Le Sport »), p. 7-13.
MERDRIGNAC B., *Le Sport au Moyen Âge*, Rennes, Presses Universitaires de Rennes, 2002.
MIHALICH J., *Sports and Athletics : Philosophy in Action*, Totowa, New Jersey, Rowman and Littlefield, 1982.
MORGAN W.J. et MEIER K.V (eds.), *Philosophic Inquiry in Sport*, Illinois, Human Kinetics, 1988.
NYE E., *À bicyclette*, Paris, Les Belles Lettres, 2000.
ORDIONI N., *Sport et société*, Paris, Ellipses, 2002.
OSTERHOUDT R.G., *The Philosophy of Sport : An Overview*, Champaign (Illinois), Stipes, 1991.
PARLEBAS P., *Jeux, Sports et Sociétés. Lexique de praxéologie motrice*, Paris, INSEP, 1999 [1987].
– *Éléments de sociologie du sport*, Paris, P.U.F., 1986.
PHILONENKO A., *Du sport et des hommes*, Paris, Michalon, 1999.
PIOCELLO C., *Sports et sciences sociales*, Paris, Vigot, 1999.
– (dir.), *Sport et société*, Paris, Vigot, 1981.
QUEVAL I., *S'accomplir ou se dépasser*, Paris, Gallimard, 2004.
– « Intensité de soi, incandescence de soi », dans *La Performance, une nouvelle idéologie ?,* B. Helbrunn (éd.), Paris, La Découverte, 2004, p. 95-96.
– *Le Corps aujourd'hui*, Paris, Gallimard, 2008.
REDEKER R., *Le Sport contre les peuples*, Paris, Berg International, 2002.
SANSONE D., *Greek Athletics and the Genesis of Sport,* Berkeley, University of California Press, 1988.
SERRES M., *Variations sur le corps*, Paris, Le Pommier-Fayard, 1999.
SIMMONOT Ph., *Homo sportivus. Sport, capitalisme et religion*, Paris, Gallimard, 1988.
TÉTART Ph. (dir.), *Histoire du sport en France*, 2 vol., Paris, Vuibert, 2007.
THOMAS C.E., *Sport in a Philosophic Context*, Philadelphie, Lea and Febiger, 1983.
THOMAS R., HAUMONT A., LEVET J.-L., *Sociologie du sport*, Paris, P.U.F., 1987.
– *Sociologie du sport*, Paris, P.U.F., 2002.
– *Histoire du sport*, Paris, P.U.F., 1992.
THUILLIER J-P., *Le Sport dans la Rome antique*, Paris, Errance, 1996.
— et DECKER W., *Le Sport dans l'Antiquité*, Paris, Picard, 2004.
ULMANN J., *De la gymnastique aux sports modernes*, Paris, Vrin, 1965.
VANDER ZWAAG H.J., *Toward a Philosophy of Sport*, Fort Worth, University of Texas Press, 1985.

VARGAS Y., *Sport et Philosophie*, Pantin, Le temps des cerises, 1997.
– *Sur le sport*, Paris, P.U.F., 1992.
VIGARELLO G., *Du jeu ancien au show sportif*, Paris, Seuil, 2002.
WEISS P., *Sport : A Philosophic Inquiry*, Carbondale, Southern Illinois University Press, 1969.
YONNET P., *Système des sports*, Paris, Gallimard, 1998.
– *Huit leçons sur le sport*, Paris, Gallimard, 2004.

# TABLE DES MATIÈRES



PREMIÈRE PARTIE

## APPROCHES



DEUXIÈME PARTIE

## PRATIQUES



TROISIÈME PARTIE

## FIGURES

Achevé d'imprimer en décembre 2016 par

ISI print
15, rue Francis de Pressensé
93210 La Plaine Saint-Denis

N° d'impression : 125726

Imprimé en France